조선 왕릉, 그 뒤안길을 걷는다

조선 왕릉, 그 뒤안길을 걷는다

이재영 글과 사진

재승출판

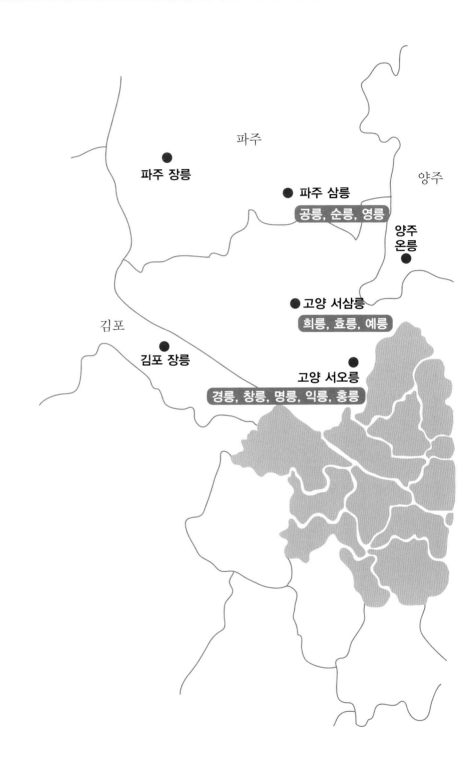

조선 왕릉 분포도

파주

파주 장릉

파주 삼릉
공릉, 순릉, 영릉

양주

양주
온릉

고양 서삼릉
희릉, 효릉, 예릉

김포

김포 장릉

고양 서오릉
경릉, 창릉, 명릉, 익릉, 홍릉

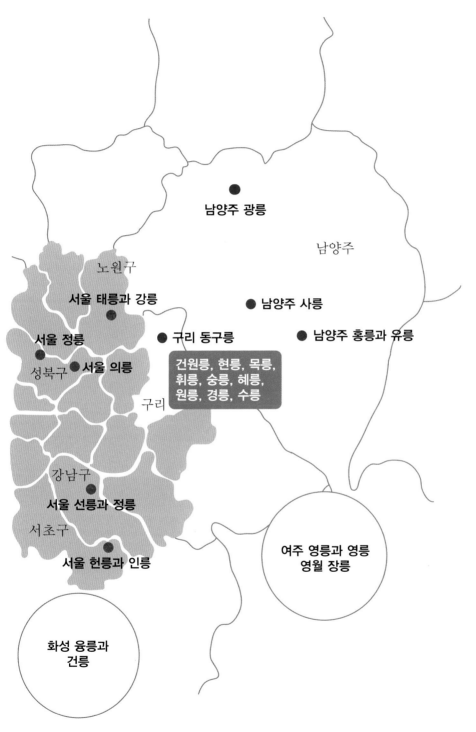

남양주 광릉

남양주

노원구

서울 태릉과 강릉

남양주 사릉

서울 정릉

구리 동구릉

남양주 홍릉과 유릉

성북구   서울 의릉

건원릉, 현릉, 목릉,
휘릉, 숭릉, 혜릉,
원릉, 경릉, 수릉

구리

강남구

서울 선릉과 정릉

서초구

여주 영릉과 영릉
영월 장릉

서울 헌릉과 인릉

화성 융릉과
건릉

이미지 제공 조선왕릉관리소

조선 왕릉 공간구성(능 상설해설도)

❶ 곡장(曲墻) : 봉분의 동, 서, 북에 둘러놓은 담장
❷ 봉분(封墳) : 왕릉의 주인이 잠들어 있는 곳
❸ 병풍석(屛風石) : 봉분을 보호하기 위해 봉분 아래에 둘러놓은 돌
❹ 난간석(欄干石) : 봉분을 둘러싼 울타리 돌
❺ 석양(石羊) : 왕릉을 지키는 양 모양의 석물
❻ 석호(石虎) : 왕릉을 지키는 호랑이 모양의 석물
❼ 망주석(望柱石) : 봉분 좌우에 세우는 돌기둥
❽ 혼유석(魂遊石) : 석상(石牀)이라고도 하며 왕의 혼이 노니는 곳
❾ 장명등(長明燈) : 어두운 사후세계를 밝힌다는 의미를 지닌 석등
❿ 문석인(文石人, 문인석) : 왕을 보좌하는 문인을 상징하는 석물
⓫ 무석인(武石人, 무인석) : 왕을 호위하는 무인을 상징하는 석물
⓬ 석마(石馬) : 문석인과 무석인의 뒤나 옆에 배치하는 말 모양의 석물
⓭ 예감(瘞坎) : 산릉제례 때 사용한 축문을 태우는 곳
⓮ 산신석(山神石) : 왕릉이 위치한 산의 신령에게 제사를 지내는 곳
⓯ 정자각(丁字閣) : 산릉제례 때 제사를 지내는 건물
⓰ 비각(碑閣) : 왕의 행적을 적은 신도비나 표석을 보호하는 건물
⓱ 수복방(守僕房) : 왕릉 관리자가 머무는 건물
⓲ 수라간(水剌間) : 산릉제례 때 필요한 음식을 준비하는 건물
⓳ 향로(香路, 신도) : 돌아가신 왕의 혼령이 다니는 길
　　어로(御路, 어도) : 제사를 드리는 왕이 다니는 길
⓴ 판위(版位, 배위) : 왕이 능역에 들어서면서 경건한 마음으로 절을 하는 공간
㉑ 홍살문(紅箭門) : 신성한 지역임을 표시하는 붉은 기둥의 문
㉒ 금천교(禁川橋) : 능역과 속세를 구분하는 돌다리
㉓ 재실(齋室) : 왕릉 관리자가 상주하며 산릉제례에 필요한 제수를 준비하는 곳

이 책에서 문석인은 문인석, 무석인은 무인석, 향로는 신도, 어로는 어도, 판위는 배위로 표기함

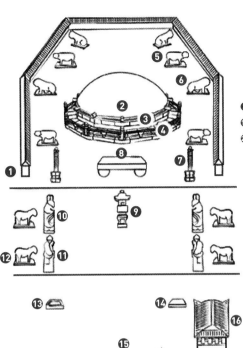

❶에서 ❷까지는 능침 공간,
⑬에서 ㉑까지는 제향 공간,
㉒와 ㉓은 진입 공간을 뜻함

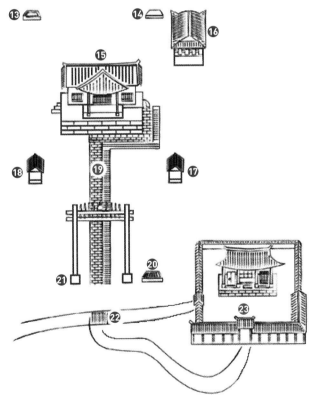

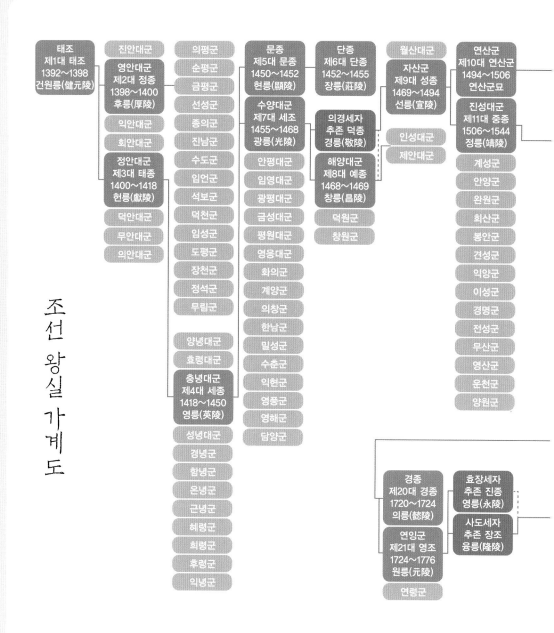

조선 왕실 가계도

태조
제1대 태조
1392~1398
건원릉(健元陵)

진안대군

영안대군
제2대 정종
1398~1400
후릉(厚陵)

익안대군

회안대군

정안대군
제3대 태종
1400~1418
헌릉(獻陵)

덕안대군

무안대군

의안대군

의평군
순평군
금평군
선성군
종의군
진남군
수도군
임언군
석보군
덕천군
임성군
도평군
장천군
정석군
무림군

양녕대군
효령대군

충녕대군
제4대 세종
1418~1450
영릉(英陵)

성녕대군
경녕군
함녕군
온녕군
근녕군
혜령군
희령군
후령군
익녕군

문종
제5대 문종
1450~1452
현릉(顯陵)

수양대군
제7대 세조
1455~1468
광릉(光陵)

안평대군
임영대군
광평대군
금성대군
평원대군
영응대군
화의군
계양군
의창군
한남군
밀성군
수춘군
익현군
영풍군
영해군
담양군

단종
제6대 단종
1452~1455
장릉(莊陵)

의경세자
추존 덕종
경릉(敬陵)

해양대군
제8대 예종
1468~1469
창릉(昌陵)

덕원군
창원군

월산대군

자산군
제9대 성종
1469~1494
선릉(宣陵)

인성대군
제안대군

연산군
제10대 연산군
1494~1506
연산군묘

진성대군
제11대 중종
1506~1544
정릉(靖陵)

계성군
안양군
완원군
회산군
봉안군
견성군
익양군
이성군
경명군
전성군
무산군
영산군
운천군
양원군

경종
제20대 경종
1720~1724
의릉(懿陵)

연잉군
제21대 영조
1724~1776
원릉(元陵)

연령군

효장세자
추존 진종
영릉(永陵)

사도세자
추존 장조
융릉(隆陵)

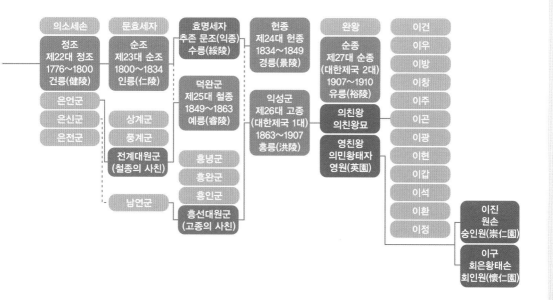

상단

- 폐세자 이황
- 창녕대군
- 양평군
- 인종 제12대 인종 1544~1545 효릉(孝陵)
- 경원대군 제13대 명종 1545~1567 강릉(康陵)
- 복성군
- 해안군
- 금원군
- 영양군
- 덕양군
- 봉성군
- 덕흥대원군 (선조의 사친)

- 순회세자
- 하원군
- 하릉군
- 하성군 제14대 선조 1567~1608 목릉(穆陵)

- 영창대군
- 임해군
- 광해군 제15대 광해군 1608~1623 광해군묘
- 의안군
- 신성군
- 정원대원군 추존 원종 장릉(章陵)
- 순화군
- 인성군
- 의창군
- 경창군
- 흥안군
- 경평군
- 인흥군
- 영성군

- 폐세자 이지
- 능양군 제16대 인조 1623~1649 장릉(長陵)
- 능원대군
- 능창대군
- 능풍군

- 소현세자
- 봉림대군 제17대 효종 1649~1659 영릉(寧陵)
- 인평대군
- 용성대군
- 숭선군
- 낙선군

- 헌종 제18대 현종 1659~1674 숭릉(崇陵)

- 숙종 제19대 숙종 1674~1720 명릉(明陵)

하단

- 의소세손
- 정조 제22대 정조 1776~1800 건릉(健陵)
- 은언군
- 은신군
- 은전군

- 문효세자
- 순조 제23대 순조 1800~1834 인릉(仁陵)
- 상계군
- 풍계군
- 전계대원군 (철종의 사친)
- 남연군

- 효명세자 추존 문조(익종) 수릉(綏陵)
- 덕완군 제25대 철종 1849~1863 예릉(睿陵)
- 흥녕군
- 흥완군
- 흥인군
- 흥선대원군 (고종의 사친)

- 헌종 제24대 헌종 1834~1849 경릉(景陵)
- 익성군 제26대 고종 (대한제국 1대) 1863~1907 홍릉(洪陵)

- 완왕
- 순종 제27대 순종 (대한제국 2대) 1907~1910 유릉(裕陵)
- 의친왕 의친왕묘
- 영친왕 의민황태자 영원(英園)

- 이건
- 이우
- 이방
- 이창
- 이주
- 이곤
- 이광
- 이현
- 이갑
- 이석
- 이환
- 이정

- 이진 원손 숭인원(崇仁園)
- 이구 회은황태손 회인원(懷仁園)

책을
내면서

출판사업을 하면서 두 권의 국내 여행 책을 집필했다. 《추억, 역사 그리고 길을
걷는다》와 《바람, 구름 그리고 길을 걷는다》이다. 발간 후 어느 잡지사에서 여
행 관련 원고 의뢰가 들어와 글을 쓸 수 있는 기회가 생겼다. 무엇을 쓸까 고심
하다가 문득 얼마 전 들른 융릉과 건릉(이하 융건릉)이 생각났다. 우리 선대조 산
소와 가까워 몇 번 들른 적이 있는데, 기억으로는 걷는 길도 좋고 역사도 배울
수 있어서 소재로 적당하다 싶었다. 다시 한 번 융건릉에 다녀와 원고를 쓴 것
이 계기가 되어 유네스코 세계유산으로 지정된 조선 왕릉 전체로 관심이 넓어
졌다. 하지만 왕릉에 대한 지식은 고작 중학생 때 소풍으로 간 동구릉, 광릉수
목원에 있는 광릉, 화성에 있는 융건릉, 그리고 강원도 영월 청령포를 여행하면
서 가본 장릉(莊陵) 정도였다. 조선 왕릉에 대한 책은 이미 여러 권 발간되어 새
로운 내용을 쓰기가 쉽지 않다는 것을 알고 있었으나, 나처럼 초행자가 답사하
며 느낀 바를 가볍게 들려주는 식의 길잡이 책을 써보는 것도 의미 있다고 생
각했다. 그래서 용기를 냈다.

지금까지 유네스코 세계유산에 지정된 우리나라 유산을 살펴보면 조선 왕릉

을 비롯하여 종묘, 창덕궁, 수원 화성, 하회와 양동 마을, 남한산성의 조선 시대 유산 6개, 또 석굴암과 불국사, 해인사 장경판전, 경주역사유적지구, 고창·화순·강화의 고인돌 유적, 백제역사유적지구, 제주 화산섬과 용암동굴(자연유산) 6개가 있다.

조선 왕릉은 조선 왕조의 왕과 왕후의 능이다. 조선 왕조는 1392년 7월 17일 태조 이성계가 조선을 세운 때로부터 일제강점기가 시작되는 1910년 8월 29일까지 519년간 이어져 왔으며 총 27명의 왕이 즉위했다. 이 중 폐위된 왕인 제10대 연산군과 제15대 광해군은 묘로 격하되어 왕릉에서 빠졌고, 재위하진 않았지만 추존된 왕 5명(덕종, 원종, 진종, 장조, 문조)이 포함되어 30명이 왕릉에 안장되었다. 마찬가지로 왕후도 원비 27명과 계비 13명으로 총 40명인데, 이 중 폐비 2명이 빠지고 추존된 왕후 5명이 포함되어 43명이 안장되었다. 왕 30명과 왕후 43명, 모두 73위(位) 유택(幽宅, 무덤)이 능침(봉분이라고도 함) 64개를 이루면서 능 42기로 조성되었다. 42기 중에 북한에 있는 2기(제릉, 후릉)를 제외한 40기가 세계문화유산으로 등록되었다. 한 왕조의 왕릉 전부가 이처럼 손상 없이 보존된

책을 내면서

예는 세계 어디에서도 볼 수 없다고 한다. 우리나라의 자랑스러운 문화유산이다.

조선의 태조 이성계는 나라를 세우면서 선조 4대를 추존하는데 이안사(고조부)가 목조, 이행리(증조부)가 익조, 이춘(조부)이 도조, 아버지 이자춘이 환조가 된다. 이씨 조선은 건국이념으로 숭유억불정책(崇儒抑佛政策), 즉 불교를 억누르고 유교를 숭상하는 정책을 선택한다. 유교는 효를 근본으로 조상을 숭배하기 때문에 제례의식이 뚜렷하다. 유교에서는 사람이 살아 있을 때 몸에 혼(魂)과 백(魄)이 있다가 죽으면 혼은 하늘로, 백은 땅으로 돌아간다 하여 혼을 모시는 사당과 백을 모시는 무덤을 둔다. 이에 따라 조선의 제례의식은 왕과 왕후가 죽으면 혼을 모시는 종묘(宗廟)에서의 종묘제례와 백을 모시는 왕릉에서의 산릉제례가 있다. 이러한 행사는 현재도 진행 중이며, 전주 이씨 대동종약원에서 주관한다.

왕릉의 지역별 분포를 살펴보면 총 42기 중 북한 개성시에 있는 2기와 강원도 영월군에 있는 제6대 단종의 장릉을 제외한 모든 능이 서울 시내와 경기도 일대에 자리한다. 서울 시내에는 8기(정릉[貞陵], 헌릉, 선릉, 정릉[靖陵], 태릉, 강릉, 의릉, 인릉)가 있다. 경기도에는 구리시에 9기(동구릉−건원릉, 현릉, 목릉, 휘릉[徽陵], 숭릉, 혜릉, 원릉, 수릉, 경릉[景陵]), 고양시에 8기(경릉[敬陵], 창릉, 효릉, 희릉[禧陵], 명릉, 익릉, 홍릉[弘陵], 예릉), 파주시에 4기(공릉, 순릉, 장릉[長陵], 영릉[永陵]), 남양주시에 4기(사릉, 광릉, 홍릉[洪陵], 유릉), 화성시에 2기(융릉, 건릉), 여주에 2기(영릉[英陵], 영릉[寧陵]), 양주시에 온릉, 김포시에 장릉(章陵)이 있다.

조선 시대 오례의 예법과 절차를 규정한 《국조오례의(國朝五禮儀)》에서는 왕과 왕후의 무덤을 궁궐에서 100리(약 40킬로미터) 이상 떨어지지 않도록 제한했는데, 이는 왕의 능행(陵行)에 변고가 생길 경우 빨리 환궁(還宮)하기 위해서다. 제릉, 후릉, 장릉은 예외로 두고 대부분의 왕릉이 100리 안에 조성되었다. 조선 시대 법전인 《경국대전(經國大典)》에는 왕릉을 한양 4대문에서 80리에 두어야 한다는 규정이 있다. 이 규정에 얽힌 재미있는 이야기가 전해온다. 제22대 정조가 아버지 사도세자의 능(후에 융릉)을 88리 떨어진 현재의 화성(당시 수원)으로 이장하려 하자, 대신들은 이 장지가 풍수지리상으로 좋은 땅이나 한양 4대문에서 88리나 떨어졌다고 반대했다. 이에 정조는 "이제부터 수원을 80리로 하라"라고 명하여, 이때부터 수원은 한양에서 80리가 되었다고 한다.

문화재청에서 발간한 《조선 왕릉 답사 수첩》에 의하면 조선 왕족의 무덤은 모두 119기로 능이 42기, 원(園)이 13기, 묘(墓)가 64기다. 이 책에서는 주로 왕릉 42기를 다루었다. 각 왕릉을 답사하는 과정에서 13기에 달하는 왕의 사친(종친으로서 왕위를 이어받은 임금의 친어버이, 여기서는 어머니를 뜻함)과, 세자와 세자빈의 무덤인 원도 같이 찾아가 보았는데 왕릉 못지않게 역사적 의미가 깊었다.

원 13기 중 왕의 사친은 6기로 제14대 선조의 후궁 인빈 김씨(추존왕 원종의 생모)의 순강원(저경궁), 제19대 숙종의 후궁 숙빈 최씨(영조의 생모)의 소령원(육상궁), 제21대 영조의 후궁 정빈 이씨(추존왕 진종의 생모)의 수길원(연호궁), 또 영조의 후궁 영빈 이씨(추존왕 장조의 생모)의 수경원(선희궁), 제22대 정조의 후궁 수빈 박씨(순조의 생모)의 휘경원(경우궁), 제26대 고종의 후궁 귀인 엄씨(영친왕의 생모)의 영휘원(덕안궁)이다. 이 외에 숙종의 후궁으로 제20대 경종의 생모인 희빈 장씨(장희빈)는 왕후까지 되었으나 사약을 받고 죽어서 원이 못 되고 대빈묘(대빈궁)로 격하되었다. 따라서 후궁 출신 왕의 생모는 모두 7명이다. 왕후가 아니기 때문에 종묘에는 모실 수 없었고, 별도로 칠궁(七宮)이란 사당을 지어 모셨다. 이것이 현재 청와대 옆에 위치한 칠궁이다.

나머지 원 7기는 세자와 세자빈의 묘로 제13대 명종의 장자 순회세자와 세자빈인 공회빈 윤씨의 합장묘(순창원), 제16대 인조의 장자 소현세자의 묘(소경원), 소현세자의 부인 민회빈 강씨의 묘(영회원), 사도세자(추존왕 장조)의 장자 의소세자의 묘(의령원), 정조의 장자 문효세자의 묘(효창원), 대한제국의 마지막 황태자인 영친왕의 장자 이진의 묘(숭인원), 영친왕과 부인 이방자의 묘(영원)다.

묘 64기는 대군, 공주, 옹주, 후궁, 귀인 등인데 내용 전개상 필요한 묘만 골라서 답사했다. 연산군묘, 광해군묘, 대원군묘(덕흥대원군, 전계대원군, 흥선대원군), 인평대군묘, 덕혜옹주묘, 명빈묘, 회묘, 후궁묘, 왕자공주묘, 태실, 성묘, 안빈묘, 영빈묘, 대빈묘 등이다. 연산군과 광해군은 비록 폐위되었으나 재위했기 때문에 답사했고, 추존왕 5명은 재위하지 않았어도 왕릉 40기에 포함되어 답사했다.

앞서 조선 왕릉은 왕 30명과 왕후 43명, 모두 73위 유택이 능침 64개를 이루면서 42기에 안장되었다고 했다. 그런데 왜 이렇게 되었을까? 그 이유는 능침의 조성 형태가 각기 다르기 때문이다. 능침은 크게 9개 형태로 구분한다. 첫째는 왕이나 왕후의 능침을 따로 조성한 단릉(單陵)이다. 왕이 3기(건원릉, 장릉[莊陵], 정릉[靖陵]), 왕후가 12기(제릉, 정릉[貞陵], 사릉, 공릉, 순릉, 온릉, 희릉[禧陵], 태릉, 휘릉[徽陵], 익릉, 혜릉, 홍릉[弘陵])로 모두 15기다. 둘째는 왕과 왕후의 능침을 한 언덕에 나란히 마련한 쌍릉(雙陵)이다. 모두 9기(후릉, 헌릉, 효릉, 강릉, 장릉[章陵], 숭릉, 원릉, 영릉[永陵], 예릉)로 동원이봉릉(同原異封陵)이라고도 한다. 폐위된 연산군묘와 광해군묘도 쌍묘(雙墓)다. 모두 우상좌하(右上左下)의 유교 예법에 따라 왕은 오른쪽 위에, 왕후는 왼쪽 아래 언덕에 안장되었다. 셋째는 정자각(왕릉에 제사를 지내기 위해 봉분 앞에 '丁'자 모양으로 지은 집) 1개를 중심으로 다른 두 곳의 언덕에 각각 능침을 조성한 동원이강릉(同原異岡陵)으로 모두 5기(현릉, 광릉, 경릉[敬陵], 창릉, 선릉)다. 다만 경릉만이 우상좌하 원칙을 벗어나 왕후(소혜왕후 한씨)가 오른쪽에 자리 잡았다. 넷째는 왕과 왕후를 하나의 능침에 합장한 합장릉(合葬陵)이다. 《국조오례의》에서 규정한 조선 왕실의 기본 능제도로 모두 7기(영릉[英陵], 장릉[長陵], 융릉, 건릉, 인릉, 수릉, 홍릉[洪陵])다. 다섯째는 정자각 1개를 중심으로 같은 언덕 위아래에 각각 능침을 조성한 동원상하봉릉(同原上下封陵)으로 2기(영릉[寧陵], 의릉)가 있다. 풍수지리에 따라 생기가 왕성한 자리에 맞추어 능침을 조성하다 보니 위아래로 배치한 것이다. 여섯째는 한 언덕에 왕과 원비, 계비의 세 능침을 나란히 배치한 삼연릉(三連陵)으로 경릉(景陵)이 여기에 해당한다. 일곱째는 능침 1개에 왕과 원비, 계비 3명을 안장한 삼합장릉(三合葬陵)으로 유릉이 있다. 여덟째는 정자각 1개를 중심으로 다른 세 곳의 언덕에 각각 능침을 조성한 동원삼강릉(同原三岡陵)이다. 목릉이 해당하며, 동원이강릉의 변형이라 할 수 있다. 마지막으로 지금까지의 형태 어디에도 속하지 않는 명릉이 있다. 명릉의 경우 처음에 숙종과 제1계비 인현왕후 민씨의 능이 한 언덕에 쌍릉으로 조성되었는데, 제2계비 인원왕후가 죽자 쌍릉 오른쪽 다른 언덕에 단릉을 조성하면서 별도의 능호를 주지 않고 같은 정자각을 쓴 것이다. 제2계비 인원왕후 김씨의 능이 오른쪽 가장 높은 곳에 위치해 우상좌하 원칙에 어긋나므로 동원이강릉에도 해당되지 않는다. 실질적으로는 쌍릉과 단릉이 혼합된 것으로 볼 수 있다.

나는 조선 왕릉 40기, 원 13기, 묘 16기의 답사를 2013년 5월 17일에 시작하여 같은 해 12월 25일에 안빈묘를 끝으로 모두 마쳤다. 직접 승용차를 운전해 찾아갔는데, 장릉(莊陵)을 제외하고는 모두 1~2시간 거리라서 내비게이션으로 쉽게 찾을 수 있었다. 모든 왕릉은 매주 월요일이 정기휴일이다. 현재는 대부분의 왕릉이 개방되어 출입에 어려움은 없으나 온릉, 서삼릉 안 효릉, 소경원, 회묘, 후궁묘, 왕자공주묘, 태실, 명빈묘, 순강원, 영회원, 안빈묘, 소령원, 영빈묘, 광해군묘, 성묘, 수길원, 휘경원, 덕혜옹주묘는 문화재청에 미리 출입

        책을 내면서

허가를 받아야 들어갈 수 있다(2017년 기준). 왕릉 부근에 있는 왕실의 원찰(顧 刹, 명복을 비는 절)도 답사했다. 융건릉의 용주사, 선릉의 봉은사, 정릉의 흥천 사, 영릉(英陵)의 신륵사, 광릉의 봉선사, 소령원의 보광사, 순강원의 봉영사 등 이다. 사전에 예약해야만 들어갈 수 있는 광릉수목원(현재 국립수목원으로 승격) 은 광릉을 들르는 길에 같이 관람했다.

서삼릉 내 공개제한지역 후궁 묘역에는 정조의 후궁 의빈 성씨의 묘가 있는 데, 문화해설사 말로는 MBC 사극 〈이산〉에서 정조가 가장 사랑한 여인으로 등장한 후로 일본 여성 관광객이 심심찮게 찾아온다고 한다. 서삼릉 내 후궁묘 와 왕자공주묘 46기, 태실 54기는 전국에 흩어진 원래의 것을 일제강점기에 일 제가 강제로 파괴해 집단적으로 이곳에 모아놓았다. 일제의 연호까지 비석에 새기는 만행을 저질렀으며, 이 과정에서 귀중한 유물을 많이 도굴해갔다고 한 다. 나라를 빼앗긴 민족이 암울한 시절에 겪었던 뼈아픈 역사를 볼 수 있는 현 장이었다.

이 책은 제1대부터 제27대까지(연산군, 광해군 포함) 연대별로 전개되는데, 따 로 왕후릉을 구성할 경우에는 왕후도 같은 순서(예를 들면 제1대 태조 이성계 건원 릉 다음으로 따로 떨어져 있는 원비 신의왕후 한씨의 제릉과 계비 신덕왕후 강씨의 정릉을 설명)로 집필했다. 추존왕 5명도 왕릉을 구성하므로 역시 연대별로 순서(예를 들 면 덕종의 경릉은 예종의 창릉보다 먼저 설명)를 잡았으며, 원 13기와 묘 16기는 관 련되는 왕릉에서 같이 설명했다. 왕릉 답사 전에 필요한 정보와 지식을 알려주 는 게 목적인 만큼 답사 경험을 최대한 살렸다. 전주 이씨의 후손으로서 어릴 때부터 문중 어른들께 선조의 이야기를 듣고 자란 것이 큰 도움이 되었다. 문화 재청에서 무료로 배부하는 《왕릉 안내책자》와 《조선 왕릉 답사 수첩》을 참고했 으며, 왕릉의 역사문화관(동구릉, 광릉, 파주 삼릉, 선정릉, 융건릉, 홍유릉)과 영릉의 세종전, 장릉의 단종역사관도 도움이 되었다. 특히 태릉의 왕릉전시관은 조선 왕릉 답사를 처음 시작하는 초행자들에게 우선적으로 권하고 싶다. 조선 왕릉에 대한 윤곽을 파악해볼 수 있기 때문이다. 문화해설사가 있는 왕릉에서는 더욱 편하게 답사할 수 있었다.

드디어 완성하고 보니 먼 길을 지나와서 짐을 내려놓는 기분이다. 주말을 이용한 답사 기간 7개월을 빼고도 집필하는 데만 꼬박 2년 8개월이 걸렸다. 여유가 생길 때마다 쓰다 보니 생각보다 시간이 많이 흘렀는데, 세 번째 책을 내는 뿌듯함도 있지만 집필이 참으로 어렵다는 것을 새삼 깨달았다. 2007년 11월 6일 출판업을 등록한 이래 얼마 안 있으면 백 번째 책을 발행한다. 이 벽을 넘으면 출판에 어느 정도 도(道)가 튼다고들 한다. 과연 그렇게 될지. 불황의 늪에서 헤어나지 못하는 출판 실정을 죽 보아왔기 때문에 책을 내면서도 걱정이 앞선다. 그러나 그동안 중국, 대만, 태국에 수출된 책도 있고, 11쇄를 넘긴 책과 세종도서 교양 부문에 선정된 책도 있었다. 그때마다 용기를 얻어 앞으로 나아갈 수 있었다. 재승출판에 관심을 가져주시는 독자분들과 무언으로 성원해주시는 주위 분들, 그리고 평생의 반려자이자 여행의 길동무인 집사람과 사랑하는 자식들(희승, 희석, 희수), 오늘도 좋은 책 만들기에 심혈을 기울이는 재승출판 식구들 덕분에 나의 세 번째 책이 탄생했다. 이 기회를 빌려 모두에게 감사의 마음을 전한다.

책을 내면서

1

제1대
태 조
(太祖)

건원릉(健元陵)–
구리 동구릉(東九陵)
첫 번째 이야기

태조 이성계는 1392년 7월 17일 고려의 수도였던 개경(현재 개성)의 수창궁에서 왕위에 올랐다. 당시 나이는 58세, 지금으로부터 620여 년 전 일이다. 6년 2개월 동안 재위하면서 조선의 기틀을 닦았으며, 그를 도운 인물로는 정도전과 무학대사가 있다. 정도전은 조선이라는 나라를 기획하고 틀을 만든 핵심인물이다. 나라 이름을 조선으로 바꾸고 수도를 개경에서 한양으로 옮겼으며 종묘, 사직, 궁궐, 성곽 등을 지어 새로운 나라의 모습을 갖추었다. 또한 최초의 법전 《조선경국전》을 만들어 나라 운영의 기본법으로 삼았다. 토지개혁으로 백성의 생활이 고려 때보다 윤택해져 쌀밥을 먹게 되자 이성계가 내린 밥이라 하여 '이밥'이라는 말이 생겨났다. 지금도 쌀밥을 '이밥'이라 부르는데, 여기서 유래된 것이다.

무학대사는 새 도읍지를 물색할 때 후보지였던 계룡산을 이성계와 함께 답사했을 정도로 신임이 두터웠다. 이성계의 정신적 지주였으며 수도를 한양으로 옮기는 데 결정적 역할을 했다. 그러나 궁궐터를 정할 때는 정도전에게 밀리고 만다. 무학대사는 불교를 신봉하는 스님으로 풍수지리에 근거하여 궁궐터를 동향으로 앉히고, 궁궐은 동쪽을 바라보게 지어야 한다고 주장했다. 풍수지리상 인왕산이 주산(主山, 궁궐과 왕릉을 보호하는 산)이고, 북악산이 좌청룡(左靑龍), 남

제1대 태조(太祖)

산이 우백호(右白虎)가 된다는 것이다. 반면 정도전은 고려 말 유명한 유학자 이색의 문하생으로 유교 경전에 임금은 남쪽을 바라보며 중국의 모든 황궁과 고려의 궁궐도 전부 남쪽을 향하여 지어졌다고 주장했다. 이성계는 정도전의 주장을 받아들였다. 그래서 경복궁의 주산이 북악산이고, 낙산은 좌청룡, 인왕산은 우백호가 된다.

　무학대사는 궁궐터를 남쪽으로 앉힐 경우 관악산의 불기운과 시흥 호암산(虎岩山)의 사나운 호랑이 모습 때문에 앞으로 재난이 끊이지 않을 것이라고 했다. 그리고 동향으로 지어야 왕위가 장자로 이어지고 200년 후에 발생할 큰 변고를 막을 수 있다고 예견했다. 결과적으로 조선 왕조에서 장자로 왕이 된 7명의 임금 중에 숙종만 빼고 나머지 6명은 모두 일찍 죽거나 쫓겨났고, 또 건국 200년이 되는 1592년에 임진왜란이 일어났으니 신기할 따름이다. 조선 왕조는 건국 이후 500년 동안 재난이 끊이지 않았다. 이성계의 5대조 이양무의 준경묘에 대한 풍수가들의 풀이에서도 장자가 허약하여 지차(맏이 이외의 자식들)가 왕위를 잇게 된다고 나왔다. 이씨 조선의 태생적 운명인 건지, 현대를 사는 우리로서는 그 예견이 놀랍기만 하다. 경복궁 앞에 해태상은 관악산의 불기운으로부터 경복궁을 보호하기 위한 것으로 생각된다. 해태는 상상의 동물로 불기운을 막는다고 한다. 그러나 경복궁은 임진왜란 때 불타버려 270여 년 동안 폐허로 있었고, 흥선대원군 대에 이르러서야 중수했다. 중수하면서도 불이 났는데, 이때 또 해태상을 세웠다. 중건 이후에도 고종 때 큰 화재가 났다. 해태상으로는 관악산의 불기운을 막아낼 수 없었나 보다.

　정도전은 궁궐과 성곽의 설계에까지 직접 간여하여 경복궁과 4대문 안 동네 이름까지 유교 경전을 참고했다. 정치체제는 '백성이 나라의 근본'이라는 민본사상(民本思想)을 내세움으로써 왕권중심(王權中心)의 전제국가에서는 받아들일 수 없는, 현재의 내각책임제와 비슷한 주장을 했다. 그리고 이성계의 계비 신덕왕후 강씨의 둘째 아들 이방석을 세자로 지지하는데, 이것이 실세인 원비 신의왕후 한씨의 다섯째 아들 이방원(후에 태종)의 비위를 거슬리게 하여 1398년 제1차 왕자의 난이 일어난다. 왕의 나라에서 정도전은 시대를 앞서간 사람이었던 것 같다. 고려 충신 정몽주가 이방원에게 죽임을 당했어도 조선에서 충신으로 받들어진 것에 비해 정도전은 역적으로 취급받다가 흥선대원군이 경복궁을 중수하면서 그 역할을 높이 사 복권했다. 복권에 470여 년이 걸렸다.

태조의 오른팔이었던 건국 일등공신 정도전, 그리고 막내아들 세자 이방석과 일곱째 아들 이방번, 이들의 누나 경순공주의 남편 이제까지 이방원에게 죽임을 당하자 이성계는 크게 상심한다. 경순공주의 머리를 직접 깎아주면서 여승(女僧)이 되라고까지 했다는 걸 보면 이때 상황을 짐작할 수 있다. 경순공주는 이성계가 죽기 1년 전에 죽는다. 태조 이성계는 골육상쟁의 피비린내 나는 싸움을 목격한 충격으로 둘째 아들 이방과(후에 정종)에게 왕 자리를 물려주고 고향인 함흥으로 떠나버린다. 나라를 세운 지 6년, 이성계의 나이는 64세였다.

2년 후 이방원과 그의 형 이방간(원비 신의왕후 한씨의 넷째 아들)의 왕권 다툼으로 제2차 왕자의 난이 일어난다. 결국 이방원이 왕이 되면서 아버지 이성계를 한양으로 모시려고 수차 사신을 보내지만 죽임을 당해 돌아오지 못한다. 여기서 함흥차사(咸興差使)라는 말이 생겼는데, 한번 가면 돌아오지 않거나 소식이 없다는 뜻이다. 태종은 최후의 방법으로 태조가 총애하던 무학대사를 사신으로 보낸다. 이성계는 무학대사의 간곡한 건의에 따라 한양으로 오게 된다. 태종의 오른팔이었던 하륜은 "태상왕(太上王, 태조 이성계)의 노기가 아직 풀리지 않았으니, 막사 차일(遮日, 천막)의 중간 기둥을 아주 굵은 나무로 하십시오"라고 건의한다.

제1대 태조(太祖)

하륜은 누구인가? 태조 이성계에게 정도전이 있었다면, 태종 이방원에게는 하륜이 있었다. 정도전이 태조 이성계를 도와 조선 건국의 초석을 다진 것처럼 하륜은 태종을 도와 제1차, 제2차 왕자의 난을 성공으로 이끌었다. 두 사람 모두 조선 왕조의 기틀을 마련하는 데 기여했다. 고려의 충신 이색의 문하생인 정몽주와 같이 유학을 배웠지만 정몽주는 끝까지 절개를 지켰고, 정도전과 하륜은 조선이라는 새 나라에서 자기들의 뜻을 펴려고 한 것이 달랐을 뿐, 이들이 꿈꿨던 유학사상은 조선의 기틀이 되었다고 볼 수 있다. 그러나 정도전이 사대부에 의한 신권중심(臣權中心)의 양반사회를 주장한 것과 달리, 하륜은 왕권중심의 전제국가를 표방하는 왕이 통치하는 나라를 지지했다. 하륜과 건국공신 조준은 정도전에게 견제당해 태종 시대에 와서 빛을 본 인물들이다.

하륜은 만일의 사태를 생각할 수밖에 없었다. 태조 이성계는 명궁이 아닌가. 아니나 다를까 태종이 살꽂이다리(전곶교, 현재 서울 청계천과 중랑천이 만나는 지점)까지 나가 부왕을 맞이하려는 순간, 이성계는 아들 이방원을 향해 화살을 쏜다. 태종은 재빨리 차일의 기둥 뒤로 피하여 위기를 넘긴다. 미리 설치한 기둥이 없었다면 꼼짝없이 화살에 맞아 죽었을 것이다. 그제야 태조 이성계는 '모든 게 하늘의 뜻'이라며 태종 이방원을 인정한다.

태조 이성계는 고향인 함흥에서 한씨와 가례를 올렸는데, 정부인 한씨는 이성계가 왕이 되기 1년 전에 세상을 떠나 왕후가 되지 못하고 나중에 신의왕후 한씨로 추존된다. 그 후 고려의 수도인 개경에서 강씨를 만나 부부의 연을 맺었다. 계비 강씨는 이성계가 왕위에 오르는 데 큰 힘이 되었고, 마침내 정비가 되어 조선 최초의 왕후가 된다. 신덕왕후 강씨는 집안 배경도 좋았지만 능력도 출중하고 야심 찬 여인으로 태조 이성계의 총애를 한 몸에 받았으며 아들을 세자로 만들었다. 정도전과 한편이었고 이방원과는 사이가 좋지 않았다. 원비 신의왕

동구릉 들어가는 길

후 한씨가 죽고 6년이 지난 후에 죽는데, 제1차 왕자의 난이 일어나기 전이다. 오히려 다행이었는지도 모른다. 원비 신의왕후 한씨 소생은 6남 2녀였고, 계비 신덕왕후 강씨 소생은 2남 1녀였다. 이성계는 살아생전에 부인 둘을 모두 잃었고, 아들 8명 중에 5명을 먼저 보냈다. 남은 아들은 이방과(정종), 이방원(태종), 그리고 이방원과 왕권 다툼을 벌이다가 귀양 간 이방간(회안대군)밖에 없었다. 사랑했던 막내딸도 죽고 부인도 모두 잃은 노년의 심정은 어떠했을까? 권력의 무상함을 느꼈을 것이다.

정부인 한씨는 한양으로 천도하기 전에 죽었기 때문에 개성에 능묘로 조성되었다가 나중에 왕후릉의 모습을 갖추었다. 현재 북한 개성에 있는 제릉이다. 조선 최초의 왕릉인 셈이다. 능을 조성한 인물은 노비 출신인 박자청이다. 박자청은 궁지기로 있을 때 이성계의 이복동생 의안대군(義安大君, 이성계의 아들 의안대군[宜安大君] 이방석과는 다른 인물임)이 임금의 명령을 무시하고 대궐에 들어가려고 하자 얻어맞으면서도 문을 굳게 지켜 임무에 충실했다. 이 이야기가 이성계의 귀에 들어갔고 그가 건축에 재주가 있는 것이 알려지면서 각종 공사에서 능력을 발휘하다가 후에 공조판서(오늘날 건설부장관)까지 된다. 박자청은 제릉 확장공사를 담당했으며, 두 번째 왕릉인 신덕왕후 강씨의 정릉도 그의 작품이다.

태조 이성계는 1408년(태종 8년) 5월 24일 창덕궁 광연루 별전에서 74세로 숨을 거뒀다. 왕위를 물려준 지 10년이 지나서였다. 능호는 건원릉(이 능만 두 글자임), 묘호(왕이 죽은 뒤 종묘에 신위를 모실 때 붙이는 호)는 태조다. 이성계는 살아 있는 동안 자신의 능을 점지해놓으려고 일찍이 무학대사와 찾아다녔다. 현재의 동구릉 자리를 자신의 능으로 정하고 흡족해하면서 궁궐로 돌아가다가 경기도와 서울의 경계에 있는 고개에 이르러 "이제야 근심을 덜었다"라고 하여 그곳을 망우리(忘憂里, 근심을 잊었다는 뜻)고개로 부르게 되었다는 이야기가 전해온다. 그런데 신덕왕후 강씨가 죽었을 때 현재 중구 정동 자리에 정릉을 조성하면서 강씨 능침 우측에 자신의 능침인 수릉(壽陵, 살아 있을 때 미리 마련해두는 임금의 능)을 정했다. 아마도 신덕왕후 강씨와의 합장을 원한 것 같다. 태종 이방원은 아버지의 유지에도 불구하고 계모인 신덕왕후 강씨를 태조의 정비로 인정하지 않았기에 아버지를 동구릉 안의 건원릉 자리에 안장했다. 태조 이성계가 처음 점지한 자리로 간 것이다. 동구릉에서는 첫 번째 능으로 박자청의 감독 아래 조성되었다.

풍수지리상 동구릉은 북쪽의 불암산(510미터)에서 내려온 주맥을 따라 형성된 검암산(178미터)이 주산이다. 멀리 남양주 방면의 산들을 조산(朝山)으로 하고 검암산에서 뻗어 내려온 여러 능선에 왕릉을 조성하여 좌우로 청룡, 백호의 산세를 형성한다. 조산은 정남향의 안산(案山, 묘의 맞은편에 있는 산)과 떨어진 또 하나의 산이다. 묘내수(墓內水, 능역 안에 개울물)는 서쪽에서 동쪽으로 흐른다. 동구릉은 천하의 명당자리로 알려졌다. 경기도 구리시 동구릉로 197에 위치하며 면적은 1,969,675제곱미터다. 능 위쪽에서 볼 때 왼쪽(동쪽)을 좌청룡, 오른쪽(서쪽)을 우백호라 하는데 왼쪽에는 왕후가, 오른쪽에는 왕이 안장된다.

동구릉은 왕 6명(태조, 문종, 선조, 현종, 영조, 헌종)과 추존왕 1명(문조), 왕후 10명(문종-현덕왕후, 선조-원비 의인왕후와 계비 인목왕후, 인조-계비 장렬왕후, 현종-명성왕후, 경종-원비 단의왕후, 영조-계비 정순왕후, 문조-신정왕후, 헌종-원비 효현왕후와 계비 효정왕후)으로 모두 17위 유택으로 구성되었는데, 문조가 합장릉이므로 능침이 16개다. 능침의 조성 형태에 따라 9기에 안장되었다. 단릉이 3기(건원릉, 휘릉, 혜릉), 쌍릉이 2기(숭릉, 원릉), 동원이강릉이 1기(현릉), 동원삼강릉이 1기(목릉), 삼연릉이 1기(경릉), 합장릉이 1기(수릉)인 것이다.

나는 동구릉을 시작으로 왕릉을 답사했다. 동구릉 입구에는 조선 태조고황제(1897년 제26대 고종이 대한제국을 선포할 때 건국 시조인 태조를 추존함) 시비(詩碑), 사적 제193호 동구릉 안내판, 종합안내도, 조선 왕릉 동구릉 표지탑이 있다. 조선 왕릉 세계유산비에는 2009년 6월 30일에 세계문화유산으로 지정된 내용이 새겨졌다. 중학교 시절 소풍 와서 봤던 모습은 찾아볼 수 없고 입구부터 세계문화유산답게 꾸며놓았다. 매표소에서 동구릉 안내책자를 받았다. 매표소를 지나 가장 먼저 만나는 곳이 동구릉 역사문화관인데 왕릉의 조성 과정 등이 자세히 나와 있다. 이를 보고 난 후 홍살문을 지나니 재실이 보인다. 홍살문은 신성한 지역임을 알리는 문이고, 재실은 제사를 준비하는 공간이다. 수릉, 현릉, 건원릉, 목릉, 휘릉, 원릉, 경릉, 혜릉, 숭릉을 순서대로 모두 관람하는 데 2시간이면 충분하다. 수릉과 현릉을 거쳐 건원릉까지는 갈참나무와 소나무로

제1대 태조(太祖)

이루어진 숲이 무성하다. 숲길 안내도도 설치되었다.

금천교를 건너면 건원릉 홍살문이 나타난다. 건원릉 상설해설도를 읽어본 후 신도와 어도로 구성된 참도를 따라 정자각까지 갔다. 신도는 돌아가신 선왕이 다니는 길이고, 어도는 살아 있는 왕이 다니는 길이다. 신도가 어도보다 조금 높다. 신이 다니는 길로는 걸을 수가 없고 어도를 따라 걸었다. 정자각은 정전(正殿)과 배위청(拜位廳)으로 구성되었다. 정면으로는 계단이 없고 동편에 있는데, 이는 정자각 뒤쪽의 능침을 볼 수 없게 만든 것이다. 올라가는 계단은 왼쪽이 신계(神階), 오른쪽이 동계(東階)다. 신계는 신도와 연결되어 선왕이 오르내리는 계단이고, 동계는 왕과 제관 등이 오르내리는 계단으로 오른발을 먼저 내디딘다. 서편에 있는 서계(西階)는 축관(祝官)이 축문(祝文)을 태우기 위해 오르내리는 계단으로 왼발을 먼저 내디딘다. 그러면 선왕은 어디로 가는가? 선왕의 혼령은 제례가 끝난 후 정자각 뒤편 신문(神門)을 나와서 신교(神橋)를 건너 신로(神路)를 통해 능침 안으로 들어간다는 것이다. 신교와 능침의 능선이 시작되는 지점까지 설치된 길을 신로라고 하는데, 건원릉의 경우 실제로 가서 보면 확실히 식별되지 않는다. 사람이 죽으면 혼은 하늘로 가고 백은 무덤에 있으니, 제례 때는 혼이 신도를 통해 정자각에 와서 머물다가 능침 안으로 간다는 의미인 듯싶다. 재미있게도 능침 앞에는 혼유석(魂遊石)이라는 상석이 있다. 혼령이 능침 앞에 설치된 혼유석에서 놀다가 능침 안에서 백과 만난 후 다시 하늘로 올라가는 것일까. 동계를 통하여 정자각으로 오르면서 오른발을 먼저 내디뎌보았다.

정자각 안에는 제수진설도(제수차림)와 제향일정을 설명하는 사진이 있다. 제향일정에는 건원릉은 물론이고 북한에 있는 제릉과 후릉의 제사도 여기서 지낸다고 적혔다. 이 정자각은 건원릉과 함께 건립되어 조선 왕릉 정자각의 표준이 되는 건축물이다. 건원릉의 능침 공간에는 목책이 둘러져 올라가 볼 수 없었다. 능침에는 억새가 무성했다. 태종이 아버지의 유지는 못 지켰지만 넋을 기리기 위해 태조의 고향인 함흥의 흙과 억새풀을 가져다 심었다고 한다. 1년에 한 번씩 한식 전후에 벌초를 한다는데, 멀리서도 우거진 억새풀이 보인다. 정자각 오른쪽으로는 비각과 수복방이, 왼쪽으로는 수라간이 있다.

금년에만 동구릉을 세 번이나 갔다. 산책 목적도 있었지만 왕릉 건축물과 조형물의 명칭, 그리고 그 내용을 알기 위해서였다. 왕릉의 구성 요소는 크게 진입 공간, 제향 공간, 능침 공간으로 나뉜다. 홍살문에 들어오기 전이 진입 공간이며 재실과 금천교가 있다. 제향 공간은 제를 지내는 곳으로 홍살문, 참도(신도, 어도), 정자각, 수복방, 수라간, 비각이 있다. 그리고 능침 공간이다. 건축물과 조형물은 각각의 의미가 있는데 처음에는 눈에 잘 들어오지 않는다. 조선 왕릉

건원릉 홍살문

제1대 태조(太祖)

40기를 다 둘러보면 자연스럽게 숙지될 것이라 생각하고 천천히 살펴보았다.

건원릉은 제릉과 정릉 다음으로 축조되었지만 태조 이성계의 능이다 보니 조선 왕릉의 표본이 된다. 다만 왕릉제도가 확립되기 전이라 고려의 것을 많이 참고했다. 특히 고려 왕릉 중 가장 잘 정비된 공민왕과 노국공주의 현정릉(玄正陵)을 참고하면서 새 왕조가 시작되었음을 나타내려고 몇몇 부분만 다르게 한 것 같다. 능침 주위에 곡장(曲墻)을 두른 점, 8각 장명등의 조형 양식, 그리고 석물의 배치에 차이를 뒀다. 건원릉에는 신도비가 있는데, 이는 후릉(정종), 헌릉(태종), 영릉(세종)까지 존속하다가 세조 때 영의정 정인지의 건의에 따라 없어졌다. 왕의 업적은 실록에 기록되기 때문이란다. 홍살문 옆에 돌을 깔아놓은 1평 정도의 땅을 배위(拜位)라고 하는데, 왕이 제향을 위해 능 앞에 도착하면 가마에서 내려 절을 하던 곳이다. 건원릉에는 배위가 정자각 위 오른편에 또 있다. 건원릉에만 배위가 2개다. 건원릉 정자각 왼편 뒤쪽에 소전대(燒錢臺)는 산릉제례를 마친 후 축문을 태우는 곳으로 정릉, 헌릉까지만 있고, 이후에는 예감(瘞坎)으로 대치된다. 그러나 이상하게도 효릉(제12대 인종과 인성왕후 박씨의 쌍릉, 뒤에 설명)에서는 소전대와 예감이 모두 있다. 제향 공간에는 정자각 뒤 오른쪽에 예감과 마주한 산신석(山神石)이 있다. 장례 후 3년 동안 후토신(后土神, 땅을 관장하는 신)에게 제사를 지내는 곳이다.

건원릉의 능침 공간 조형물을 공개한 사진을 살펴보면 12지신상(十二支神像) 속에 방울과 방패 문양이 새겨진 화강암 병풍석 12면이 능침을 감싸고, 난간석 12칸이 능침 바깥에 둘러져 있다. 조선 시대 능제도에 새로 추가된 곡장은 살기를 띤 바람이 능침 안으로 들어오지 못하도록 능침의 동, 서, 북 삼면에 둘러쌓은 담장이다. 난간석 밖으로는 왕을 지키는 영물인 석호(石虎)와 석양(石羊) 4쌍을 교대로 배치했다. 건원릉의 석물 8개는 능을 수호하는 의미로 모두 머리가 밖을 향한다. 석호는 맹수를 내쫓고, 석양은 귀신이나 잡귀를 물리치는 역할을 한다. 석호는 앉은 자세, 석양은 서 있는 자세다. 능침 앞에는 혼유석 1좌가 있고 고석(鼓石) 5개가 혼유석을 받친다. 능침 가장 앞쪽 좌우로 망주석 1쌍이 세워졌다. 여기까지가 능침 공간의 상계(上階) 부분이다. 상계 아래는 중계(中階)인데 장대석으로 구분한다. 중계 부분 가운데는 조선에 들어와서 고려와 조형 양식이 달라진 8각 장명등 1좌가 세워졌고, 장명등 좌우로 문인석(文人石) 1쌍이 서 있다. 문인석 뒤에는 석마(石馬) 1쌍이 있다. 그 아래가 하계(下階)인데 역시 장대석으로 구분한다. 하계 부분에는 무인석(武人石)이 좌우로 1쌍 서 있다. 무인석 뒤에도 석마 1쌍이 있다. 문인석과 무인석은 석마와 함께 능을 바라보며 호위하는 자세다. 이러한 형태는 조선 왕릉 전체가 동일하다. 석호와 석양, 석

태조의 건원릉(단릉)과 비각(신도비)

제1대 태조(太祖)

마의 다리 형태는 실물처럼 조각해놓았다. 조선 왕조가 무인보다 문인을 앞세웠기 때문에 문인석은 무인석보다 한 단계 높은 중계에 설치했다고 한다. 또 능침 앞에 네모난 어배석(御拜石)은 불교 양식을 따른 것으로 건원릉에만 있다.

제릉(齊陵)

태조의 원비 신의왕후 한씨(1337~1391년)의 능이다. 신의왕후 한씨는 이성계가 왕위에 오르기 1년 전 55세로 세상을 떠났다. 그래서 처음에는 능묘 형태였다가 왕후로 추존되면서 왕후릉으로 조성되었다. 1897년 제26대 고종이 대한제국을 선포할 때 건국 시조인 태조를 태조고황제로 추존하면서, 신의왕후 한씨도 신의고황후 한씨로 추존된다. 능의 소재지는 경기도 개성시 판문군 상도리로 현재 북한에 있다. 박자청의 감독 아래 축조되어 건원릉과 유사할 것으로 생각되나, 답사가 불가능하므로 정확한 것은 알 수 없다. 능호는 제릉, 묘호는 신의왕후 한씨로 단릉이다.

소생으로 6남 2녀를 두었는데 그중 2명(정종, 태종)이 왕위에 올랐다. 적장자 이방우(진안대군)는 고려의 판서 벼슬까지 한 인물이나, 아버지의 역성혁명에 충격을 받고 조선 건국 1년 만에 죽는다. 2남은 이방과(영안대군)로 제2대 정종이다. 3남 이방의(익안대군)는 태조의 다른 아들과 다르게 정치나 권력에 관심이 없었고, 형제들의 싸움에도 중립을 지키다가 몸이 약해 지병으로 일찍 죽는다. 4남 이방간(회안대군)은 전쟁에 잔뼈가 굵은 용장으로, 이성계는 자신의 곁에 두고 호위 역할을 시켰다. 5남 이방원(정안대군)은 제3대 태종이다. 6남 이방연(덕안대군)은 고려 사마시에 합격했으나 혼인도 하기 전에 죽었다. 그리고 두 딸 경신

제1대 태조(太祖)

공주와 경선궁주가 있다.

    이씨 조선은 첫 번째 왕위계승부터 적장자 승계의 원칙이 깨진다. 태조 이성계가 계비 신덕왕후 강씨의 둘째 아들을 세자로 책봉하면서 야심이 컸던 지차 형제들 간에 피비린내 나는 골육상쟁이 일어난 것이다.

서울 정릉(貞陵)

태조의 계비 신덕왕후 강씨(?~1396년)의 능이다. 태조 이성계는 신덕왕후 강씨가 죽자 서울 중구 정동(현재 경향신문 체육관 옆) 자리에 능을 조성하고 그 옆에 자신의 수릉까지 정해놓았다. 그리고 능호를 정릉으로 하였는데, 여기에서 정동 이름이 유래되었다. 1408년 태조 이성계가 죽자, 태종 이방원은 그 이듬해 도성 안에 능이 있는 것은 옳지 못하다 하여 지금의 자리로 천릉하고 능에서 묘로, 왕후에서 후궁으로 격하시켰다. 그 후 260여 년간 폐허로 있다가 1669년(현종 10년) 송시열의 상소로 복위되면서 현재의 모습을 갖추었다. 정릉이란 능호를 되찾고, 묘호는 신덕왕후 강씨가 된다. 나중에 태조가 있는 종묘에 신의왕후 한씨와 같이 신주가 모셔졌다.

신덕왕후 강씨는 누구인가? 이성계와의 첫 만남에서 급히 먹는 물에 혹시 체할까 봐 물바가지에 버들잎을 띄워 건네준 여인이다. 태조의 사랑을 한 몸에 받았고, 이성계가 왕위에 오르자 조선 최초의 왕후가 되면서 원비의 장성한 아들들을 제치고 야심만만하게 자신의 둘째 아들을 세자로 만들었다. 그러나 이성계가 죽은 후 태종 이방원은 신덕왕후 강씨를 철저하게 응징한다.

정릉은 처음에는 박자청의 감독 아래 왕릉으로 조성되었으나 천릉하면서 병풍석과 석물은 청계천 광통교(현재 광교)가 홍수로 유실됐을 때 복구하는 데

제1대 태조(太祖)

정자각 뒤편으로 태조의 계비 신덕왕후 강씨의 정릉(단릉)이 보인다.

쓰고, 그 밖의 목재나 석재는 태평관(명나라 사신을 대접하던 영빈관)을 짓는 데 썼다고 한다. 능 주변에 주택을 짓게 하고 숲의 나무를 베어 저택을 짓는 데 사용하면서 정릉의 본래 모습이 사라지고 말았다. 태조 이성계의 마음을 사로잡은 조선 최초의 왕후로, 살아서는 최대의 영화를 누린 신덕왕후 강씨가 사후에 이토록 수모를 당할 줄 알았을까. 오늘날 복원된 청계천에 가보면 병풍석이 거꾸로 박힌 걸 확인할 수 있다.

태조 이성계, 원비 신의왕후 한씨, 계비 신덕왕후 강씨 세 사람은 모두 떨어져서 영원히 이별한 상태로 지내고 있다. 태조 이성계는 동구릉에서 후대 왕들에 둘러싸여 있으니 다소 위안이 될까. 신덕왕후 강씨와 이방원의 왕권을 둘러싼 힘겨루기는 이성계가 죽고 난 이후에도 이어졌다.

무더운 여름에 정릉과 흥천사, 인근에 있는 의릉(제20대 경종과 계비 선의왕후 어씨의 능, 뒤에 설명)을 볼 겸 길을 나섰다. 정릉은 서울시 성북구 정릉2동 산 87-16에 소재한다. 입구에는 조선 왕릉 정릉 표지탑과 조선 왕릉 세계유산비가 있다. 매표소에서 안내책자를 받아들고 걷기 시작했다. 정릉 안내판, 안내축지도, 안내도, 사적 208호 정릉 표지석이 세워졌고, 조선 왕릉 세계유산비가 또 보인다.

금천교를 건너 얼마를 걸어가니 홍살문이 나타난다. 정릉 안내문과 상설도가 있다. 중복되는 안내판이 많았지만, 그래도 일일이 살펴보았다. 참도(신도, 어도)가 'ㄱ'자로 꺾인 것이 다른 왕릉과 달랐다. 배위가 보인다. 들어오면서 재실을 보지 못해 안내책자를 보니 관리소 옆에 재실 터가 있다. 옛날에는 재실이 있었던 모양이다. 어도를 따라 정자각까지 올라가 제수진설도를 살펴보았다. 정자각 우측으로 수복방과 비각이 있고, 수라간은 없는 것 같다. 2009년 정릉 약수터에서 발견되어 이곳으로 옮긴 소전대가 정자각 뒤 좌측에 있다. 정자각 뒤편에 신교가 보인다.

능침에는 올라갈 수 없었다. 안내책자를 보면 병풍석, 난간석은 없고 곡장은 설치되어 있다. 4각 장명등 1좌는 옛 정릉에서 옮겨온 것으로, 고려 현정릉 양식을 따랐다고 한다. 역시 옛 정릉에서 옮겨온 혼유석 1좌가 있는데, 혼유석을 받치는 고석은 2개뿐이다. 망주석이 좌우로 1쌍 서 있다. 능침을 보호하는 석호와 석양 2쌍을 교대로 배치했다. 추존되거나 복위된 왕과 왕후의 석호와 석양은 2쌍이다. 장명등 좌우로 문인석 1쌍이 서 있다. 문인석 뒤에는 석마 1쌍이 있다. 무인석과 석마는 없다. 복위된 왕후이기 때문이라고 한다.

정릉 산책길 안내도를 살펴보니 한 바퀴 도는데 2.5킬로미터로 1시간이면 다 돌 수 있다. 실제로 걸어보니 숲이 우거져 공기도 좋고 냇물도 흐르고 약수터도 있고 정상에서 바라보는 시내 전경도 좋다. 자연생태학습장도 꾸며놓아

정릉 산책길과 표지석

볼거리도 있다. 정릉은 건원릉에 비해 조형물 규모는 그리 크지 않지만 왕후릉으로서는 손색이 없다. 서울 시내에서 이런 곳을 찾기가 쉽지 않다.

태조 이성계가 신덕왕후 강씨의 명복을 빌기 위해 창건한 원찰 흥천사도 잠깐 들러보았다. 흥천사는 1397년 7월 옛 정릉 동편에 170여 칸의 규모로 창건되어 1794년 9월 현 위치로 이전, 1865년 10월 흥선대원군에 의해 재건되었다고 한다. 시간이 남아 인근에 있는 의릉도 답사를 끝내고 하루 일정을 마쳤다.

제1대 태조의 가계도

부인 4명, 자녀 8남 5녀

 환조

 의혜왕후, 최씨

태조 (태조고황제) **제1대**	신의왕후 한씨 (신의고황후 한씨)	신덕왕후 강씨 (신덕고황후 강씨)	미상	화의옹주 김씨
	장자-이방우 진안대군	장자-이방번 무안대군	장녀 의령옹주	장녀 숙신옹주
	2남-이방과 영안대군 **제2대 정종**	2남-이방석 의안대군 **폐세자**		
	3남-이방의 익안대군	장녀 경순공주		
	4남-이방간 회안대군			
	5남-이방원 정안대군 **제3대 태종**			
	6남-이방연 덕안대군			
	장녀 경신공주			
	2녀 경선공주			

2

제2대
정 종
(定宗)

후릉(厚陵)

정종(1357~1419년, 재위 1398~1400년)은 태조 이성계와 신의왕후 한씨 사이에서 태어난 둘째 아들(이방과)이다. 태조가 왕위를 내놓을 때 적장자가 죽고 없는 상태라 제1차 왕자의 난 주역인 이방원이 물려받는 게 당연했으나, 이방원은 왕권에 대한 욕심을 드러내지 않고자 형인 이방과를 왕으로 세웠다. 재위한 2년 2개월 동안 실권자는 이방원이었고, 실제로 이방원은 왕세제(왕위를 이어받을 왕의 아우)가 아닌 왕세자로서 대리청정(代理聽政)을 했다. 대리청정이란 왕이 병들거나 나이가 들어 정사를 제대로 볼 수 없을 때 임금의 허락을 받아 권한을 대행하는 것이다.

정종은 제2차 왕자의 난 이후에 이방원에게 왕위를 넘기고 상왕으로 물러났다. 상왕으로 있으면서도 격구, 사냥, 온천, 연회 등으로 소일하다가 63세에 죽었는데, 묘호도 없이 명나라에서 내린 사시(賜諡, 죽은 대신이나 장수에게 임금이 시호를 내려주던 일)인 공정대왕(恭靖大王)으로 불렸다. 제4대 세종도 큰아버지인 정종을 왕으로 인정하지 않았다. 정종은 이방원이 왕이 될 때까지 잠시 왕의 직무를 맡은 권서국사(權署國事, 임시로 나라를 다스리는 사람)로 취급받다가 263년이 지난 1681년(숙종 7년)에 정종이라는 묘호를 받고, 겨우 종묘에 신주가 모셔졌다. 정비 정안왕후 김씨(1355~1412년)에게서는 후사가 없었고, 후궁들 사이에서

군 15명과 옹주 8명을 두었다.

　능의 소재지는 북한으로, 경기도 개성시 판문군 영정리에 있다. 제릉과 마찬가지로 답사가 불가능해 문화재청 산하 국립문화재연구소에서 공개한 사진으로만 확인했다. 능호는 후릉, 묘호는 정종과 정안왕후 김씨다. 건원릉과 정릉을 축조한 박자청의 작품으로 알려져 형식이 같을 것으로 추측된다. 사진상으로는 진입 공간에 재실과 금천교가 보이지 않고, 제향 공간에 홍살문, 참도, 정자각, 수복방, 수라간, 비각 등도 보이지 않아 터만 남은 것 같다. 능침 공간을 보면 12지신상을 새긴 화강암 병풍석 12면이 능침을 감싸고, 능침 밖으로는 두 능침을 연결하는 난간석이 설치되어 조선 최초로 쌍릉의 형식을 취하고 있다. 곡장은 보이지 않는다. 난간석 밖으로는 석호와 석양 8쌍을 교대로 배치했다. 능침 앞에는 혼유석 2좌가 있고, 고석은 1좌당 몇 개인지 분명치 않다. 능침 가장 앞쪽 좌우로 망주석 1쌍이 서 있다. 여기까지가 상계다. 중계 가운데에는 고려 현정릉 형식을 따른 4각 장명등(정릉과 동일) 2좌가 서 있고, 장명등 좌우로 문인석 2쌍이 세워졌다. 문인석 뒤에는 석마 2쌍이 있다. 하계는 좌우로 무인석 2쌍이 세워졌고, 역시 무인석 뒤에는 석마 2쌍이 있다. 전체적으로 조형물이 많이 유실된 것 같고, 쌍릉 형식으로 석호, 석양, 혼유석, 장명등, 문인석, 무인석, 석마의 수가 2배임을 알 수 있다.

제2대 정종의 가계도

부인 11명, 자녀 15남 8녀

태조	신의왕후 한씨				
2남 정종 제2대	정안왕후 김씨	성빈 지씨	숙의 지씨	숙의 기씨	숙의 문씨
		장자 덕천군	장자 의평군	장자 순평군	장자 종의군
		2남 도평군	2남 선성군	2남 금평군	
			3남 임성군	3남 정석군	
			장녀 함양옹주	4남 무림군	
				장녀 숙신옹주	
				2녀 상원옹주	
숙의 이씨	숙의 윤씨	미상	미상	미상	미상
장자 진남군	장자 수도군	장녀 덕천옹주	장녀 고성옹주	장녀 전산옹주	장녀 함안옹주
	2남 임언군				
	3남 석보군				
	4남 장천군				
	장녀 인천옹주				

3

제3대
태　종
(太宗)

헌릉(獻陵)—
서울 헌릉(獻陵)과 인릉(仁陵)
첫 번째 이야기

태종(1367~1422년, 재위 1400~1418년)은 태조 이성계의 다섯째 아들로 왕이 되기 전에는 정안대군(이방원)으로 불렸다. 태조를 도와 조선을 건국하는 데 일등공신 역할을 했지만 정도전과의 마찰로 건국공신에서도 빠지고 세자 책봉에서도 밀려난다. 태조의 계비 신덕왕후 강씨의 둘째 아들 이방석이 세자가 되고, 정도전은 이방원을 겨냥하여 진법훈련을 벌인다는 명분을 내세워 사병혁파를 추진한다. 이방원이 거느리는 사병을 철폐하려는 목적이었다. 죽느냐 사느냐 하는 권력의 소용돌이에서 이방원은 제1차 왕자의 난을 일으켜 이방석을 비롯한 정도전 일파를 제거해버린다. 그리고 정권을 잡은 뒤 첩의 자식들을 등용하지 못하도록 국법을 만들었다. 이는 계비의 아들 이방석을 세자로 책봉한 데에 영향을 받은 것이라는 설도 있다.

제1차 왕자의 난 이후 2년간은 정종이 태조에게서 왕위를 물려받았으나 실질적인 왕은 이방원이었다. 이때 이방원의 바로 위의 형인 태조의 넷째 아들 회안대군(이방간)과 왕위 다툼이 발생한다. 제2차 왕자의 난이다. 이를 계기로 이방원은 명실공히 조선의 제3대 왕으로 등극한다. 조선이 건국된 지 8년 만이고, 태종의 나이 34세였다. 왕이 되면서 태종은 조선 왕조의 기틀을 닦고 국가 체제를 굳건히 한다. 특히 강력한 왕권을 확립하기 위해 모든 제도를 바꾼다.

제3대 태종(太宗)

하륜이 태종을 도와 정치제도, 관료제도, 군사제도를 정비하고 조세제도 혁파, 호패법 시행, 신문고 설치 등 각종 개혁 법안을 만든다. 정도전이 꿈꾸던 재상이 통치하는 나라에서, 강력한 왕이 통치하는 국가체제로 바뀐 것이다. 의정부서사제(議政府署事制)를 육조직계제(六曹直啓制)로 변경한 것이 대표적이다. 종래 의정부에서 처리한 나랏일을 육조(이조, 병조, 호조, 형조, 예조, 공조)의 판서(오늘날 장관)가 직접 왕에게 보고해 왕이 직접 나라를 통치하도록 했다. 신권(臣權)을 누르고 강력한 왕권(王權)을 확립한 것이다.

한편 정종 때 왕자의 난으로 수도를 잠시 개경으로 옮겼는데, 태종이 한양으로 재천도하면서 수도가 확정된다. 정도전이 주장한 사병혁파를 반대했으나 집권하고 나서는 사병철폐를 단행하여 중앙집권체제를 강화한다. 토지조사와 인구조사를 실시하여 국가의 재정을 확보하고 모든 농민에게 병역과 납세의 의무를 지게 했다.

태종은 조선 창업의 중심인물이다. 이성계는 왕이 되기 전까지 다섯째 아들 이방원이 문과급제를 하여 유력 정치인으로 입신하기를 바랐고, 전쟁에 잔뼈가 굵은 넷째 아들 이방간은 가문의 후계자로 자신의 곁에 두고 호위 역할을 시키고자 했다. 이방원은 누구보다도 야심이 컸고 그만큼 실력도 있었기에 고려에서 문과급제하여 관리가 된다. 고려 조정에서 많은 경험을 했을 것이다. 정몽주를 회유하기 위해 '이런들 어떠하고, 저런들 어떠하리'로 시작하는 '하여가(何如歌)'를 읊었고, 정몽주는 조선 역사를 배운 사람이라면 모두가 아는 '이 몸이 죽고 죽어 일백 번 고쳐 죽어'로 시작하는 '단심가(丹心歌)'로 답했다. 정몽주를 선죽교에서 때려죽인 사람도 이방원이다. 제1차 왕자의 난, 제2차 왕자의 난 주역도 이방원이다. 아버지가 믿었던 정도전을 죽인 사람도 이방원이고, 배다른 아우 이방번과 이방석도 이방원이 죽였다. 이러한 무자비한 행동에도 역사가들

태종과 원경왕후 민씨의 헌릉(쌍릉) 전경

제3대 태종(太宗)

이 다소 너그러운 이유는 그럼에도 불구하고 이방원이 조선 왕조의 기틀을 닦았기 때문일 것이다. 힘 있는 자가 승자가 되고, 승자의 논리로 역사가 정의되는지도 모르겠다. 승자였던 태종에 의해 정도전은 조선 시대 내내 역적이 되었고, 정몽주는 충신이 되었다. 제2차 왕자의 난에서 패자인 회안대군(이방간)은 왕실 족보 《선원록》에서도 삭제되었고, 1680년(숙종 6년)에 다시 이름을 올리기까지 그의 후손들은 264년이라는 긴 세월을 서인(庶人)으로 지냈다.

태종은 죽기 1년 전에 형이 보고 싶었는지 회안대군을 한양으로 부른다. 어릴 적에 산에 놀러갔다가 뱀에 물렸는데 회안대군이 그를 업고 의원까지 뛰어가서 자기를 살린 기억을 떠올린 것이다. 회안대군은 가고 싶지 않았지만 임금인 동생이 부르는지라 병든 몸으로 올라오다가 은진(현재 논산)에서 57세로 객사한다. 태종도 형에게 내린 그동안의 처벌이 가슴 아팠는지 장례만은 잘 치러주려고 국장으로 하고 지관 3명을 보내 묏자리를 잡게 해주었다. 그런데 지관들이 잡은 묏자리는 대대로 군왕이 나올 자리였다. 이 사실을 알게 된 태종은 지맥을 자르라고 명한다. 지금도 회안대군 묏자리(전라북도 전주시 덕진구 금상동 59-5) 주변 산에는 바윗덩어리로 된 지맥을 자르고 그 속에 숯을 묻은 흔적이 있다고 한다.

태종은 외척의 득세와 공신들의 권력 남용을 막으려고 부자간, 부부간, 공신들 간에 엄격한 처벌을 내리는 냉혹한 왕으로 처신한다. 선위파동이란 왕의 자리를 세자인 적장자 양녕대군에게 내놓겠다는 뜻인데, 태종은 재임기간에 네 번에 걸쳐 선위파동을 일으켰다. 본심은 신하들의 마음을 떠보기 위함이었다. 이에 걸려든 사람이 원경왕후 민씨의 남동생들(민무구, 민무질, 민무휼, 민무회)로, 사적으로는 태종의 처남이면서 양녕대군의 외삼촌이었다. 이들의 태도가 태종이 보기에는 은근히 양위를 바라는 눈치였다. 건국공신이면서 태종의 심복이었던 이숙번도 선위파동에 찬성하여 태종의 계략에 말려들었다. 태종의 뜻은 양위에 있는 것이 아니었다. 민무구, 민무질은 탄핵을 받아 자진(自盡)하고 민무휼, 민무회는 형들의 억울한 죽음을 호소하다가 죽고 말았다. 이숙번은 탄핵을 받고 유배되었다. 원경왕후 민씨는 태종이 왕위에 오르는 데 많은 역할을 했지만 동생들 사건으로 사이가 멀어졌고, 외척의 득세를 막기 위해 태종이 후궁을 많이 들이면서 부부간 불화가 심했다고 한다.

태종은 자기 대부터는 적장자 승계 원칙을 지키고자 양녕대군이 10세가 되는 해부터 세자로 책봉하고 열심히 교육했으나 기대와 달리 여자관계로 계속 속을 썩였다. 15년이라는 세월 동안 아버지의 뜻을 거스르는 행동을 일삼아서 뼈아픈 심정으로 폐위시키고, 학문을 좋아하고 총명한 셋째 아들 충녕대군(후에 세종)을 세자로 책봉했다. 태종이 양녕대군을 불신해서 충녕대군을 세자로 세우려는 모종의 행동이었다는 설도 있지만, 나라의 장래를 봐서는 셋째 아들 충녕대군을 선택할 수밖에 없지 않았나 싶다. 양녕대군이 아버지의 뜻을 알고 일부러 방종하게 행동했다는 설도 있는데, 그 진실은 알 길이 없다. 유정현의 상소로 양녕대군을 세자에서 폐하고, 충녕대군을 세자로 책봉한 지 두 달 만에 태종은 세종에게 양위한다. 태종은 상왕으로 물러났지만 병권만은 놓지 않고 죽을 때까지 4년간 대리청정했다.

이즈음 세종의 장인 심온의 역모 사건이 터진다. 심온은 조선의 건국공신 심덕부의 아들로 사위가 왕이 되자 청천부원군에 봉해지고 영의정부사로 임명되어 명나라에 사은사(謝恩使, 사신)로 갔다. 이때 많은 사람이 연도(沿道)에 나와 환영했다는 이야기가 태종의 귀에 들어가 심기가 불편했다고 한다. 이런 분위기에서 병조좌랑 안헌오가 무고하는 일이 벌어졌다. 즉 심온의 동생 심정이 병조판서 박습과 병조참판 강상인과 더불어 사적인 대화에서 "이제 명령이 두 곳(상왕 태종과 세종)에서 나오게 되었으니 한곳(세종)에서 나오는 것만 못하다"라고 한 것이 역모로 간주되어 박습과 강상인은 참수되고 그 우두머리로 심온이 지목되어 사약을 받았다. 왕의 장인이 된 것도 잠시 동안의 영화였을 뿐 44세에 억울한 죽음을 당한다. 이 사건은 후에 세종의 외척세력이 커지는 것을 우려한 태종과 좌의정 박은이 무고한 것으로 밝혀져, 외손자인 문종이 즉위하자 복관(물러났던 관직에 다시 돌아오게 함)되고 시호(죽은 뒤 그의 공덕을 칭송하여 붙인 이름)가 내려졌다. 얼마나 억울했으면 심온이 사약을 받고 죽을 때 "후손들에게 전해주소, 박씨와 혼인하지 말도록"이라고 했다고 한다. 박씨는 박은을 지칭하며 심온의 청송 심씨 집안에서는 박은의 집안이었던 반남 박씨와는 오랫동안 혼인하지 않았다고 전해진다. 심온은 태종의 뜻을 알고, 사위를 위해서 조용히 사약을 받은 것 같다.

조선의 기틀을 닦기 위해서 갖은 악역을 맡았던 태종도 죽음은 피할 수 없었는지, 상왕으로 물러난 지 4년이 되는 1422년에 56세로 죽는다. 그가 묻힌 능은 대모산 남쪽 기슭 아래(서울시 서초구 헌인릉길 34)에 있다. 능호는 헌릉, 묘호는 태종과 원경왕후 민씨(1365~1420년)로 쌍릉으로 조성되었다.

헌릉과 인릉(제23대 순조와 순원왕후 김씨의 능, 뒤에 설명), 선릉(제9대 성종과 계비 정현왕후 윤씨의 능, 뒤에 설명), 정릉(제11대 중종, 뒤에 설명), 선릉의 원찰 봉은사를 하루에 다 둘러보기로 했다. 헌릉과 인릉(이하 헌인릉) 입구에 도착하자, 조선왕릉 세계유산비, 헌릉·인릉비, 사적 제194호 헌릉·인릉 표지석이 눈에 들어왔다. 헌릉·인릉 안내도와 안내판을 읽어보았다. 등산코스가 눈길을 끈다. 1코스와 2코스가 있는데 다 돌면 2킬로미터 정도 된다. 시간을 내서 걸어도 괜찮다는 생각이 들었다.

헌릉은 제릉, 정릉, 건원릉, 후릉을 조성한 공조판서 박자청의 작품으로 알려졌는데, 박자청은 헌릉을 완성한 후에 죽었다고 한다. 매표소에서 안내책자를 받아들고 능을 향해 걸었다. 헌릉은 인릉을 경유하여 들어가게 되어 있다. 진입 공간에 들어섰으나 재실이 보이지 않아 안내책자를 보니 매표소 밖에 있었다. 진입 공간에서 으레 보이는 금천교가 보이지 않는다. 헌릉 상설도를 자세히 보면 곡장서부터 홍살문까지 죽 나와 있다. 홍살문은 진입 공간에서 제향 공간으로 들어가는 문으로 신성한 지역임을 알린다고 쓰여 있다. 붉은 칠을 한 둥근기둥 2개를 세우고 뒤에는 살을 박아놓았다고 해서 다시 한 번 살펴보았다. 홍살문 옆에는 배위가 있고, 참도는 신도와 어도가 구분되어 있지 않다. 소전대가 보이고 수복방, 수라간은 찾아볼 수 없다. 비각 안에는 헌릉 신도비 2개가 있는데, 임진왜란 때 손상된 원래 신도비(1424년)와 숙종 21년(1695년)에 새로 세운 신비(新碑)가 있다. 앞서 이야기한 대로 신도비는 건원릉, 헌릉, 영릉까지만 설치되고 그 이후는 없어졌다. 후릉에는 설치되었을 것으로 추측되나 북한에 있으므로 확인할 수 없다. 신계와 동계의 계단이 야트막하게 한 층만 설치되었다. 동계로 올라가서 정자각 안 제수진설도를 가까이에서 살펴보았다. 정자각 뒤편으로 능침의 능선이 시작되는 지점까지 신로가 뚜렷하다. 능침 가까이까지 계단이 설치되어 바로 옆에서 볼 수 있었다.

계단 옆으로는 소나무가 울창하게 들어섰다. 왕릉 주변에는 주로 소나무, 전나무, 신갈나무, 갈참나무, 철쭉 등이 심어졌다. 특히 소나무를 많이 심은 이유는 화재 예방 목적도 있지만 장수를 상징하는 십장생 중 하나로 왕조의 무궁한 번영을 기원하는 뜻이 담겼다. 헌인릉의 오리나무숲은 서울시 생태경관보전지역으로 지정되었을 만큼 경관이 좋다. 오리나무는 옛날 사람들이 거리를 나타내는 표시로 5리마다 심어서 '오리목'이란 이름이 붙었고, 주로 습지에서 자란다고 한다.

제3대 태종(太宗)

헌릉의 능침 공간

　계단을 다 올라가서 능침 공간을 가까이에서 살펴보았다. 상계에 곡장이 보인다. 능침은 병풍석으로 둘러졌고 난간석으로 연결되었다. 병풍석은 화강암으로 면석(面石) 12개에 각각 12지신상을 새겨놓았는데, 모든 방위로부터 능을 보호한다는 의미다. 병풍석이 없을 경우 난간석에 12지신상을 새긴다. 난간석 밖으로는 석호와 석양 8쌍을 교대로 배치했다. 능침 앞에는 혼유석 2좌가 있고, 고석은 1좌당 5개가 보인다. 능침 앞 가장 앞쪽 좌우로 망주석 1쌍이 서 있다. 중계 가운데에는 8각 장명등(건원릉과 동일) 2좌가 서 있고, 좌우로 문인석 2쌍이 세워졌다. 문인석 뒤에는 석마 2쌍이 있다. 그 아래 하계에는 무인석 2쌍이 좌우로 서 있다. 역시 무인석 뒤에는 석마 2쌍이 있다. 석호와 석양, 석마의 다리 형태는 건원릉과 같다. 쌍릉이므로 석물의 개수는 후릉과 같은데 여느 왕릉에 배치된 석물보다 2배가 많다. 태종은 죽어서도 능의 규모로 강한 위세를 떨치고 있다.

왕릉의 석물을 살펴보면 망자가 살아 있을 때와 마찬가지로 문무백관이 도열해서 왕을 보호하고, 곡장이 나쁜 기운을 막아주며 석호는 맹수를, 석양은 귀신과 잡귀를 막고, 망주석은 육신에서 분리된 혼이 능침을 찾을 수 있도록 안내표지의 역할을 한다. 혼유석을 받치는 고석에는 귀신의 얼굴을 새겨 악귀가 근접하지 못하도록 하며, 장명등은 망자의 명복을 빌기 위해 세워졌다. 심지어 혼유석은 선령이 와서 휴식하는 공간으로 설치해놓았으니, 망자를 위한 배려가 참으로 놀랍기만 하다. 헌릉 혼유석 밑에 네모난 홈이 있는 하전석에는 해마다 태종의 기일(음력 5월 10일)만 되면 비가 와 물이 고인다고 한다. 태종이 임종을 맞이할 때 세종에게 "현재 가뭄이 심하니 내가 죽어 영혼이 있다면 이날 비가 오게 하겠다"라는 말을 남겼다고 하는데, 《동국세시기》에는 이 비를 태종우라고 했다.

구리 명빈묘(明嬪墓)

아직 보지 못한 몇몇 원과 후궁묘를 보기 위해 휘경원(제22대 정조의 후궁 수빈 박씨, 순조 생모의 묘, 뒤에 설명)부터 가기로 마음먹고 집을 나섰다. 하지만 도착해 보니 아직 개방이 안 되었다. 멀리서 사진을 찍고 여기서 가깝다는 영빈묘(寧嬪墓, 제19대 숙종의 후궁 영빈 김씨의 묘, 뒤에 설명)를 다음 행선지로 정했다. 그런데 가까운 줄 알았던 영빈묘는 1시간 넘게 걸렸고, 와서 보니 영빈묘가 아니라 동구릉 뒤편에 있는 명빈묘(明嬪墓, 제3대 태종의 후궁 명빈 김씨의 묘)였다. 내비게이션에 입력할 때 '영'을 '명'으로 친 것이다. 하는 수 없이 명빈묘를 먼저 관람했다.

입구에 사적 제364호 명빈묘 표지석과 안내판이 있다. 조선의 제3대 왕 태종의 후궁묘로 출생연도는 확실치 않고 1479년(성종 10년)에 사망했다고 한다. 안내가 부족해서 자료를 더 찾아보았다. 본관은 안동 김씨로 판돈녕부사 안정공 김구덕의 딸이며, 간택후궁으로 정1품 명빈으로까지 봉해졌고 숙안옹주를 출생했다. 태종부터 성종까지 7대에 걸쳐 내명부를 지켰다. 남동생 김오문의 딸이 문종의 첫 번째 세자빈인 휘빈 김씨인데 행실이 좋지 않아 폐빈되었다는 기록이 있다.

명빈묘는 경기도 구리시 아천동 산 14에 위치하며 동구릉과 붙어 있다. 동구릉을 보고 여기를 들르면 시간도 절약할 수 있을 것 같다. 묘 앞에는 철조망이

태종의 후궁 명빈 김씨의 명빈묘 전경

쳐져 들어갈 수 없지만, 그런대로 가까이에서 전체적인 모습을 볼 수 있다. 후궁이라서 그런지 일반 민묘(民墓)처럼 나지막한 봉분으로 조성되었다. 곡장, 석호, 석양은 찾아볼 수 없고 봉분 앞에는 묘비가 서 있다. 그 앞으로 혼유석 1좌와 향로석 1기가 보이고, 혼유석 좌우에는 댓돌이 놓였다. 특이한 것은 180센티미터 정도 되는 문인석 1쌍이 좌우로 서 있는 것이다. 문인석 밑으로 장대석이 놓였다. 묘비에는 '명빈김씨지묘(明嬪金氏之墓)'라고 음각(陰刻)되었다.

명빈묘를 보고 난 후 영빈묘로 방향을 돌렸다. 왔던 길을 다시 가는 꼴이었는데, 가서 보니 영빈묘도 개방이 안 되었다. 입구만 사진을 찍고 순강원(제14대 선조의 후궁 인빈 김씨, 추존왕 원종 생모의 묘, 뒤에 설명) 쪽으로 향했다. 그런데 순강원도 개방이 안 되었다. 입구만 보고 인근에 위치한 순강원의 원찰 봉영사에 잠깐 들렀다. 사전 정보 없이 갔다가 허탕을 쳤으나, 명빈묘와 봉영사를 본 것으로 위안을 삼았다. 지금은 문화재청에 관람 20일 전 출입신청을 하면 허가를 받을 수 있다.

제3대 태종의 가계도

부인 10명, 자녀 12남 17녀

태조	신의왕후 한씨			
5남 태종 **제3대**	원경왕후 민씨	효빈 김씨	신빈 신씨	선빈 안씨	의빈 권씨

원경왕후 민씨	효빈 김씨	신빈 신씨	선빈 안씨	의빈 권씨
장자 양녕대군 **폐세자**	장자 경녕군	장자 함녕군	장자 혜령군	장녀 정혜옹주
2남 효령대군		2남 온녕군	2남 익녕군	
3남 충녕대군 **제4대 세종**		3남 근녕군	장녀 소숙옹주	
4남 성녕대군		장녀 정신옹주	2녀 경신옹주	
장녀 정순공주		2녀 정정옹주		
2녀 경정공주		3녀 숙정옹주		
3녀 경안공주		4녀 소선옹주		
4녀 정선공주		5녀 숙녕옹주		
		6녀 숙경옹주		
		7녀 숙근옹주		

소빈 노씨	숙의 최씨	후궁 이씨	명빈 김씨	후궁 이씨
장녀 숙혜옹주	장자 희령군	장자 후령군	장녀 숙안옹주	장녀 숙순옹주

4

제4대
세　종
（世宗）

영릉(英陵)－
여주 영릉(英陵)과 영릉(寧陵)
첫 번째 이야기

세종(1397~1450년, 재위 1418~1450년)은 태종의 셋째 아들(충녕대군)로 휘(諱, 왕이 생전에 쓰던 이름)는 이도다. 어머니는 원경왕후 민씨, 부인은 심온의 딸 소헌왕후 심씨(1395~1446년)다. 강력한 군주였던 태종의 후계자로 선택된 세종은 아버지의 꿈을 실현하는 데 그치지 않고, 조선 역사뿐만 아니라 우리나라 역사상 가장 훌륭한 성군(聖君)으로 존경받는다. 적장자 승계 원칙에 따라 양녕대군이 왕이 되어야 했지만, 태종은 세종의 자질을 발견하고 나라의 장래를 생각해 세종을 후계자로 선택한다. 태종이 권력을 쟁취한 과정에서 얻은 비난은 현명한 후계자 선택으로 잠재워진다.

　세종이 즉위한 시기는 조선이 건국된 지 26년밖에 되지 않아 해야 할 일들이 많았다. 그의 나이 22세. 아버지 태종은 상왕으로 있으면서 죽을 때까지 4년 동안 세종의 후견인 노릇을 한다. 이종무를 시켜 대마도 왜구를 정벌한 것은 상왕 태종의 주도로 이루어진 것이다. 세종은 31년 6개월이란 재위기간에 역사, 지리, 정치, 경제, 천문, 도덕, 예의, 문자, 운학(韻學, 한자와 음운을 연구하는 학문), 문학, 종교, 군사, 농약, 의약, 음악 등 각종 분야에서 훌륭한 업적을 남겼다. 당대의 인재를 적재적소에 배치했는데 과학기술 분야에는 장영실과 이천, 군사 분야에는 김종서와 최윤덕, 음악 분야에는 박연, 정치 분야에는 조말생,

황희, 맹사성 같은 인물들을 등용했다.

　무엇보다 오늘날 한글이라 불리는 훈민정음(訓民正音)을 창제함으로써 우리 민족이 세계에서 가장 과학적인 문자를 사용하게 한 업적은 역사상 그 유례를 찾아볼 수 없다. '백성을 가르치는 바른 소리'라는 뜻을 가진 훈민정음(1997년 유네스코 세계기록유산에 등재) 창제는 오로지 세종의 결단력으로 이루어진 것이나 마찬가지다. 집현전 학사들, 대소신료(大小臣僚, 여러 신하들)와 사대부(士大夫) 등 소위 조선의 모든 지식층이 반대했다. 그럼에도 불구하고 세종은 집념을 불태우며 측근이었던 아들 수양대군(후에 세조), 안평대군, 광평대군, 세자 이향(후에 문종), 둘째 딸 정의공주 등 몇 명의 도움만 받고 한글을 창제한다. 창제 이후에도 반대가 많았지만 세종은 일관되게 한글 전파에 총력을 기울였다. 이뿐만 아니라 백성들의 생활에 도움이 되는 일이라면 분야를 가리지 않고 제도를 만들었다. 오늘날 '세종대왕'으로 부르는 것이 더 친숙한 세종을 기리기 위해서 세종이 태어난 5월 15일은 스승의 날로, 훈민정음을 반포한 10월 9일은 한글날로 지정했다. 세종은 훈민정음을 반포한 후 4년이 지난 1450년에 54세로 세상을 떠났다. 세종이 병석에 누운 8년 동안 대리청정한 세자 이향이 조선 제5대 왕 문종으로 즉위한다.

　여주에 있는 영릉(英陵)을 답사하기 위해 길을 나서면서 영릉과 음은 같으나 한자가 다른 그 옆의 영릉(寧陵, 제17대 효종과 인선왕후의 능, 뒤에 설명)도 함께 보기로 했다. 영릉은 도성에서 80리 안에 왕릉이 있어야 한다는《경국대전》의 규정을 어겼는데, 풍수지리상 길지로 선정되어 옮긴 것이라고 한다. 실제로 서울에서 가보면 약 180리(약 71킬로미터)로 길이 안 막히더라도 1시간 이상 걸린다. 당시 지관들이 '물길로 가면 하루 거리'라는 논리로 합리화했다고 하니, 사도세자의 능(융릉)이 정조의 명으로 88리에서 80리가 된 것과 일맥상통한다. 정조도 아버지의 능 옆(건릉)에 묻혀 똑같이 80리를 넘었다. 어쨌든 영릉은 천하의 명당이어서 조선의 국운이 100년 더 늘어났다고 한다. 영릉의 초장지(初葬地)는 대모산 남쪽 기슭에 있는 헌릉(제3대 태종과 원경왕후 민씨의 능) 서쪽 산줄기였는데, 세조 때 터가 좋지 않다고 하여 1469년(예종 1년)에 현 위치(경기도 여주시 능서면 영릉로 269-50)로 옮겼다. 능호는 영릉이며, 묘호는 세종과 소헌왕후 심씨로 조선 최초의 합장릉이다. 당초의 영릉은《국조오례의》에 따라 조성된 첫 번째 왕릉인데, 세조가 죽은 후 제도가 크게 바뀌어 천릉한 영릉은 새로운 제도에 따라 조성되었다. 앞서 살펴보았듯이 박자청이 조성한 건원릉, 제릉, 정릉(천릉으로 처음 모습은 없어짐), 후릉, 헌릉은 고려 공민왕과 노국공주의 현정릉을 참고했지만, 영릉부터는 새로 만든《국조오례의》에 따라 조성되었다. 이것이 현릉(문종)까지 이어지다가 세조 때 또 바뀐다.

《국조오례의》에서 특징적인 부분은 병풍석 12개의 각 면석에 새긴 12지신상 속의 문양(방울, 방패)을 간소화(구름무늬)하고, 혼유석의 고석을 5개에서 4개로 줄인 것이다. 세조 때는 아예 병풍석을 없애고, 난간석에 12지신상을 조각하는 대신 12지를 문자로 표현하여 방위를 표시했다. 능침 내부는 종전의 석실(문종의 현릉까지)에서 회격(灰隔)관을 썼다. 이는 백성들의 노고를 덜기 위한 세조의 조치였다고 한다. 왕릉을 조성하는 데 5개월이나 걸리고, 거기에 소요되는 인력과 재정도 상당했던 것으로 전해진다. 회격관은 석실에 비해 노동력과 비용이 반 이상 줄어든다. 세종의 영릉은 회격 무덤으로 조성되었으며 병풍석이 없고 난간석만 있다. 풍수지리에서 영릉은 주산인 칭성산을 뒤로한 중허리에 능침이 있고, 좌우로 청룡과 백호를 거느리며 남쪽으로는 멀리 안산인 북성산을 바라보는 명당이라고 한다.

성역화(聖域化)한 왕릉이어서인지 주차장부터 굉장히 넓다. 주변의 소나무들

제4대 세종(世宗)

영릉 광장과 정문

이 울창하다. '영릉 재실 터' 안내판이 있는 자리가 옛 재실 터라는 걸 보니 지금의 재실은 그 후에 지은 것 같다. 사적 제195호 영릉 안내판 앞에 발걸음을 멈추고 내용을 읽어보았다. 세종대왕이 아악을 정리하고 4군과 6진을 개설하여 국경선을 압록강과 두만강으로 확정했다는 것과 활자를 개량하여 《월인천강지곡(月印千江之曲, 부처의 공덕을 칭송한 노래를 실은 책)》, 《용비어천가(龍飛御天歌, 조선의 창업을 찬양한 노래를 실은 책)》, 《농사직설(農事直說, 농업기술을 모은 책)》, 《삼강행실도(三綱行實圖, 윤리덕행을 찬양한 책)》, 《팔도지리지(八道地理志, 한국의 지리책)》, 《석보상절(釋譜詳節, 석가의 일대기)》, 《의방유취(醫方類聚, 의학백과사전)》 등 수많은 책을 발간했다는 걸 읽으면서 중고등학교 시절 한국사 시간에 배운 기억이 어렴풋이 떠올랐다.

곧 나타나는 현대식 정문은 여느 왕릉과 달리 웅장하다. 조선 왕릉 세계유산비가 보인다. 매표소에서 안내책자를 받아들고 입구를 통과했다. 바로 보이는 세종대왕 동상은 1977년 10월 9일에 비문과 같이 건립되었다. 비문에는 한글 창제에 대한 설명이 자세히 쓰여 있다. 맞은편에 1975년부터 1977년까지 건립된 세종전에 들어가서 세종의 일대기를 살펴보았다. 세종대왕은 주자소(활자를 만들던 곳)를 경복궁 안으로 옮기고, 금속화폐인 조선통보를 주조했으며, 화전(火田)·화포(火砲) 개량, 도량형 정비, 조세제도 확립, 《고려사》 편찬 등 이루 말할 수 없을 만큼 많은 업적을 남겼다.

세종전 앞마당에는 세종대왕 시대에 발명된 각종 천문기구의 모형물이 진열되었다. 하나하나 살펴보면서 설명도 같이 읽어보았다. 혼상(渾象), 간의(簡儀), 소간의(小簡儀), 천평일구(天平日晷), 현주일구(懸珠日晷), 정남일구(定南日晷), 규표(圭表)를 보고, 해시계인 앙부일구(仰釜日晷) 앞에 잠시 멈췄다. 오목하게 생긴 것이 특이하다. 다음에 보이는 국보 제230호 혼천의(渾天儀)는 눈에 익은데, 현재

제4대 세종(世宗)

천평일구(天平日晷)
휴대용 해시계

일구대(日晷臺)
해시계를 올려놓는 받침대

통용되는 1만 원권 뒷장에 그려진 천체관측기구다. 1669년(현종 10년)에 제작된 혼천시계(현재 고려대학교박물관 소장) 중 혼천의 부분을 2.5배 정도 확대하여 복원한 것이란다. 관천대(觀天臺), 적도의(赤道儀), 일구대(日晷臺), 일성정시의(日星定時儀)를 둘러보고, 국보 제228호인 천상열차분야지도(天象列次分野之圖)를 살펴보았다. 국립고궁박물관에 전시된 실물을 본떠 제작한 것으로 별자리의 위치와 크기를 사실적으로 그린 천문도라는데, 그 시대에 천체도에 관심을 가졌다는 게 놀라울 뿐이다. 물시계인 자격루, 바람의 방향과 세기를 측정하는 풍기대, 하천 수위를 재는 수표(水標)를 비롯하여 측우기(測雨器)도 보인다. 측우기의 진품은 기상청에 있고, 이것은 모형물이다. 1639년에 이탈리아의 베네데토 카스텔리(Benedetto Castelli, 1578~1643년)가 만든 측우기보다 198년이나 앞선 세계 최초 발명품이다. 이러한 발명품들은 세종대왕의 굳은 의지로 만들어졌는데 세자 이향(후에 문종)의 역할이 컸다고 전해진다. 설계는 이천, 제작은 노비 출신의 장영실이 맡았다. 측우기가 제작된 1441년 5월 19일을 기리기 위하여 매년 5월 19일을 발명의 날로 정했다. 여행을 하다 보면 몰랐던 사실도 알게 되고, 많은 것을 배우게 된다. 장영실처럼 신분을 초월한 세종의 인재 발탁은 대단한 일이라는 생각이 든다.

이제 본격적으로 왕릉 답사에 나서기로 했다. 오른쪽에 재실이 보이고, 재실 표지판도 보인다. 익히 알지만 다시 내용을 읽어보고 재실 안에 들어가 보았다. 마침 세계유산 조선 왕릉 사진전이 열리고 있었다. 현재 북한에 있는 제2대 정종의 후릉 사진이 눈에 띈다. 영상실도 있었지만 그냥 지나쳤다. 조선 왕계도, 역대 왕릉 사진, 왕실의 장례절차 등이 일목요연하게 정리되어 있다. 재실을 지나 나타나는 훈민문(訓民門)은 성역화하면서 만들었나 보다. 연못에는 큼지막한 비단잉어들이 헤엄친다. 관람객들이 먹이를 주느라고 야단이다. 홍살문까지는 넓게 길을 닦아 돌을 깔아놓았다. 좌우에는 소나무들이 울창하게 행렬을 이루었다. 어느 왕릉보다 진입로가 넓다. 금천교가 나타난다. 표지판에 금천교는 안쪽이 바깥쪽과 구별되는 신성한 장소임을 나타내며, 2008년도에 훼손된 것을 복원했다는 설명이 있다. 안쪽은 신의 영역이고, 바깥쪽은 인간의 영역을 뜻한다는데, 금천교를 건너 신의 영역으로 들어가려면 모름지기 몸과 마음을 깨끗하

제4대 세종(世宗)

게 해야 한단다.

　진입 공간이 끝나고 제향 공간이 시작된다. 홍살문 옆에는 배위가 보이고 참도가 나타난다. 새로 깐 것처럼 보이는 참도는 여느 왕릉보다 넓으며 특이한 것은 신도와 어도가 하나씩 있지 않고 어도가 1개 더 있다. 그리고 홍살문과 정자각, 능은 대개 일직선상에 있는데 영릉은 약간 구부러졌다. 전문가의 말로는 성역화하면서 이렇게 된 것이라고 한다. 문화재를 복원할 때는 철저하게 고증해야 한다는 생각이 들었다. 이곳에는 시설물 하나하나에 모두 표지판을 달아놓았다. 초행자에게 많은 도움이 될 것 같다. 정자각까지 주변이 잘 가꾸어졌다. 정자각에 올라가는 동계가 신계 좌우로 설치되어 3개인 것이 여느 왕릉과 또 다른 점이다. 정자각 안에는 제수진설도가 놓였다. 그동안 보았던 왕릉과 같지만 다시 죽 훑어보았다. 이제는 조금씩 눈에 들어오는 것 같다. 정자각 오른편에 수복방과 비각이 있다. 수복방은 제기를 보관하거나 능지기 또는 청소하는 관노비가 거처하던 곳으로, 터만 남은 것을 발굴하여 1977년에 원형대로 복원했다. 영릉비 안내판을 읽어보면 비각 안 표석(表石)에는 이곳으로 옮긴 사실과, 세종대왕과 소헌왕후의 약력, 그리고 1745년(영조 21년)에 비각과 함께 표석을 건조했으며 표석에 '조선국 세종대왕 영릉 소헌왕후 부좌(朝鮮國 世宗大王 英陵 昭憲王后 祔左)'라고 음각하여 왕후가 대왕의 왼편에 묻혔음을 표시했다고 한다. 1983년에 비각 옆에 세운 영릉비에는 세종대왕의 일대기를 간략하게 써놓았다.

　정자각 뒤편으로 신교가 보이고, 예감도 보인다. 정자각 왼편에는 수라간이 있다. 수라간 표지판을 읽어보니 터만 남아 있던 것을 1977년에 옛 모습을 찾아 복원했으며 산릉제례 때 제례음식을 데우고 준비하던 곳이란다. 세종의 옛 영릉 신도비는 세종대왕기념관(서울시 동대문구 회기로 56)에 가면 볼 수 있다. 1973년에 제23대 순조의 인릉(뒤에 설명) 근처에서 발굴된 것인데, 세종대왕기념

영릉 가는 길

관으로 옮기면서 비각을 지어 보관하고 있다. 옛 영릉 자리에 묻혔던 석물들도 발굴하여 옮겼다.

　제향 공간을 다 둘러보고 능침 공간으로 왔다. 능침까지는 돌계단을 설치해 놓아 가까이에서 볼 수 있었다. 그동안 건원릉, 정릉, 후릉, 헌릉의 석물을 살펴본 경험으로 개수를 짐작해보았다. 영릉은 합장릉이기에 능침이 하나라서 단릉인 건원릉과 석물 개수가 동일하다. 합장릉임을 표시하려고 혼유석이 2좌인 것만 다르다. 세조 때 바뀐 제도에 따라 병풍석이 없어지고, 난간석에 12지신상을 새겨 문자로 방위를 표시했다. 고석은 5개에서 4개로 줄었으나 장명등은 8각으로 건원릉과 동일하다. 석호와 석양, 석마의 다리 형태가 건원릉이나 헌릉 같은 경우는 실물과 비슷한데, 영릉은 다리 사이가 막혔고 그 부분에 풀꽃무늬가

제4대 세종(世宗)

새겨졌다. 오랜 세월이 흘러 마모된 탓인지 잘 식별되지는 않는다.

능침 공간을 살펴보면 상계에 곡장이 있으며 병풍석은 없고 난간석만 있다. 석호와 석양은 2쌍씩, 혼유석은 2좌, 고석은 1좌당 4개씩, 망주석은 1쌍이다. 중계에는 8각 장명등 1좌, 문인석 1쌍, 석마 1쌍, 하계에는 무인석 1쌍, 석마 1쌍이 있다. 상계, 중계, 하계는 각각 장대석으로 구분하며, 상계와 중계 사이에 댓돌 2개가 보인다. 영릉 관람을 끝내고 그 옆에 있는 영릉(寧陵)과 신륵사를 마저 답사하기 위해 나섰다.

제4대 세종의 가계도

부인 6명, 자녀 18남 4녀

 태종

 원경왕후 민씨

3남 세종 제4대	소헌왕후 심씨	영빈 강씨	신빈 김씨	혜빈 양씨	숙원 이씨
	장자 문종 제5대	장자 화의군	장자 계양군	장자 한남군	장녀 정안옹주
	2남 수양대군 제7대 세조		2남 의창군	2남 수춘군	
	3남 안평대군		3남 밀성군	3남 영풍군	
	4남 임영대군		4남 익현군		
	5남 광평대군		5남 영해군		
	6남 금성대군		6남 담양군		
	7남 평원대군				
	8남 영응대군				
	장녀 정소공주				
	2녀 정의공주				
	상침 송씨				
	장녀 정현옹주				

5

제5대
문   종
(文宗)

현릉(顯陵)—
구리 동구릉(東九陵)
두 번째 이야기

문종(1414~1452년, 재위 1450~1452년)은 세종의 적장자로 휘는 이향이며 어머니는 소헌왕후 심씨, 부인은 현덕왕후 권씨(1418~1441년)다. 1421년(세종 3년) 8세에 세자로 책봉된 후 30년간 아버지 세종을 보필했다. 성품은 너그럽고 어질었다고 하며, 효심이 지극하여 세종을 극진히 모셨다고 전해진다. 학문을 좋아하고 글씨와 문장력도 빼어났다고 한다. 유학, 천문, 역법(曆法), 산술 등에 뛰어나 훈민정음 창제, 측우기 제작, 화약무기 개발 등에 기여했으며 4군 6진 개척에도 힘을 쏟았다. 즉위 후에도 과학, 역사, 국방 분야에서 탁월한 업적을 남겼는데, 특히 '문종 화차(火車)'를 직접 제작했다. 이 화차는 각도를 조절해서 중신기전(中神機箭, 우리나라 최초의 로켓형 화기) 100발을 동시에 발사해 최대 250미터까지 날려 보낼 수 있었다. 조선판 다연장포(多連裝砲)인 화차는 140여 년 후에 일어날 임진왜란에서 권율 장군의 행주대첩을 승리로 이끄는 데 큰 역할을 한다.

세종은 건강이 악화되어 육조직계제를 지속할 수 없자 의정부서사제로 바꾸고 1442년(세종 24년)에 세자에게 대리청정을 시킨다. 문종은 1450년 세종이 죽기까지 8년간 대리청정을 통해 국정 운영을 경험하고 왕위에 오른다. 조선이 건국된 이래 적장자 승계 원칙에 따라 왕위에 오른 최초의 임금이다. 평소 몸이 약했던 문종은 왕위에 오른 지 2년 3개월 만에 39세로 죽는데, 짧은 재위기간에도 《동국병감》, 《고려사》, 《고려사절요》 등을 편찬하고 군사제도를 개편하는 등 문무에 고루 치적을 남겼다. 건강을 해칠 정도로 나랏일에 전력한 성군의 자질을 가진 왕이었으나 요절하는 바람에 어린 세자 단종이 왕위에 오르면서 정치적 파동이 일어난다.

문종은 처복이 없는 임금이었다. 첫 번째 부인 휘빈 김씨는 문종의 사랑을 독차지하고자 무당을 궁 안으로 데려와 주술을 하다가 발각되어 시아버지인 세종에게 쫓겨났다. 두 번째 부인 순빈 봉씨와는 금실이 좋지 않았는데, 궁녀와 음행(동성애)을 저지르다 역시 세종에게 쫓겨났다. 세 번째 부인 현덕왕후 권씨는 1418년(태종 18년) 화산부원군 권전의 맏딸로 충청도 홍주에서 태어났다. 14세에 세자의 후궁으로 들어와 20세에 세자빈이 되었고 1441년(세종 23년) 24세에 단종을 낳고 3일 만에 산후병으로 죽음을 맞는다. 1450년 문종이 즉위하자 현덕왕후 권씨로 추존되었다.

현덕왕후 권씨가 죽고 난 후 문종은 죽을 때까지 왕후를 들이지 않았다. 현덕왕후 권씨가 죽은 다음 해부터 세종이 병석에 누웠으니 건강과 가정을 돌볼 여유가 없었는지도 모른다. 결국 본인도 친정을 시작한 지 얼마 지나지 않아 세상을 떠났다. 뒤이어 12살짜리 단종이 왕위를 물려받으면서 조선이 건국된 이후 처음으로 왕실은 권력의 공백 상태를 맞이한다. 할아버지(세종), 할머니(소헌왕후 심씨), 아버지(문종), 어머니(현덕왕후 권씨)가 모두 세상을 떠나 단종을 보호할 울타리가 전혀 없었다. 권력에 눈이 먼 삼촌(수양대군)과 그를 추종하던 무리는 왕권을 탈취하기 위한 음모(陰謀)를 꾸몄다. 단종의 슬픈 역사는 이렇게 탄생한다.

세종도 살아생전에 수양대군을 걱정했다고 한다. 성격이 급하고 호전적이며 문인보다는 무인에 가까워, 문종과 대조되는 기질이었기 때문이다. 수양대군은 원래 군호가 진양대군이었는데, 아버지 세종이 수양대군으로 바꾸었다. 수양은

중국의 수양산을 뜻한다. 중국의 은나라가 망하자 은나라 신하였던 백이, 숙제
는 새로 들어선 주나라의 관직을 받지 않고 수양산으로 들어가 지조를 지켰다.
역심을 품지 말고 형과 조카를 잘 보필하라는 뜻을 담았으리라.

현릉은 동구릉에 두 번째로 조성되었다. 능호는 현릉, 묘호는 문종과 현덕
왕후 권씨로 동원이강릉이다. 문종보다 12년 먼저 세상을 떠난 현덕왕후 권씨
는 죽을 때 세자빈 신분이었다. 세종은 며느리의 능에 신경을 쓴 것 같다. 현

문종(왼쪽 언덕)과 현덕왕후 권씨(오른쪽 언덕)의 현릉(동원이강릉)

제5대 문종(文宗)

덕왕후 권씨의 능은 3개월에 걸친 공사 끝에 현재 경기도 시흥에 있는 군자봉 자락에 안장되었으며, 그 후 문종이 즉위하고 현덕왕후 권씨로 추존되면서 능호를 소릉이라 불렀다. 능지를 정할 때 노비 출신 지관 목효지가 세종에게 이곳은 풍수지리상 장자와 장손이 일찍 죽는 흉지이므로 재고해야 된다는 상소를 올렸는데 신하들의 반대로 결국 무산되었다. 이후 역사를 보면 목효지의 말이 들어맞으니 참으로 신기하다. 문종은 생전에 할아버지(태종)와 아버지(세종)가 묻힌 헌인릉의 오른쪽 언덕을 수릉으로 정해놨으나, 막상 땅을 파보니 물이 나오고 바위가 있어 동구릉의 건원릉 동쪽에 안장되었다. 단종이 즉위하자 현덕왕후 권씨의 소릉을 천릉하여 합장했다. 능호를 현릉으로 바꾸고 문종의 신주와 함께 종묘에 봉안되었다. 이때는 능의 형태가 합장릉이었다. 《국조오례의》의 표본이 된 옛 영릉(세종의 능)의 제도를 따랐으나, 옛 영릉은 경기도 여주로 천릉하면서 새로운 제도를 따랐기에 현릉은 《국조오례의》를 따른 가장 오래된 능이다.

한편 계유정난(1453년 10월 10일)으로 병권을 장악한 수양대군은 1455년에 어린 조카 단종을 밀어내고 왕위를 찬탈한다. 그래서 집권 초기에는 반대세력의 저항을 받는다. 1456년(세조 2년) 사육신의 세조 암살기도 사건, 이듬해 현덕왕후 권씨의 어머니 최씨와 그 동생의 단종 복위 사건이 일어난다. 이때 어머니 최씨와 그 동생은 죽임을 당하고 현덕왕후 권씨는 폐출되면서 서인으로 강등된다. 위패는 종묘에서 축출되고, 현릉은 파헤쳐져 왕후의 묘는 시흥 군자 바닷가에 팽개쳐 버려진다. 합장릉이 단릉으로 되면서 문종만 남게 된 것이다. 이 해에 단종은 상왕에서 노산군으로 강등되어 강원도 영월로 유배된다. 또 다른 삼촌인 금성대군이 경상도 순흥에서 단종 복위를 도모하다 발각되어 사사(賜死)되고, 단종도 노산군에서 서인으로 강등되어 죽임을 당한다. 같은 해에 세조의

왼쪽으로 90도, 다시 오른쪽으로 90도 꺾인 현릉의 참도

장자 의경세자(후에 덕종으로 추존)가 죽자 현덕왕후 권씨의 능을 파헤쳐 화풀이했다는 이야기도 전해온다.

어느 날 세조의 꿈에 현덕왕후 권씨가 나타나 침을 뱉었는데, 깨어보니 침 맞은 부위에 온통 종기가 나 있었다. 그리고 의경세자의 꿈속에도 나타나 저주를 했다고 한다. 세조의 둘째 아들 예종도 왕위에 오른 지 1년 만에 죽어 자손들이 저주를 받았다는 이야기가 떠돌았다. 태종에게 수모를 당한 태조의 계비 신덕왕후 강씨나 세조에게 수모를 당한 현덕왕후 권씨는 똑같이 사후에 능이 파

제5대 문종(文宗)

헤쳐졌고, 자식들마저 반역으로 죽임을 당했다. 태종과 세조의 권력 쟁탈 과정을 보면 세조가 훨씬 권력에 눈이 먼 것 같다. 누구 말마따나 역사엔 가정이 없으나 세조가 아버지 세종의 유훈대로 어린 조카 단종을 잘 보필하여 적장자 승계 원칙을 지켰으면 조선 역사는 덜 시끄럽지 않았을까. 현덕왕후 권씨의 복위 문제는 1471년(성종 2년)에 제기되었지만 신하들의 반대로 실현되지 못했다. 복위하면 세조의 실정을 인정하는 것이었기 때문이다.

그러던 중 1513년(중종 8년) 종묘의 소나무에 큰 벼락이 떨어지는 사건이 발생한다. 이 일을 현덕왕후 권씨와 관련 있는 것으로 보고 복위를 반대했던 신하들까지 역대 왕들 중 문종 신위만 홀로 있음이 민망하다고 주청하자, 종묘에 신주를 모시고 시흥 군자 바닷가에 버려진 왕후의 묘를 현릉 동쪽 언덕에 다시 옮겼다. 사후 72년 만에 문종 곁으로 돌아온 것이다. 그리하여 정자각에서 능을 바라보았을 때 문종은 왼쪽 언덕, 현덕왕후 권씨는 오른쪽 언덕에 안장되었다. 홍살문, 정자각, 비각 등은 하나씩만 만들어놓았다. 원래 능 사이에는 소나무가 빽빽했는데, 천릉을 마치자 나무들이 말라죽으면서 능 사이가 훤히 터졌다고 한다. 영혼이라도 서로 마주보려고 했던가! 현릉은 중종 대에 이르러 동원이강릉이 되었으므로, 최초의 동원이강릉은 세조의 광릉이다. 동구릉에서 문종과 현덕왕후 권씨의 현릉은 수릉을 지나 오른쪽 두 번째 자리에 있다. 건너편에는 태조의 건원릉이 보인다.

재실을 지나 산책로를 걷다 보면 왼편에 금천교가 보인다. 입구에 현릉 안내판이 있다. 제향 공간으로 진입하면 홍살문이 참도(신도, 어도) 입구에서 얼마 지나 서 있다. 여느 왕릉과는 다른 점이다. 옆에는 배위가 보이고 참도는 일직선이 아니라 왼쪽으로 90도 꺾었다가 다시 오른쪽으로 90도 꺾어 들어가야 정자각에 다다른다. 이것도 여느 왕릉과 다르다. 수복방, 수라간, 비각을 둘러보았다. 다른 왕릉과 차이점은 발견하지 못했다. 정자각 뒤편에 예감이 보이고 그 너른 사초지(莎草地, 왕릉 언덕에 잔디가 심어진 부분, 강[岡]이라고도 함) 양옆으로 왕릉과 왕후릉을 멀리서나마 볼 수 있다. 능침 공간에는 올라갈 수 없어 공개된 사진으로 확인해보았다. 곡장은 동원이강릉이므로 각각 설치되었고, 병풍석은 왕릉에는 있고 왕후릉에는 없다. 난간석은 각각 설치되었다. 상계에 석호 2쌍, 석양 2쌍, 혼유석 1좌, 고석 4개, 망주석 1쌍, 중계에 8각 장명등 1좌, 문인석 1쌍, 석마 1쌍, 하계에 무인석 1쌍, 석마 1쌍이 왕릉과 왕후릉에 같은 개수로 있다. 상계, 중계, 하계의 경계석인 장대석 밑에는 댓돌이 보인다.

그동안 답사한 단릉인 건원릉과 합장릉인 영릉의 석물을 살펴보면 혼유석을 제외하고는 개수가 동일하고, 건원릉에는 고석이 5개인 것이 차이점이다. 건원릉과 영릉은 능침 하나에 석물이 설치된 것이고, 현릉은 능침이 2개인 동원

현릉 정자각 내부의 붉은색 제상들

제5대 문종(文宗)

이강릉이므로 그만큼 석물 개수가 늘어났다. 신도비는 문종 때부터 건립되지 않았다. 그동안 석물의 개수에 관심이 쏠려 주의 깊게 살펴봤는데, 여기에도 일정한 규칙이 있는 것 같다.

제5대 문종의 가계도

부인 3명, 자녀 1남 2녀

6

제6대
단 종
(端宗)

영월 장릉(莊陵)

단종(1441~1457년, 재위 1452~1455년)은 문종의 적장자로 휘는 이홍위이며 어머니는 현덕왕후 권씨, 부인은 정순왕후 송씨(1440~1521년)다. 단종에 대한 이야기는 소설, 영화, 드라마에서 너무나 많이 다루어졌기 때문에 조선 역사에 조금만 관심이 있다면 모르는 사람이 없을 정도다. 어린 조카 단종의 왕위를 빼앗은 삼촌 수양대군, 이에 저항했던 사육신과 생육신은 단종애사(端宗哀史)로 널리 알려졌다. 단종의 슬픈 역사를 접한 사람이라면 누구나 억울한 죽음을 당한 단종에게 동정과 울분을 느꼈을 것이다.

단종은 할아버지 세종이 45세 되던 해에 태어났다. 그 시대에는 늦은 나이에 손자를 보게 된 것이다. 아들 문종이 처복이 없어 두 번이나 헤어지고 세 번째 부인에게서 단종이 태어났으니 얼마나 기뻤을까. 단종은 일찍이 어머니를 여의고 할아버지의 귀여움을 받으며 자랐다. 8세 때 왕세손에 책봉되고 10세 때 세종이 세상을 떠난다. 아버지가 왕이 되면서 왕세자가 되는데, 병약한 문종이 재위 2년 3개월 만에 세상을 떠나 12세 어린 나이로 왕위에 오른다. 조선이 건국된 지 60년이 된 해였다. 선조들이 닦아놓은 기틀을 더욱 다져 발전에 힘써야 할 시점이었으나 역사는 그렇게 진행되지 않았다.

단종은 할아버지, 할머니, 아버지, 어머니가 없는 고아 신세였다. 17명에 이르는 나이 많은 삼촌과 고명대신(병약한 자신과 어린 세자를 염려한 문종이 세자가 즉위했을 때 보필을 부탁한 황보인, 김종서, 남지를 말함)들이 있었지만, 단종의 울타리가 되어주지는 못했다. 즉위한 지 1년 반이 지났을 때 수양대군이 계유정난을 일으키면서 고명대신들을 모두 죽여버린다. 병권을 장악한 수양대군은 또 1년 반이 지난 후에 단종을 상왕으로 밀어내고 왕위에 오른다. 단종의 재위기간은 불과 3년이다. 상왕으로 물러난 후 2년 동안 사육신 등의 반대세력이 저항하자 세조는 단종을 강원도 영월 청령포로 유배 보내고 4개월 뒤에 죽이고 만다. 1457년(세조 3년) 10월 24일에 일어난 일이다. 이때 단종의 나이는 17세였다. 개죽음을 당한 단종은 시신마저 영월 동강에 버려지는 참혹한 신세가 된다. 세조는 "단종의 시신에 손을 대는 자는 삼족을 멸한다"라고 왕명을 내려 아무도 시신에 손대지 못했다. 그런데 동강에 떠다니던 단종의 시신을 수습하여 자신의 선산(동을지산, 현재 능이 있는 자리)에 암장(暗葬)한 사람이 있었으니, 그가 바로 영월호장(오늘날 통장이나 이장) 엄흥도다.

　사적 제196호인 장릉은 강원도 영월군 영월읍 단종로 190에 위치하며, 면적이 3,495,236제곱미터에 이른다. 여느 왕릉처럼 풍수지리에 따라 조성되지 않았다. 눈 내리는 밤에 영월호장 엄흥도가 시신을 수습하여 묏자리를 찾다가 마침 눈이 쌓이지 않은 장소를 발견하고 보니 노루가 앉았던 자리였다. 그 자리에 단종을 암장했다는 이야기가 전해진다. 이런 사연으로 장릉은 한양으로부터 100리 이내에 안장해야 한다는 《경국대전》의 규정을 지킬 수 없었다. 59년이 지난 1516년(중종 11년)까지 폐묘로 버려져 있다가, 여러 사람의 증언으로 묘를 찾아내어 봉분을 갖추었다. 현덕왕후 권씨를 복위하고 문종 곁으로 천릉한 지 3년이 지나서다.

　그 후 25년간 또 폐묘로 방치되었다가 1541년(중종 36년)에 영월군수로 부임

한 박충원의 꿈속에 단종이 나타난 것을 계기로 묘소를 다시 찾아 봉분을 수축(修築)하고 제사를 지냈다. 낙촌비각의 비문을 보면 박충원이 영월군수로 부임하기 전에 군수 7명이 원인 모르게 죽었다고 한다. 박충원은 죽는 것을 두려워하지 않고 부임했으나, 하루는 부지불식간에 세 사람에게 붙들려 숲속으로 끌려들어갔다. 그곳에서 신하 6명에 둘러싸인 단종이 박충원을 꾸짖으면서 처형할 것을 명했는데, 그중 한 신하가 살려두자고 아뢰어 위기를 모면했다. 그 순간 깨어보니 꿈이었다는 것이다. 박충원은 날이 밝기를 기다려 엄흥도의 후손을 수소문하여 찾았다. 그리고 그의 안내로 단종 묘소를 찾아가 보았더니 꿈속에서 본 바와 일치했다. 묘소를 수축하고 정중하게 제사를 올린 다음부터는 군수가 부임 초에 죽는 일이 없었다는 내용이다. 이후 39년이 지난 1580년(선조 13년)에 김성일, 정철 등의 장계(신하가 자기 관하의 중요한 일을 왕에게 보고하던 일)로 영역을 수축하고 상석, 표석, 장명등, 망주석을 세웠다.

101년이 지난 1681년(숙종 7년)에는 노산대군으로 복권된다. 죽은 지 224년 만이다. 17년이 더 지난 1698년(숙종 24년)에는 임금으로 복위되면서 단종의 신위를 종묘에 모심과 동시에 묘호는 단종이 되고, 능호는 장릉이 되었다. 죽은 지 241년이 지나서야 억울한 죽음이 신원(伸寃)된 것이다. 1691년(숙종 17년)에는 사육신도 복권된다. 태종에 의하여 후궁으로 격하된 신덕왕후 강씨는 1669년(현종 10년)에, 서인이 된 회안대군은 1680년(숙종 6년)에, 묘호를 받지 못했던 정종은 1681년(숙종 7년)에 260여 년이 지나서야 신원된다. 장릉은 그 후에도 계속 왕릉으로서의 모습을 갖추게 된다. 1726년(영조 2년)에는 충신 엄흥도의 정여각을, 청령포에는 일반인의 출입을 금하는 금표비를 세운다. 영월호장 엄흥도는 1833년(순조 33년)에 공조판서로 추증되고, 1875년(고종 12년)에는 충의공 시호를 받는다. 1733년(영조 9년)에는 정자각, 수복방, 비각과 비가 세워지고, 1763년(영조 39년)에는 청령포 안 단종어소(단종이 거처했던 집)에 영조 친필로 된 '단묘재본부시유지(端廟在本府時遺址)'라고 새긴 비와 비각이 건립된다. 1791년(정조 15년)에는 장판옥(단종에게 충절을 지킨 충신들 268명의 위패를 모신 곳, 배식단사라고도 함)과 배식단(268명의 영령을 추모하기 위해 제사를 지내는 곳)이 세워진다. 또한 재실과 홍살문이 갖춰지고, 박팽년의 후손 영월부사 박기정이 왕명에 따라 영천(한식 때 사용하기 위한 우물)을 수축했다.

장릉 답사길에 나섰을 때 서울 근교의 왕릉은 거의 답사한 뒤였다. 이날은 청명한 가을 날씨로 나들이하기에 참 좋았다. 가는 길 내내 단풍을 만끽했다. 장릉은 언젠가 여행하면서 잠깐 들른 곳이라 이번에는 제대로 보고 사진도 많이 찍기로 했다. 내비게이션에 장릉을 치니 174.9킬로미터, 소요시간 2시간 19분이란다. 서울에서 당일에 충분히 갔다 올 수 있는 거리이므로 청령포까지 가보기로 했다. 단종은 창덕궁 돈화문에서 청령포까지 7일이 걸려 도착했다. 그 당시 도로 사정으로 약 700리(약 280킬로미터) 거리였다고 한다.

왕릉 앞에 넓게 마련된 주차장에 차를 세우고 답사를 시작했다. 여느 왕릉과 마찬가지로 조선 왕릉 장릉 표지탑과 조선 왕릉 세계유산비가 눈에 띈다. 매표소에서 안내책자를 받아들고, 출입문을 지나 걷기 시작했다. 우측으로 단종역사관이 보인다. 역사관에 들어가서 전시된 자료를 복습하는 기분으로 읽어보았다. 역사관에서 나와 조금 걸어가니 오른쪽에 재실이 나타난다. 규모가 제법 크다. 재실에 대한 설명을 읽고 재실 안마당에 잠깐 들어가 보았다. 향나무두 그루가 눈길을 끈다. 단풍이 화려하다. 둥근 연못에 연꽃은 모두 졌다. 연못가로 묘내수가 흐르고 금천교가 놓였다. 재실 옆에는 충신 엄흥도의 정여각이있다. 멀리 홍살문이 보이고, 오른쪽 위편으로 왕릉에서 내려오는 계단이 보인다. 방향 표시판이 두 방향을 가리킨다. 한쪽은 배식단, 장판옥, 수복방, 비각, 영천, 정자각이고, 다른 쪽은 왕릉이다.

먼저 배식단 쪽으로 향했다. 장릉의 유래를 설명한 석비와 장판옥 설명문을 읽어보고, 배식단을 둘러본 후에 홍살문에 도착했다. 진입 공간은 제향 공간이 시작되는 홍살문까지다. 다른 왕릉과 달리 진입 공간에 단종에게 충절을 바친 신하들을 기리는 건축물이 있는 것이 특징이다. 홍살문에 들어서자 옆에는 배위가 보이고 참도(신도, 어도)가 나타난다. 길이 끝나는 곳에 정면으로 정자각이 있고, 오른쪽으로는 수복방, 비각이 있다. 정자각은 다른 왕릉보다 규모가 작다. 홍살문에서 정자각으로 가기 위해서는 'ㄱ'자로 꺾어 들어가야 한다. 대부분의 왕릉은 홍살문, 참도, 정자각, 능침이 일직선으로 조성되었지만, 단종의 능은 처음부터 왕릉으로 조성된 것이 아니고 오랜 세월에 걸쳐 시설이 하나하나 추가되었기 때문인 듯싶다. 정자각도 북쪽을 향하고 있어 능 옆에 절을 하는 형국이다. 비각 안의 표석에는 '조선국 단종대왕 장릉(朝鮮國 端宗大王 莊陵)'이라고 음각되었다. 정자각 오른편에는 예감이 보이고, 앞쪽으로는 영천이 보인다. 관광객들이 던진 동전이 우물을 채웠다. 원래 영천은 그런 목적이 아닌데 말이다. 장릉의 역사를 지켜본 370년 된 느릅나무 보호수가 눈길을 끈다. 수라간은 보이지 않는다.

능침 공간을 보기 위해 내려가는 길로 가지 않고 출입문 쪽으로 되돌아왔다. 들어올 때 놓쳤던 낙촌비각과 배견정이라는 아담한 정자를 둘러보았다. 낙촌은 영월군수 박충원의 호(號)이며 낙촌비각은 박충원의 공을 기리기 위해 1974년 후손들이 건립한 비각이다. 배견정은 1792년(정조 16년)에 박팽년의 후손 영월부사 박기정이 건립한 것이다. 앞서 영천을 수축한 사람이다. 배견정(拜鵑亭)이라는 이름은 낙화암(영월 동강의 층암절벽으로 단종이 죽자 궁녀, 관비, 무녀들이 치마를 뒤집어쓰고 여기서 몸을 던짐)에서 순절한 궁녀들의 넋이 두견새가 되어 단종 묘소를 찾아와 울며 절한다는 뜻이다. 낙촌비각과 배견정을 보고 난 후 오르는 길로 들어섰다. 걷기 쉽게 계단과 나무데크를 설치해놓았다. 산길을 따라 걷는 도중에 남양주시 진건읍에 위치한 사릉(단종의 정비 정순왕후 송씨의 능)에서 이전 식수한 소나무를 발견했다. 소나무 앞의 표지석에는 '정령송(精靈松), 1999. 4. 9, 남양주문화원'이라고 쓰였다. 현세의 사람들이 사릉에 있는 소나무라도 옮겨서 부부의 정을 나누라는 뜻인지, 참으로 애절하다.

장릉까지는 산길을 한참 걸어 올라가야 한다. 여느 왕릉과 달리 꽤 높은 언덕바지에 있다. 가까이 다가가서 볼 수 있게 해놓았는데, 지금까지 본 왕릉에 비해 초라하다. 능침 주변에는 곡장을 둘렀고 병풍석과 난간석은 없다. 능침을 석호 1쌍, 석양 1쌍이 지키고, 능침 앞에는 혼유석 1좌, 고석 4개가 보인다. 망주석 1쌍이 좌우에 서 있다. 망주석에는 세호(細虎)가 새겨지지 않았는데, 조선 왕릉 중 세호가 없는 유일한 망주석이라 한다. 세호는 보통 동물의 형태를 망주석에 조각한 것을 뜻한다. 4각 장명등 1좌, 문인석 1쌍, 석마 1쌍이 있다. 무인석과 석마는 없다. 그리고 상계, 중계, 하계 구분도 없다.

단릉인 장릉은 복위된 정릉(태조의 계비 신덕왕후 강씨의 능), 경릉(추존 덕종과 소혜왕후 한씨의 능), 후릉(정종과 정안왕후 김씨의 능)의 규모를 참고로 하고 석물도 숙종과 정조 연간에 걸쳐 만들었기 때문에 이 시기의 특징인 왜소하면서도 간단한 형태를 따랐다고 한다. 장명등도 명릉(숙종과 인현왕후 민씨의 능) 이래 만들어진 4각 장명등이 장릉에 처음 설치되었다. 이전 정릉이나 후릉의 4각 장명등은 고려 현정릉의 양식을 따른 것이다. 조선 왕릉의 장명등은 4각 또는 8각의 지붕 형태다. 능에서 바라보는 아래쪽은 가을 단풍으로 화려한 자태를 뽐내고 있었다. 능에서 내려와 산 쪽으로 걸어갔다. 충의공 엄흥도기념관과 '충절의 상'이 나타난다. 기념관은 문을 닫아놓아 들어가지 못했다.

조금 더 걸으니 영월 장릉 물무리골 생태학습원 안내판이 보인다. 호기심에 나무데크로 만들어놓은 산책길을 따라 걸었다. 능말 산림생태체험장과도 연결되어 숲이 주는 정서적 편안함과 안정감을 느낄 수 있었다. 산에는 등산로도 조성되어 있다. 장릉을 목적으로 왔다가 예기치 않게 산책코스를 발견하여 기분이 좋았다. 시간을 많이 뺏겼지만 계획한 대로 청령포로 향했다.

입구에는 '두견새 우는 청령포 노래비'가 서 있고, 청령포와 유배길에 대한 안내판이 보인다. 모든 설명을 읽고 선착장에 가보니 벌써 들어가는 배는 없고 청령포 쪽에서 나오는 배만 있다. 아쉬웠지만 청령포로 들어가는 것은 포기할 수밖에 없었다. 이곳은 여행하면서 와본 곳이라 옛 추억을 떠올리며 선착장에서 전경을 카메라에 담았다. 그 옛날 단종의 슬픈 역사가 깃든 곳이라 생각하니 처절한 심정을 누를 길이 없다. 이미 역사는 흘러간 것, 되돌릴 수 없고 마음만 아플 뿐이다. 청령포는 삼면이 푸른 강으로 둘러싸였고, 남쪽 한 면이 절벽과 연결된 천연 감옥이다. 단종은 여기서 2개월간 생활하는데 그때 머물렀던 단종 어소, 정순왕후 송씨를 그리면서 노산대에 올라가 쌓은 망향탑, 그리고 단종이 걸터앉아 쉬었다는, 두 갈래로 갈라진 소나무 관음송이 아직까지 남아 있다.

뉘엿뉘엿 넘어가는 해에 비치는 청령포의 경관

관음송(觀音松)은 단종의 유배 당시를 보았으며(觀), 때로는 오열하는 소리를 들었다는(音) 뜻이다. 단종어소는 《승정원일기》의 기록을 바탕으로 최근에 재현해 놓은 것이다. 그 당시 모습을 상상해볼 수 있다. 단종은 홍수가 나는 바람에 청령포에서 영월읍 관풍헌으로 옮긴 지 2개월 만에 죽임을 당한다. 영월 장릉 답사를 마치고 귀경길에 오르면서 여느 왕릉보다 의미 있었다고 생각했다.

남양주 사릉(思陵)

단종의 정비 정순왕후 송씨의 능이다. 정순왕후 송씨는 판돈녕부사 여량부원군 송현수의 딸로, 1454년 1월 22일 15세에 14세 단종과 국혼(왕과 왕후의 결혼)을 한다. 문종의 3년상이 아직 끝나기 전이라 사육신의 한 사람이었던 성삼문은 예법에 어긋난다며 반대했으나 왕실 내부를 장악하려는 수양대군의 강요로 끝내 진행된 것으로 전해진다. 단종이 1457년 6월에 영월로 유배를 떠났기 때문에 둘은 3년 5개월 동안 같이 살았다.

단종이 죽고 나서도 정순왕후 송씨는 64년을 더 살다가 1521년(중종 16년) 82세로 죽는다. 일찍 죽은 남편의 못다 한 이승의 몫까지 살다 간 것인지, 조선의 비빈 가운데 가장 장수했다. 소생 없이 평생을 슬픔 속에서 살았던 여인으로, 죽을 때 신분이 서인이었으나 중종은 대군 부인의 예로 장례를 치렀다. 단종의 누이 경혜공주의 시가인 해주 정씨 묘역(현재 능이 있는 자리)에 안장했으며, 정종(鄭悰)과 경혜공주 사이에 태어난 아들이 제사를 지냈다고 한다. 정종은 세조의 왕위 찬탈에 반기를 들었다가 능지처참에 처해졌고, 경혜공주는 노비로 전락되었다가 복권되었다. 1698년(숙종 24년)에 단종이 복위되면서 정순왕후 송씨도 왕후로 복위되었다.

단종을 생각하며 일생을 보냈다 하여 능호를 사릉(思陵)이라 불렀다. 묘호는

단종의 정비 정순왕후 송씨의 사릉(단릉) 전경

정순왕후 송씨다. 단종과 생이별한 후 동대문 밖 연미정동(현재 동대문구 숭인동 청룡사)에 초가를 지어 정업원이라 이름 짓고 매일 산봉우리에 올라 영월을 바라보며 구슬프게 통곡했다고 한다. 사람들은 그 산봉우리를 동망봉이라 불렀다. 영조는 단종과 정순왕후 송씨에게 연민의 정을 가졌던 것 같다. 정순왕후 송씨가 거처했던 정업원 터에 비각을 세우고 '정업원구기(淨業院舊基)'를, 정순왕후 송씨가 올랐던 뒷산 바위에 '동망봉(東望峰)'을 친필로 새겼다.

정순왕후 송씨는 백성들이 채소와 과일과 음식을 사리문 안에 넣어주고, 채소시장을 만들어 생활에 보탬이 되도록 도와주는 등 무한한 보살핌 속에 어려운 생활을 잘 견디면서 살았다고 전해진다. 끝까지 세조의 도움을 받지 않고 자줏물을 들이는 염색업으로 꿋꿋하게 생계를 꾸렸다. 그녀가 염색업을 했던 골짜기를 자줏골이라고 부른다. 또 평생 흰옷만 입으면서 고기와 생선을 먹지 않고, 억울하게 죽은 단종을 생각했다.

비공개였던 사릉을 2013년 1년 동안 무료로 시범 개방하고, 2014년 1월 1일부터 정식 개방한다는 기사를 읽고 찾아가 보기로 했다. 숭릉(제18대 현종과 명성왕후 김씨의 능)과 강릉(제13대 명종과 인순왕후 심씨의 능)도 비공개였는데 비슷한 시기에 개방되었다. 사릉은 경기도 남양주시 진건읍 사릉로 180에 위치하는데, 오늘의 일정은 사릉을 보고 난 후 가까운 홍릉(제26대 고종과 명성왕후 민씨의 능, 뒤에 설명)과 유릉(제27대 순종과 원비 순명왕후 민씨 및 계비 순정왕후 윤씨의 능, 뒤에 설명) 그리고 영원(영친왕과 부인 이방자의 묘, 뒤에 설명), 덕혜옹주묘(고종과 후궁 귀인 양씨의 딸, 뒤에 설명)까지 보고 오는 것이다. 이 근처에는 광해군묘, 안빈묘(제17대 효종의 후궁 안빈 이씨의 묘)와 성묘(광해군의 생모, 선조의 후궁 공빈 김씨의 묘)도 있으나 다음 기회로 미루기로 했다.

한창 무더운 7월, 사적 제209호인 사릉에 도착해보니 아직 주차장이 마련되어 있지 않았다. 정문 앞 빈터에 차를 주차하고 최근에 만든 듯한 출입문 쪽으로 향했다. 조선 왕릉 사릉 표지탑과 조선 왕릉 세계유산비가 보인다. 출입문 좌우에는 관람안내와 시범 개방을 설명하는 안내판이 걸렸다. 출입문에 들어서자 임시로 지은 것 같은 부스에서 관리인이 맞이한다. 안내책자를 받아들고 능을 향하여 발걸음을 옮겼다. 재실이 보이지 않아 안내책자를 보니 왕릉에서 한참 떨어진 바깥쪽에 위치한다. 금천교는 보이지 않고 곧 홍살문이 나타난다. 진입로부터 소나무가 빽빽하다.

제향 공간이 시작되는 홍살문에서 정자각, 능침까지가 한눈에 들어온다. 홍살문 옆에는 배위가 있다. 참도(신도, 어도)를 따라 정자각까지 걸어 들어갔다. 정자각 옆에는 비각이 보인다. 수복방과 수라간은 보이지 않는다. 정자각 내부

사릉 산책길

를 잠깐 살펴보았다. 예감이 특이하게도 돌 뚜껑으로 되어 있다. 그동안 보았던 예감은 뚜껑이 없었다. 능으로 올라갈 수 없도록 목책이 둘러져 멀리서 볼 수밖에 없었다. 안내책자에서 능침 공간을 확인해보았다. 곡장은 있고 병풍석과 난간석은 없다. 능침 주변에는 석호 1쌍과 석양 1쌍이 있다. 4각 장명등 1좌, 혼유석 1좌, 고석 4개, 문인석 1쌍, 석마 1쌍, 망주석 1쌍이 보인다. 무인석과 석마는 없고 상계, 중계, 하계의 구분도 없다. 사릉은 단릉으로, 같은 단릉인 장릉과 석물 개수가 동일하다. 사릉도 장릉과 마찬가지로 복위된 왕릉의 예에 따라 간소하게 꾸며졌고, 8각 장명등 대신 4각 장명등을 설치했다.

사릉에는 산책길이 잘 조성되어 있다. 걷는 길 좌우로 소나무가 하늘을 찌를 듯 늘어서 있으며, 야생화 전시 단지에는 우리나라 꽃 100여 종이 심어졌다. 조선 왕릉 자연생태전시관에는 왕릉의 숲에서 볼 수 있는 동·식물과 곤충을 전시하고, 전통수목양묘장에서는 문화재 복원과 보수에 필요한 나무를 재배한다. 다른 왕릉에서는 볼 수 없는 볼거리까지 다 살펴봐도 1시간이면 충분하다. 이러한 시설물을 모두 둘러보고 재실까지 이어진 산책로를 죽 걸어보았다.

제6대 단종의 가계도

부인 1명, 자녀 없음

7

제7대
세 조
(世祖)

남양주 광릉(光陵)

세조(1417~1468년, 재위 1455~1468년)는 세종의 둘째 아들이며 문종의 동생이다. 휘는 이유이나 수양대군으로 더 알려졌다. 12세 때 판중추부사 윤번의 딸인 정희왕후 윤씨(1418~1483년)와 가례(嘉禮, 혼례)를 치렀다. 세조는 왕위를 찬탈하기 위해 반정을 일으켰으며, 조카 단종을 죽이는 행동까지 서슴지 않았다. 왕이 되고 난 후 아무리 치적이 훌륭했어도 명분 없는 왕위 찬탈과 도덕성의 문제는 지워지지 않는다. 그래서인지 말년에는 자신이 지난날 저지른 악행이 떠올라 자책했고 악몽과 피부질환에 시달렸다. 업보를 씻어내기 위해 불교에 귀의하여 속리산의 법주사·복천암, 오대산의 월정사·상원사 등을 찾아다니면서 남긴 이야기가 많다.

속리산 입구에는 세조가 벼슬을 준 '정이품송'이 있다. 천연기념물 제103호이며, 수령은 약 800년으로 추정된다. 세조가 속리산에 행차할 때 임금이 타는 가마인 연(輦)이 나뭇가지에 걸릴 듯하여 "소나무 가지에 연 걸린다"라고 하자 가지가 저절로 들려 무사히 그 밑을 통과했다고 한다. 이를 신기하게 여긴 세조가 오늘날 장관급에 해당하는 정이품 벼슬을 내렸다. 그때부터 이 소나무는 '연결이 소나무' 또는 '정이품송'으로 불렸다.

속리산 문장대와 관련된 일화도 있다. 문장대는 높이가 1,054미터로 구름

속에 감춰져 있다고 해서 원래 이름은 운장대(雲藏臺)였다. 그런데 세조가 영봉(靈峯)에 올라보니 삼강오륜을 명시한 책 한 권이 있어 그 자리에서 읽으며 강론을 펼쳤다고 하여 문장대(文藏臺)로 바꿔 불렀다고 한다. 문장대에 세 번 오르면 극락에 간다는 이야기도 전해온다.

또 세조가 속리산 법주사에 들러 대법회도 하고 복천암에서 요양도 할 때의 일이다. 계곡에서 목욕을 하던 중에 약사여래(중생의 질병을 고쳐주는 부처)의 명을 받고 온 월광태자라는 미소년이 세조의 종기가 곧 완쾌될 것이라고 말하고 사라졌다. 목욕을 마치고 보니 신기하게도 몸의 종기가 깨끗이 없어졌다고 한다. 이후 이곳을 목욕소라 불렀다. 복천암에 올라가는 길 옆으로 흐르는 계곡에 목욕소 자리가 있다. 목욕 후 병에 차도를 느낀 세조는 승려들에게 "부처님의 은덕에 보답하고자 복천암 앞에 있는 돌을 끌고 다니다가 멈춘 곳을 경계로 그 안의 모든 산과 전답을 절의 소유로 인정하겠다"라고 했다. 이에 승려들이 크게 기뻐하며 밖으로 나가 그 커다란 돌에 밧줄을 매어 앞에서 당기고 뒤에서 밀면서 끌고 다니기 시작했다. 그들은 우선 복천암에서 내려와 법주사를 지나고 사내를 벗어났다. 보은 땅을 차지할 생각으로 말티고개를 향해 돌을 끌었는데, 상판리 새목이쯤에 이르자 모두 기진맥진하여 더 이상 돌을 끌 수 없었다. 세조는 미소를 지으며 "세상 모든 일에는 정도가 있는 법이니 그 자리를 경계선으로 정하는 편이 좋겠다. 그만하면 공양미와 승려들의 양식은 족할 것이다"라며 사전(寺田) 문서를 작성하고 돌이 있는 곳에서 속리산 쪽 땅을 전부 법주사에 내주었다. 승려들이 복천암에서 끌고 온 돌은 '세조의 은덕을 입어 구원받은 돌'이라는 의미로 은구석(恩救石)이라 불리며 오늘날까지 자리를 지키고 있다. 속리산을 들어가다 보면 정이품송 근처에서 볼 수 있다.

그로부터 2년 후 오대산 월정사에서 참배하고 상원사로 올라가던 중 계곡물이 하도 맑아 종자(從者)들을 물리고 세조가 홀로 몸을 씻고 있었다. 때마침 동자승 하나가 가까운 숲 속에서 이를 지켜보기에 불러들여 등을 밀게 했다. 아무 말 없이 등을 밀어준 동자승에게 "어디 가서 임금의 몸을 씻어주었다는 말은 입 밖에 내지 말거라"라고 당부했다. 그랬더니 동자승 역시 "임금께서도 어디 가서 문수보살(석가모니여래의 왼쪽에 있는 보살)을 직접 보았다는 말은 하지 마십시오"라고 말한 뒤 홀연히 사라졌다. 정신이 든 세조가 물 밖으로 나와 보니 온몸의 부스럼이 씻은 듯이 나은 것이 아닌가! 부처님의 은혜에 감동한 세조는 상원사에서 백일기도를 올렸고, 화공과 목수를 동원해 문수동자상을 조성했다. 지금 상원사의 문수전에 봉안된 국보 제221호 문수동자상이 바로 그것이다. 상원사를 올라가는 입구에는 세조가 목욕할 때 의관(衣冠)을 걸어둔 석물인 관대(冠帶)걸이도 아직까지 남아 있다.

병을 고친 세조는 이듬해 다시 상원사를 찾아와 또 한 번의 기적을 경험한다. 죽기 1년 전 일이다. 법당 불상 앞에서 정성 들여 기도를 올리는데, 별안간 고양이가 다가와 곤룡포 자락을 물고 당기는 것이었다. 처음엔 예사로 여기고 내쫓았으나 그래도 옷자락을 잡아끄니 이상해서 사람을 시켜 법당 안팎을 샅샅이 살펴보았다. 다행히 불상 뒤에 자객이 숨어 있는 것을 발견해 목숨을 부지할 수 있었다. 세조는 고양이에게 크게 감사하는 마음에서 묘전(猫田)을 내리고 고양이를 돌로 새기니, 상원사의 문수전 계단 옆에 있는 고양이 석상이 바로 그것이다. 절에 얽힌 세조의 이야기는 조선의 국시인 유교에 반하는 일이었지만, 조카를 죽이고 왕위를 빼앗은 자신의 죄를 불교의 가르침으로 씻으려 했던 것 같다.

한편 세조의 치적도 살펴볼 필요가 있다. 그의 치적이 지난 악행을 묻어줄 수는 없지만 말이다. 세조는 왕권을 강화하기 위해 의정부서사제를 폐지하고 태종이 실시했던 육조직계제를 부활시켰다. 집현전도 폐지하고 경연도 없앴다. 재상의 권한도 축소시켰다. 그리하여 조선 시대를 통틀어 가장 왕권이 강화된 시대를 만들었다. 반면에 신권은 축소되었다. 모든 권력은 왕을 중심으로 한 중앙집권체제로 편성되었다. 단종을 폐위하고 이징옥의 난, 이시애의 난을 평정하면서 왕권은 한층 더 공고해졌다. 1460년과 1467년 두 차례에 걸쳐 북방의 여진족을 소탕해 국방을 강화하고, 병기를 제조하여 외침에 대비했다. 그리고 불경을 발행하고 《경국대전》을 편찬케 했다.

　　모든 제도개혁의 목적을 왕권 강화에 두다 보니 문치(文治)보다는 패도(霸道) 정치에 가까웠다. 왕권 강화에 힘을 쓴 점은 할아버지 태종과 비슷하나, 자신을 왕으로 옹립한 계유정난의 공신을 철저하게 관리하지 못하고 오히려 혼인으로 묶여 이들의 권력 남용을 방관한 점은 확연하게 다르다. 이들은 후대로 내려가면서 훈구세력이라는 일군의 권력을 형성하여 많은 폐해를 일으킨다. 세조도 공신들의 권세가 심화되자 김종직 등의 사림파(산림에 묻혀 유학 연구에 힘쓰던 문인들의 한 파)를 등용하여 균형을 유지코자 했으나 별 효과를 보지 못했다. 계유정난의 일등공신인 한명회는 같은 공신이었던 신숙주와 사돈이었고, 셋째 딸은 예종의 정비 장순왕후 한씨, 막내딸은 성종의 정비 공혜왕후 한씨였다.

　　무소불위의 권력을 휘두른 한명회는 어떤 인물인가? 조선 건국 당시 명나라에 파견되어 조선이라는 국호를 확정 짓고 돌아온 한상질의 손자이며 한기의 아들이다. 칠삭둥이로 태어나 일찍 부모를 여의고 머슴에게서 길러지며 불우한 시절을 보냈다. 그 때문에 과거에 번번이 실패하여 38세가 되던 해에 겨우 문음(선조나 친척이 국가에 큰 공을 세웠거나 고관직을 얻으면 후손이 일정한 벼슬을 얻게 했던 제도)으로 송도(현재 개성)에서 경덕궁직(오늘날 궁궐관리소장)을 맡았다. 정통 관료 코스를 밟지 못했지만, 운 좋게 세조와 연결된 한명회는 계유정난의 주역이 된다. 계유정난의 공으로 정난공신, 사육신 사건 처리 뒤에는 좌익공신, 예종 때 남이옥사 처리 뒤에는 익대공신, 성종 즉위 후에는 좌리공신으로 20년도 안 된 사이에 일등공신에 네 번이나 책록된다. 하나같이 '킹메이커'의 역할이었다. 한명회는 1476년(성종 7년) 한강 가에 압구정(狎鷗亭, 갈매기와 가깝게 지낸다는 것으로 욕심을 버리고 자연과 동화된다는 뜻)이라는 정자를 짓고 유유자적하게 남은 여생을 보냈다. 정자가 있던 자리가 지금의 압구정동이다. 그 잘나가던 한명회도 73세로 죽은 후 연산군 대에 부관참시당하는 수모를 겪고 중종반정 이후 복권된다.

　세조는 재위 14년째인 1468년 9월 7일에 둘째 아들 예종에게 양위하고 다음 날 52세로 세상을 떠난다. 능호는 광릉, 묘호는 세조와 정희왕후 윤씨로 동원이강릉이다.

　경기도 남양주시 광릉수목원로 354에 위치한 광릉 답사길에 오르며 인근에 있는 국립수목원과 봉선사도 둘러볼 계획을 세웠다. 국립수목원은 사전에 인터넷으로 입장 예약을 했다. 광릉 근처에는 휘경원과 순강원, 영빈묘가 있으나 다음 기회에 답사하기로 했다. 입구에 도착하니 여느 왕릉과 같이 조선 왕릉 광릉 표지탑이 보인다. 주차장이 꽤 넓다. 차를 주차하고 매표소에서 안내책자를 받아들고 걷다가 광릉역사문화관에서 동영상으로 상영되는 왕의 능역을 만드는 방법을 관람했다. 종래 석실에서 회격(관을 구덩이 속에 내려놓고 그 사이를 석회로 메워서 다짐)으로 바꿈으로써 능의 조성기간이 5개월에서 2개월로 단축된 것을 알 수 있었다.

　역사문화관을 보고 난 후 진입 공간으로 들어섰다. 재실이 보인다. 들어가는 문이 솟을대문이다. 말이나 가마를 타고 들어갈 수 있도록 높게 만들었다. 재실의 규모가 상당히 크다. 재실을 보고 난 후 또 걸음을 계속했다. 조선 왕릉 세계유산비가 보인다. 사적 제197호 광릉 안내판 앞에 걸음을 멈추고 죽 읽

광릉 들어가는 길

어보았다. 재위 14년 동안 많은 업적을 쌓아 중앙집권적 왕권 강화에 크게 공헌했으나, 말년에는 단종에게서 왕위를 빼앗은 것에 대한 인간적 고뇌에 싸여 번민하다가 불교의 가르침에 의지했다는 내용이 적혔다. 안내판 옆에는 '대소인원개하마(大小人員皆下馬)'라는 글자를 새긴 조그마한 석비가 서 있다. 이 하마비는 모든 왕릉에 있었으나 지금은 이곳에만 남았다. 왕도 여기서부터는 말이나 가마에서 내려 걸어가야 한다. 안내판 뒤에 연못이 있다. 왕릉에 불이 났을 때 물을 사용하기 위하여 만든 것이란다.

숲길을 따라 한참 올라갔다. 언덕을 올라가는 기분이다. 멀리 홍살문이 보인다. 으레 보이는 금천교가 보이지 않는다. 왕릉 답사를 하다 보면 금천교가 없는 경우가 많은데, 아마도 유실된 것 같다. 홍살문에 도착했다. 홍살문 옆에 꼭 있는 배위가 없다. 홍살문부터 정자각까지 있어야 할 참도(신도, 어도)도 보이지 않는다. 홍살문을 지나 왼쪽에는 수라간 터가 있고, 오른쪽으로는 비각과 약수터가 있다. 수복방은 보이지 않는다. 정자각 내부도 잠깐 들여다보았다. 여느 왕릉과 차이가 없다. 정자각 앞에는 광릉 안내판과 점자안내도가 설치되었다. 다시 읽어보았지만 입구 쪽 안내판과 내용이 같다. 예감은 보이고, 산신석은 보이지 않는다.

능침 공간은 대부분의 왕릉이 개방하지 않는데 광릉은 격일제로 홀수 일에는 세조의 능, 짝수 일에는 정희왕후 윤씨의 능을 개방한다. 안내문에는 잔디 보호와 관람객의 안전을 위해 왕릉과 왕후릉을 격일제로 개방한다고 적혔다. 내가 간 날은 홀수 날이어서 세조의 능만 볼 수 있었다. 정자각에서 산 쪽을 바라보면 왼쪽이 세조, 오른쪽이 정희왕후 윤씨의 능이다. 광릉은 면적이 1,040,399제곱미터로 1468년 세조의 능을 조성하면서 그 역사가 시작된다. 조선 왕실에서는 광릉을 중심으로 사방 15리(약 3,600헥타르)의 숲을 부속림으로 지정하여 조선 말기까지 풀 한 포기도 채취할 수 없을 만큼 철저하게 보존해왔다. 이 부속림에는 현재 국립수목원이 들어섰고, 우리나라에서만 볼 수 있는 희귀조 크낙새가 서식한다.

광릉 자리는 원래 정흠지 집안의 선산이었으나 풍수지리상 길지라 하여 세조에게 바쳤다고 전해진다. 정흠지 아들은 정찬손으로 세조 때 영의정을 지낸 좌익공신이다. 이 자리는 유두혈(乳頭穴)이라는 명당인데, 대지를 어머니로 보면 그 자리가 어머니의 젖이 나오는 꼭지에 해당하는 모습이라 의지가 강한 인재

제7대 세조(世祖)

가 출현한다는 것이다. 세조는 죽어서까지 남의 자리를 뺏은 것은 아닐는지. 정희왕후 윤씨는 세조가 죽은 후 15년을 더 살다가 1483년(성종 14년)에 66세로 세상을 떠나 광릉 오른쪽 언덕에 안장되었다.

예종은 오래 살지는 못했지만 즉위하는 해에 세조의 능을 조성하고, 이듬해에 세종의 영릉을 천릉한다. 영릉은 광릉의 제도를 따른 것으로 이미 살펴본 바 있다. 광릉은 조선 최초의 동원이강릉이다. 문종의 현릉도 나중에 동원이강릉이 되었다. 능침을 보기 위해서는 계단을 한참 올라가야 한다. 광릉은 세조의 유훈에 따라 석실을 회격관으로 바꿨으며 병풍석을 없애고 난간석만 둘렀다. 12지신상도 난간석에 새겼다. 백성들의 노고를 덜기 위해서 배려한 것이라고 하는데, 석물의 규모도 태종의 헌릉에 비해서는 작고 소박하다. 광릉 전체가 다른 왕릉에 비해 없는 것도 많고 단출하다. 살아 있을 때의 위세를 생각해보면 능은 조촐한 느낌을 준다. 곡장은 있으나 나지막하고, 장대석을 경계로 해서 상계, 중계, 하계가 뚜렷하다. 상계에는 석호 2쌍, 석양 2쌍, 혼유석 1좌, 고석 4개가 있고, 망주석 1쌍이 좌우에 서 있다. 중계에는 8각 장명등 1좌, 문인석 1쌍, 석마 1쌍, 하계에는 무인석 1쌍, 석마 1쌍이 있다. 여기도 영릉과 마찬가지로 석호와 석양, 석마의 다리 사이가 막혔다. 막힌 부분에 풀꽃무늬가 새겨진 것도 같다. 정희왕후 윤씨의 능도 석물 배치나 규모, 솜씨가 세조의 능과 비슷하다고 한다. 오늘은 올라가 볼 수 없어 멀리서 보는 것으로 대신하기로 했다.

그런데 격일제로나마 개방한 능침을 관람하는 사람들이 장명등, 무인석, 문인석에 기대어 사진을 찍는 모습을 보면 문화재가 손상되지 않을까 걱정스럽다. 눈총받을 행동은 하지 않았으면 좋겠다. 우리의 자랑스러운 세계문화유산 아닌가! 어느 정도의 질서와 통제가 필요하다고 생각한다.

광릉 답사를 마치고 길 건너편에 있는 국립수목원에 들렀다. 광릉이나 국립수목원은 까마득한 중학교 시절에 소풍을 와본 기억은 나는데, 다시 와서 보니 감회가 새롭다. 이런 좋은 데를 잊고 있었다니. 세조의 공과를 떠나 자연 공간이 훼손되지 않고 보존되어 왔다는 것이 고마울 뿐이다.

국립수목원을 보고 난 후 약 1.6킬로미터 떨어진 봉선사를 찾았다. 숲길로 걸어가도 된다. 봉선사는 여름엔 연꽃으로 유명하다. 정희왕후 윤씨가 세조의 위업을 기리고 능침을 보호하기 위해 절을 중창하고 이름도 운악사(雲岳寺)에서 봉선사(奉先寺)로 고쳤다. 선왕의 능을 받들어 모신다는 뜻이다. 정희왕후 윤씨가 절 입구 양지바른 곳에 심어놓은 느티나무가 500년의 세월을 견디며 살아 있다. 봉선사에는 여느 절의 대웅전에 해당하는 '큰 법당' 현판이 한글인 것이 특이하다. 여기도 광릉과 똑같이 입구에 대소인원개하마비가 있다. 광릉의 원

왼쪽 언덕에 자리한 세조의 능. 오른쪽 언덕에는 정희왕후 윤씨의 능이 있다.

제7대 세조(世祖)

500년 된 느티나무

찰이라서 설치된 것 같다.

　정희왕후 윤씨는 계유정난 당시 손석손 등이 거사가 누설되었다고 만류하자 수양대군에게 직접 갑옷을 입혀 실행케 했고, 둘째 아들 예종이 19세에 즉위한 뒤 수렴청정(垂簾聽政, 왕대비나 대왕대비가 성년이 될 때까지 정사를 대신해주는 것)했으며, 예종이 14개월 만에 죽자 왕이 못 되고 일찍 죽은 장자 의경세자(덕종으로 추존)의 둘째 아들 자산군(제9대 성종)을 왕위계승자로 지명하여 그날로 즉위시키고 7년간 수렴청정했다. 조선 최초로 수렴청정한 담대한 여인이다.

제7대 세조의 가계도

부인 2명, 자녀 4남 1녀

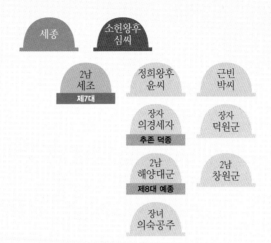

1

추존 1
덕종 (德宗)

경릉(敬陵)—
고양 서오릉(西五陵)

첫 번째 이야기

덕종(1438~1457년)과 소혜왕후 한씨(1437~1504년)의 능이다. 덕종은 세조의 장자로 세조가 수양대군일 때 태어났다. 1445년(세종 27년) 도원군(휘, 이장)에 봉해졌고, 1455년(세조 1년) 의경세자로 책봉되었다. 하지만 1457년(세조 3년) 세자의 신분으로 20세에 사망한다. 세조는 아들을 잃은 슬픔을 겪고 세자의 능지로 풍수지리상 길지를 잡기 위해 직접 답사한 후 현재 서오릉 자리를 정한다. 경릉은 서오릉에서 제일 먼저 들어선 능이다. 처음부터 대군묘로 조성되었으며 세조의 간소한 장례의례를 따랐다. 경릉은 이후 추존 왕릉의 표본이 되었다.

소혜왕후 한씨는 좌의정 서원부원군 한확의 딸로 세조가 즉위하면서 세자빈으로 책봉되어 수빈 한씨가 된다. 청주 한씨인 한확은 누이가 명나라 태종의 후궁이며 세조가 계유정난을 일으켜 왕권을 찬탈했을 때 별 무리 없이 왕의 책봉을 인정받게 할 만큼 막강한 세도가였다. 의경세자와 수빈 한씨는 둘째 아들 자산군이 임금(제9대 성종)이 되면서 1471년(성종 2년) 덕종과 소혜왕후 한씨(후에 인수대비)로 추존된다. 의경세자는 자산군이 태어난 지 불과 두 달 만에 죽었다. 세조는 의경세자가 죽자 고민에 빠졌다. 적장자 승계 원칙에 따라 의경세자의 소생인 원손 월산대군이 세자수업을 받는 것이 맞으나, 4세라는 어린 나이를 이유로 세조의 둘째 아들인 해양대군(제8대 예종)을 세자로 책봉했다. 자신의 전철을 밟을까 봐 염려한 것이다. 어린 나이로 왕위에 올라 단종처럼 왕위를 찬탈당하는 사태를 막기 위한 사전 조치로 보인다.

소혜왕후 한씨는 시어머니 정희왕후 윤씨(세조의 정비)가 까막눈이었던 데 반해 《내훈(內訓, 부녀자들의 예의범절을 가르치는 내용)》을 직접 저술하고, 한문으로 된 불경을 한글로 풀어쓸 정도로 학식이 풍부했다. 21세에 과부가 되어 35세에 추존 왕후가 될 때까지 10여 년간 사가에서 생활하면서 자녀교육에 열중했다. 시어머니를 옆에서 도와드리며 극진히 모셨고, 시아버지(세조)에게 많은 사랑을 받았다고 전해진다. 그런데 어찌 된 일인지 아들 성종의 얼굴에 생채기를 냈다고 며느리 윤씨를 폐비시키고 사약을 내려 죽였다. 결국 억울하게 죽은 어머니 일로 한을 품은 손자 연산군이 악에 받쳐 머리로 들이받자 충격으로 몸져누워 1504년(연산군 10년) 68세에 죽는다.

소혜왕후 한씨의 능은 조선 왕릉 중 유일하게 왕후가 왕보다 높은 자리인 우상을 차지하고 있다. 대군묘로 조성된 덕종의 능침은 추존된 후 왕릉의 규범에 따라 석물을 가설코자 했으나 소혜왕후 한씨가 반대하여 원상태로 남았다. 덕종이 세자 신분으로 죽었지만 왕으로 추존된 마당에 반대할 이유가 무엇이었는지 모르겠다. 소혜왕후는 왕대비 신분으로 죽어서 왕후릉으로 조성되었다. 능호는 경릉, 묘호는 덕종과 소혜왕후 한씨로 동원이강릉이다.

일요일에 서오릉 경내에 있는 경릉을 답사하기 위해 길을 나섰다. 서오릉은 경기도 고양시 덕양구 용두동 475-92에 위치하는데, 예전에는 소풍의 명소였다. 서오릉에 가까이 갈수록 전원 풍경이 펼쳐진다. 왕릉을 여러 곳 둘러본 뒤라, 오늘은 그동안에 쌓은 지식을 동원하여 자세히 살펴보기로 했다. 주차장에 차를 세워놓고 본격적으로 답사를 시작했다. 여느 왕릉처럼 조선 왕릉 서오릉 표지탑이 있다. 서오릉은 서울의 중심인 경복궁을 기준으로 서쪽에 있는 능

덕종(왼쪽 언덕)과 소혜왕후 한씨(오른쪽 언덕)의 능 사이에 펼쳐진 사초지

5개라서 붙여진 이름이며, 동쪽에 있는 능 9개인 동구릉과 대비된다. 사적 제
198호인 서오릉에는 5릉(경릉, 창릉, 익릉, 명릉, 홍릉), 2원(순창원, 수경원), 1묘(대
빈묘)가 있다. 경릉은 덕종과 소혜왕후 한씨, 창릉은 예종과 계비 안순왕후 한
씨, 익릉은 숙종의 원비 인경왕후 김씨, 명릉은 숙종과 제1계비 인현왕후 민씨
와 제2계비 인원왕후 김씨, 홍릉은 영조의 원비 정성왕후 서씨의 능이다. 그리
고 순창원은 명종의 장자 순회세자와 공회빈 윤씨, 수경원은 사도세자의 어머

추존 1 덕종(德宗)

니 영빈 이씨, 대빈묘는 경종의 어머니 희빈 장씨의 묘다. 면적이 1,870,267제곱미터에 이른다.

서오릉 안내도를 잠시 살펴보았다. 정문의 반대쪽에 위치한 명릉을 먼저 보든가, 정문 쪽 능을 다 보고 명릉을 보든가 결정해야 한다. 명릉을 먼저 보기로 하고 매표소에서 안내책자를 받아들었다. 정문을 통과하니 재실이 보인다. 조선 왕릉 세계유산비가 서 있고, 길을 따라 걷다 보면 금천교가 보이고 그 아래로 묘내수가 흐른다. 금천교를 건너면 세거리가 나온다. 방향 표시판을 보면 오른쪽은 익릉과 수경원으로, 왼쪽은 순창원, 경릉, 대빈묘, 홍릉, 창릉으로 가는 길이다. 서오릉 산책길은 서어나무길이 1.92킬로미터로 1시간, 소나무길이 1.08킬로미터로 31분, 단풍길이 2.14킬로미터로 43분, 모두 5.14킬로미터로 약 2시간 10분이 소요된다. 맑은 공기를 마시며 산책할 수 있도록 잘 만들어놓았다. 오른쪽 방향의 소나무길을 따라 익릉, 수경원을 보고 난 후 왼쪽 단풍길로 들어서서 순창원부터 둘러보는 방법과 소나무길의 갈림길 오른쪽으로 나있는 서어나무길을 통과하여 창릉부터 둘러보는 방법이 있다.

순창원을 시작으로 경릉, 대빈묘, 홍릉, 창릉 순서로 관람했다. 시간적 여유가 있다면 창릉, 홍릉, 대빈묘, 경릉, 순창원 순서로 서어나무길을 걸어보는 것도 괜찮을 것 같다. 중간중간에 의자와 산책길 안내도가 있어서 걷는 데 어려움이 없다. 서오릉은 경릉이 조성된 후 시대별로 창릉, 익릉, 명릉, 홍릉이 들어서 다섯 능이 조성되었다. 나머지 능은 해당하는 왕을 설명할 때 다시 살펴볼 것이다.

진입 공간은 서오릉 전체에 해당하는 것으로 보인다. 경릉은 제향 공간으로 들어서면서 홍살문, 배위, 참도(신도, 어도), 정자각, 수복방, 비각, 예감, 산신석을 볼 수 있다. 수라간은 보이지 않는다. 능침 공간은 명릉만 개방하고, 그 밖의 능은 개방하지 않아 올라가 볼 수 없다. 공개된 사진에 의거해 확인해보기로 했다. 왕릉엔 곡장은 있고 병풍석과 난간석은 없다. 상계에는 석호 1쌍, 석양 1쌍, 혼유석 1좌, 고석 4개가 있고, 망주석은 없다. 중계에는 8각 장명등 1좌, 문인석 1쌍, 석마 1쌍이 있다. 하계에는 무인석과 석마가 없다. 세자묘라서 석호, 석양도 1쌍씩만 있고 망주석, 무인석과 석마도 없다.

왕후릉엔 곡장은 있고 병풍석은 없으나 난간석은 있다. 상계에는 석호 2쌍,

왼쪽 언덕에 위치한 덕종릉

추존 1 덕종(德宗)

석양 2쌍, 혼유석 1좌, 고석 4개, 망주석 1쌍, 중계에는 8각 장명등 1좌, 문인석 1쌍, 석마 1쌍, 하계에는 무인석 1쌍, 석마 1쌍이 있다. 문인석, 무인석의 크기와 모양은 기존 왕릉에서 조금씩 변화했다고 한다. 난간석 주두(柱頭)는 건원릉 등 조선 왕가의 전형적인 그것과 모양이 다르다. 서오릉에서 왕릉으로는 처음 조성된 창릉과 같은 모양이다.

덕종의 가계도

부인 1명, 자녀 2남 1녀

세조

정희왕후
윤씨

장자
덕종
추존

소혜왕후
한씨

장자
월산대군

2남
자산군
제9대 성종

장녀
명숙공주

8

제8대
예 종
(睿宗)

창릉(昌陵)—
고양 서오릉(西五陵)
두 번째 이야기

예종(1450~1469년, 재위 1468~1469년)과 계비 안순왕후 한씨(?~1498년)의 능이다. 예종은 세조의 둘째 아들로 형이었던 의경세자(덕종)가 20세에 요절하자 1457년(세조 3년)에 해양대군(휘, 이황)에서 세자로 책봉된다. 세조는 왕명을 출납하는 승정원에 삼중신(한명회, 신숙주, 구치관)을 상시 출근시켜 왕세자와 함께 모든 국정을 상의하여 결정토록 했다. 이것이 세조가 만든 원상제다. 세조는 자기가 없더라도 심복이었던 훈구대신들이 예종을 지지해주기를 바란 것 같다.

1468년(세조 14년) 세조가 죽자 예종은 19세에 왕위에 오른다. 계비 안순왕후 한씨는 우의정 청천부원군 한백륜의 딸로, 예종의 원비 장순왕후 한씨가 인성대군을 낳고 산후병으로 죽자 세자빈이 되었다. 이후 예종이 즉위하면서 왕후로 책봉된다.

국정은 정희왕후 윤씨(세조의 정비)의 수렴청정과 원상제에 의해 운영된다. 예종은 비록 어린 나이에 왕이 되었지만 강력한 왕권을 만들고자 훈구파 세력에 대립하여 개혁 정치를 펼치려고 했다. 그러나 정희왕후 윤씨와 훈구대신들은 따라주지 않았다. 이 해에 남이장군의 역모 사건이 일어난다. 남이장군은 태종의 넷째 딸 정선공주의 아들로 태종의 외손자이며 예종의 당숙뻘 되는 인물이다. 무과를 통해 등용되어 이시애의 난을 평정하고 세조의 눈에 들어 어린 나이에 병조판서에 올랐다. 예종은 남이장군과 상반된 성격이었는데, 아버지 세조가 아들인 자기보다 남이장군을 더 아낀다고 생각했다. 이때 조선 역사상 3대 간신(유자광, 임사홍, 김자점) 중 하나인 유자광이 예종의 심리를 꿰뚫어보고 모함을 한다. 우리가 잘 아는 남이장군의 '남아이십미평국(男兒二十未平國, 사나이 20세에 나라를 평정하지 못하면)'이라는 시구절에서 '평(平)'을 '득(得)'으로 고쳐 남이장군이 왕이 되고자 했다고 몰았던 것이다. 남이장군은 결국 역모로 몰려 처형된다. 훈구세력 역시 남이장군을 비롯한 신진세력의 등장을 못마땅하게 여겨 유자광을 이용했다. 그러나 예종은 자기 뜻을 펴보기도 전에 왕위에 오른 지 14개월 만에 죽는다. 세조의 악행이 아들 대에 와서 벌을 받은 것인지 모르나, 두 아들(덕종, 예종) 모두 일찍 죽는다.

왕대비였던 정희왕후 윤씨는 예종이 죽은 그날로 의경세자의 둘째 아들 자산군을 예종의 양자로 입적시켜 왕위를 계승시켰다. 왕위계승 서열 첫 번째인 원자 제안대군(예종과 계비 안순왕후 한씨의 장자)과 두 번째인 의경세자의 장자 월산대군이 있었는데도 자산군이 왕이 된 것은 정희왕후 윤씨, 수빈 한씨(소혜왕후 한씨, 즉 인수대비), 한명회 등이 정치적으로 결탁했기 때문이다. 울타리 역할을 해줄 사람이 전혀 없었던 단종과는 사뭇 다른 것을 볼 수 있다.

한명회는 훈구대신인 신숙주와 사돈이었고, 셋째 딸은 예종의 원비 장순왕후 한씨였으며, 넷째 딸은 성종의 원비 공혜왕후 한씨였다. 예종과 성종은 모두 한명회의 사위라서 세조와는 사돈이 되고, 덕종은 죽었지만 소혜왕후 한씨와도 사돈 간이다. 모두 혈연으로 똘똘 뭉쳐 자기들 마음에 들었던 자산군을 왕으로 옹립한 것이다. 장순왕후 한씨와 공혜왕후 한씨는 자매였지만, 나중엔 시숙모 사이가 된다. 소혜왕후 한씨의 아버지 한확도 한명회와는 같은 청주 한씨로 친족 간이었다. 한명회는 영의정 상당부원군으로 실로 무소불위의 권력을 휘둘렀

예종과 계비 안순왕후 한씨의 창릉(동원이강릉) 전경

제8대 예종(睿宗)

다. 그러나 셋째 딸과 넷째 딸을 모두 일찍 잃는 슬픔을 겪는다.

창릉은 서오릉에서 두 번째로 조성되었지만 왕릉으로는 처음인데, 1470년(성종 1년)에 예종을 안장한 뒤 1499년(연산군 5년) 계비 안순왕후 한씨를 안장함으로써 동원이강릉이 된다. 능호는 창릉, 묘호는 예종과 계비 안순왕후 한씨다. 서오릉에서 서북쪽 맨 끝 언덕에 있다. 재실과 금천교가 있는 진입 공간은 입구에 들어올 때 보았던 것으로 서오릉 전체에 해당하는 듯하다. 제향 공간을 들어서면 여느 왕릉과 같이 홍살문, 배위, 참도(신도, 어도), 정자각, 비각, 예감을 볼 수 있다. 수복방과 수라간은 보이지 않는다. 특이한 것은 참도가 정자각의 신계까지 이어지지 않고 정자각 앞에서 끊겨 있다.

여기도 능침 공간은 올라가 볼 수 없다. 공개된 사진으로는 상계, 중계, 하계가 명확하게 구분되었으며, 석물의 배치는 《국조오례의》에 따라 조성되었음을 알 수 있다. 왕릉과 왕후릉은 공히 곡장이 있고 병풍석은 없으며 난간석은 있다. 석물 개수는 상계에 석호 2쌍, 석양 2쌍, 혼유석 1좌, 고석 4개, 망주석 1쌍, 중계에 8각 장명등 1좌, 문인석 1쌍, 석마 1쌍, 하계에 무인석 1쌍, 석마 1쌍이 똑같이 배치되었다. 난간석 주두는 연잎과 연주문(連珠文) 모양이 보편적인데, 창릉은 원수(圓首)와 그 아래 둥근 받침으로 되어 있다. 이후에 조성된 경릉에서 소혜왕후 한씨의 능이 이를 따랐다. 고석도 종래의 귀신 얼굴이 아닌 문고리 무늬라서 북과 같은 모습인 것이 다르다. 시대에 따라 석물의 형태와 조각에 차이가 있다.

공릉(恭陵)—
파주 삼릉(三陵)
첫 번째 이야기

예종의 원비 장순왕후 한씨(1445~1461년)의 능이다. 장순왕후 한씨는 상당부원군 한명회의 셋째 딸로 1460년(세조 6년) 16세에 세자빈에 책봉되고, 이듬해 12월 5일 인성대군을 낳은 후 3개월 만에 죽는다. 인성대군 또한 3세에 죽고 만다. 1462년 2월 17일 세조는 장순이라는 시호를 내리고 2월 25일 세자빈묘를 단출하게 조성했다. 그 후 1470년(성종 1년) 능호를 공릉이라 하고, 1472년(성종 3년) 장순빈에서 추존되어 묘호는 원비 장순왕후 한씨다. 추존된 이후에도 왕후릉으로 조성하지 않고, 당초 세자빈묘 그대로 두었다.

지난주 서오릉 답사에 이어 주말에 공릉이 있는 파주 삼릉을 찾아가 보기로 했다. 파주 삼릉은 경기도 파주시 조리읍 삼릉로 89에 위치하며, 면적이 1,347,415제곱미터다. 서울 강남에서 자동차로 출발하면 구파발과 통일로를 경유하여 2시간이면 갈 수 있다. 경복궁 서쪽에 고양 서오릉을 위시하여 파주 삼릉, 고양 서삼릉, 양주 온릉, 파주 장릉(長陵), 김포 장릉(章陵)이 인근에 모여 있다. 소령원, 수길원도 이 근처다. 앞으로 순차적으로 둘러볼 생각이다. 입구로 들어서니 저 멀리 조선 왕릉 파주 삼릉 표지탑이 보인다. 방향 표시판을 따라가다 다리를 건너면 바로 주차장이다.

사적 제205호 파주 삼릉에는 장순왕후 한씨의 단릉인 공릉과 성종의 원비

공릉 들어가는 길

공혜왕후 한씨의 단릉인 순릉, 그리고 추존된 진종과 효순왕후 조씨의 쌍릉인
영릉이 있다. 풍수지리에 따라 한북정맥의 개명산과 우암산을 조종산(祖宗山,
근원이 되는 산)으로, 명봉산을 주산으로 하여 중턱에 조성한 능침은 좌청룡, 우
백호를 갖추고 멀리 안산을 바라보고 있다. 매표소 앞에는 조선 왕릉 세계유산
비와 그 옆에 공릉, 순릉, 영릉의 표지석도 보인다. 안내책자를 받아들고 매표

소를 지나 얼마를 걸어가니 방향 표시판이 나타난다. 파주 삼릉과 역사문화관 방향이 다르다. 우선 역사문화관을 보기로 했다. 공릉비각에 있는 표석은 순릉(공혜왕후 한씨)의 표석과 함께 1817년(순조 17년)에 세운 것이라는 기록이 보인다. 역사문화관을 다 보고 파주 삼릉으로 발길을 돌렸다. 금천교 아래로 묘내수가 능역 전체를 휘감듯 흐른다. 조금 걸으면 재실이 나타나는데, 파주 삼릉 전체를 통할하는 것처럼 보인다. 규모가 상당히 크다.

재실에서 나와 다시 걷기 시작했다. 또 방향 표시판이 나타났는데 공릉과 순릉, 영릉 방향이 다르다. 갈림길에서 공릉 쪽으로 방향을 잡았다. 걷는 길이 산책길로 손색이 없다. 공기도 좋다. 공릉 홍살문이 나타나고, 홍살문 옆에는 배위가 보인다. 공릉 안내판 말미에는 능침과 석물이 조선 전기의 웅장한 모습을 보여준다고 적혔다. 홍살문에서 정자각에 이르는 참도(신도, 어도)가 'ㄱ'자로 꺾여 있다. 왕릉의 참도는 대개 직선인데 공릉은 지형 조건 때문에 중간에 꺾였다고 한다. 정릉에서도 이와 같은 것을 본 적이 있다. 정자각과 비각을 둘러보았다. 수복방과 수라간은 찾아볼 수 없다.

능침 공간은 올라가 볼 수 없었다. 멀리서나마 능침, 문인석, 석마, 곡장의 뒷모습을 보았다. 공개된 사진으로 확인해보니 곡장은 있고 병풍석과 난간석은 없다. 상계에 석호 1쌍, 석양 1쌍, 혼유석 1좌, 고석 4개가 있고, 망주석은 없다. 중계에 8각 장명등 1좌, 문인석 1쌍, 석마 1쌍이 있다. 하계에 무인석과 석마는 없다. 덕종과 장순왕후 한씨의 능은 당초에 세자묘, 세자빈묘로 조성되어서인지 망주석이 보이지 않는다. 무인석과 석마가 없는 것도 똑같다.

공릉을 보고 난 후 순릉(뒤에 설명)과 영릉(뒤에 설명)을 둘러보았다. 삼릉을 이어주는 길은 걷기 좋게 잘 조성되었다. 맑은 공기 속에 하루를 보내기에 좋은 장소인 것 같다. 왕릉을 답사할 때마다 느끼지만 조선 왕릉은 역사를 되새기며

휴식을 취할 수 있는 참으로 훌륭한 공간이다. 청명한 가을날 그 옛날 어린 나이에 세상을 하직한 장순왕후 한씨의 역사를 떠올리며 곳곳에 아름답게 피어 있는 들국화를 마음에 담았다.

제8대 예종의 가계도

부인 2명, 자녀 2남 2녀

세조

정희왕후
윤씨

2남
예종
제8대

장순왕후
한씨

안순왕후
한씨

장자
인성대군

장자
제안대군

장녀
현숙공주

2녀
혜순공주

9

제9대
성 종
(成宗)

선릉(宣陵)－
서울 선릉(宣陵)과 정릉(靖陵)
첫 번째 이야기

성종(1457~1494년, 재위 1469~1494년)은 휘가 이혈이고 추존왕 덕종의 둘째 아들로 예종의 뒤를 이어 13세에 즉위했다. 제8대까지의 왕을 살펴보면 태조 이성계의 건국, 세조의 찬탈, 그리고 나머지는 선대로부터 계승된 임금들인 데 반해 성종은 예종이 요절하자 정희왕후 윤씨(세조의 정비), 한명회, 소혜왕후 한씨(인수대비)의 뜻에 따라 선택된 임금이다. 즉위 후 성년이 되기까지 7년간 세조가 만들어놓은 원상제와 정희왕후 윤씨의 수렴청정을 따랐다.

성종은 친정을 시작한 후 왕권 강화와 대간(臺諫) 육성을 통해 권력 개편을 시도한다. 대간이란 사정기관인 사헌부, 사간원을 말하며 양사(兩司) 또는 언관(言官)이라고도 한다. 이는 훈구파의 집중된 권력을 견제하기 위한 조치였다. 정도전을 비롯한 건국공신 52명과 신숙주를 비롯한 정난공신 43명은 권력을 독점했고, 세조도 이들을 견제하고자 김종직 등의 사림파를 등용했으나 별 효과를 보지 못했다. 건국 이후 추진된 정치, 경제, 사회, 문화 등 여러 제도의 토대가 성종 대에 이르러 구축되었는데, 1485년(성종 16년)에는 조선의 기본법인 《경국대전》이 완성되어 언관의 신분이 법률적으로 보장되었다. 성종은 세조 때 폐지된 집현전을 대신하여 홍문관을 만들고 사헌부, 사간원을 포함하여 삼사(三司)라 했다. 삼사는 새로운 권력의 축을 형성하면서 대신과 서로 견제와 균형을 유지했다. 이때 김종직, 김굉필 등 사림파 세력을 재등용한다. 성종은 최고의 결정권을 행사하여 이상적인 유교정치를 구현하려 했으나 왕권이 약했고 연산군 대에 연속적인 사화로 무산되고 말았다.

조선이 건국되고 78년이 지난 때 즉위하여 1492년(성종 23년)에 건국 100년을 맞이했다. 세계적으로 1492년은 콜럼버스가 아메리카에 도착한 해였다. 조선은 내우외환(內憂外患)이 없는 태평 시대를 구가하다 보니 사회적으로 퇴폐적인 풍조가 싹텄다. 성종은 거의 매일 밤잔치를 벌였을 정도로 유흥에 빠졌고, 왕후 3명과 후궁 7명 사이에 16남 13녀를 두었는데 후궁들의 시기심과 질투심으로 폐비 윤씨 사건이 터졌다. 이러한 궁중의 분위기가 연산군에게 적잖은 영향을 주었을 것이다. 성종은 재위 25년째인 1494년 12월 24일 비교적 젊은 나이였던 38세에 창덕궁 대조전에서 세상을 떠났다. 적장자였던 연산군이 조선의 제10대 왕으로 등극했다. 원비 공혜왕후 한씨는 파주 삼릉 경내 순릉에, 폐비 윤씨는 서삼릉 경내 회묘에, 정현왕후 윤씨는 성종과 함께 선릉에 안장되었다.

선릉은 정릉과 같은 경내에 있기 때문에 보통 선정릉으로 불린다. 서울 강남구 선릉로 100길 1에 위치해 집에서는 엎어지면 코 닿을 거리지만 등잔 밑이 어둡다고 그동안 무심히 지나쳤던 곳이다. 1970년대 강남 개발 붐에도 훼손되지 않고 잘 보전되었다. 선릉과 정릉의 원찰인 봉은사도 가보고, 서초구에 있는 헌릉(이미 설명)과 인릉(뒤에 설명)도 같이 둘러보기로 했다.

선정릉은 면적이 240,589제곱미터인데 최근 신문 보도를 보면 재미있는 사실을 알게 된다. 현대차 그룹에서 선정릉 인근 한전 부지 면적 79,342제곱미터를 10조 5,500억 원에 낙찰받았다는 것이다. 공시지가로 따지면 1제곱미터당 2,580만 원으로 2조 470억 원에 상당하는 토지를 5배나 더 주고 산 것이다. 그렇다면 한전 부지보다 3배나 큰 선정릉은 무려 30조 원이 된다는 말인가? 놀랄 수밖에 없다. 물론 문화유산을 금액으로 산정할 수는 없다. 도심의 금싸라기 땅이 역사, 휴식, 산책 공간으로 남아 있다는 것이 고마울 뿐이다. 문화재의 소중함을 인식하고 잘 활용해야 될 것 같다.

사적 제199호 선정릉은 지하철 2호선 선릉역 8번 출구로 나와서 3분 정도 걸으면 도착한다. 여느 왕릉과 똑같이 입구에는 조선 왕릉 선릉·정릉 표지탑이 있다. 선릉은 제9대 성종과 계비 정현왕후 윤씨를 안장한 동원이강릉이고, 정릉은 제11대 중종을 안장한 단릉이다. 계비 정현왕후 윤씨(1462~1530년)는 영원부원군 윤호의 딸로 1473년 6월 숙의가 되고, 연산군의 어머니 윤씨가 폐비된 후 1480년 11월 왕후가 되었다. 성종이 죽은 후 36년을 더 살다가 69세에 세상을 떠났다.

매표소에서 안내책자를 받아들었다. 방향 표시판은 선릉과 정릉을 반대 방향으로 가리키고 있었다. 역사문화관을 관람하고 나와 조금 걸어가다 보면 선릉과 정릉을 모두 관장하는 것으로 보이는 재실이 나타난다. 평지보다 높아서 계단을 따라 올라가야 한다. 재실 안은 규모가 꽤 크다. 재실 외의 주요 시설로 향(香)을 보관하는 안향청, 제례업무를 주관하는 전사청, 제기를 보관하는 제기고, 행랑채 등의 설명이 있으나, 어디가 어디에 해당하는지 초행자로서는 알기가 어렵다. 재실을 볼 때마다 시설물에 명칭을 붙여 놓으면 좋겠다는 생각이 든다.

재실을 보고 난 후 선릉 홍살문 쪽으로 향했다. 재실 옆에는 수령 500년이 넘은 은행나무가 있다. 금천교는 보이지 않는다. 서쪽 언덕에는 성종의 능침, 동쪽 언덕에는 계비 정현왕후 윤씨의 능침이 조성되었다. 세조가 능에 병풍석을 세우지 말라는 유언을 남겼는데도 성종의 능침에는 병풍석이 있고 계비 정현왕후 윤씨의 능침에는 없다. 홍살문 옆에는 배위가 보이고, 참도(신도, 어도)가 정

왼쪽 언덕에 위치한 성종릉의 능침과 석물들

자각까지 이어져 있다. 신로가 사초지까지 이어진 것이 특이하다. 정자각 동쪽에 비각과 수복방이 보인다. 그러나 수라간은 보이지 않는다. 제향 공간의 시설물을 가까이에서 살펴보고 카메라에 담았다. 예감이 눈에 띄지 않는다.

성종대왕릉은 능침 공간이 목책으로 둘러졌어도 가까이에서 볼 수 있다. 상계에는 곡장, 병풍석, 난간석, 혼유석 1좌, 고석 4개, 석호 2쌍, 석양 2쌍, 망주석 1쌍, 중계에는 8각 장명등 1좌, 문인석 1쌍, 석마 1쌍, 하계에는 무인석 1쌍, 석마 1쌍이 있다. 여느 왕릉의 석물 개수와 같다. 그동안 왕릉을 다니면서 자연스럽게 석물의 명칭에 관심이 갔다. 특히 병풍석, 난간석을 설명할 때 면석, 지대석(地臺石), 우석(隅石), 만석(滿石), 인석(引石), 죽석(竹石), 동자석(童子石) 등의 용어가 나오는데, 상설도에서 정확히 표시해주면 이해하기가 쉬울 것 같다.

왕릉을 보고 난 후 방향 표시판을 따라 왕후릉으로 걸음을 옮겼다. 언덕길을 한참 올라가면 '성종대왕의 계비 정현왕후릉' 입간판이 보인다. 정현왕후 윤씨의 능 옆에 난간석주 1개가 쓰러져 있다. 조성할 때 파손된 난간석주가 능 주변에 묻혔다가 흙이 쓸려가면서 노출된 것이라고 한다. 왕후릉도 능침 공간에 목책이 둘러져서 들어갈 수 없으나 가까이에서는 볼 수 있다. 여기도 예감이 보이지 않는다. 왕릉과 똑같이 상계에는 곡장, 난간석, 혼유석 1좌, 고석 4개, 석호 2쌍, 석양 2쌍, 망주석 1쌍, 중계에는 8각 장명등 1좌, 문인석 1쌍, 석마 1쌍, 하계에는 무인석 1쌍, 석마 1쌍이 있다. 병풍석만 없을 뿐 성종의 능과 석물 개수는 동일하다. 영릉과 광릉처럼 석호와 석양, 석마의 다리 사이가 막혔으며 그 부분에 풀꽃무늬가 새겨졌다.

선릉은 세조의 유언으로 석실만 회격관으로 바뀌었고《국조오례의》의 양식을 따랐다. 성종과 계비 정현왕후 윤씨의 능은 36년이라는 시차를 두고 조성되어서인지 정자각을 중심으로 서쪽과 동쪽 언덕에 안장된 모습이 균형에 맞지

난간석주

않는다. 능호는 선릉, 묘호는 성종과 계비 정현왕후 윤씨다.

임진왜란 때 선정릉이 파헤쳐지고 재궁(梓宮, 가래나무로 만든 임금의 관)이 전부 불타 재가 되었기 때문에 능침 안에 시신은 없다고 한다. 이번에 알게 된 놀라운 사실이다. 일본의 만행이 여기까지 미쳤으니, 정말 천인공노할 일이 아닌가! 이 같은 비극을 다시 겪지 않도록 후손들은 경각심을 가져야 될 것이다. 정현왕후 윤씨의 능 앞쪽에 있는 소나무숲길을 넘어가면 정릉(뒤에 설명)이 보인다. 산책로가 여러 갈래로 뻗어 있는데 서울 도심에서 이보다 훌륭한 공간을 찾긴 어려울 듯하다. 한 바퀴 도는데 1시간 내지 1시간 30분이면 충분하다.

선정릉 관람 후 도심 속 사찰로 알려진 봉은사를 찾았다. 경내를 죽 둘러보았다. 판전(板殿) 편액(글씨를 써서 방 안이나 문 위에 걸어놓는 액자)이 보인다. 추사

김정희의 마지막 글씨라고 하는데, 말년에 선생이 이 절에 머물면서 추사체를
완성했다고 한다.

순릉(順陵)—
파주 삼릉(三陵)
두 번째 이야기

성종의 원비 공혜왕후 한씨(1456~1474년)의 능이다. 공혜왕후 한씨는 상당부원군 한명회의 넷째 딸로 예종의 원비 장순왕후 한씨와는 자매 사이다. 1467년(세조 13년) 12세에 자산군(성종)과 가례를 올리고, 1469년 성종이 즉위하자 왕후로 책봉되었다. 1474년(성종 5년) 4월 15일 왕후가 된 지 5년 만에 19세의 나이로 창덕궁 구현전에서 자식 없이 세상을 떠났다. 이 해 6월 7일 파주 삼릉 경내에 두 번째로 안장되었다. 능호는 순릉, 묘호는 원비 공혜왕후 한씨로 단릉이다.

순릉은 공릉 다음 순서로 답사했다. 순릉 경내에 진입하면 금천교가 나타난다. 금천교를 건너면 순릉 안내판이 있다. 그 옆에는 홍살문과 배위가 보인다. 참도는 신도와 어도의 구별이 없는 것이 특이하다. 정자각, 수라간, 수복방, 비각을 볼 수 있다. 수라간과 수복방은 새로 복원한 것 같다. 비각 안 표석은 공릉비각 안 표석과 같이 1817년(순조 17년)에 세운 것이라고 한다. 예감도 눈에 띈다. 여기까지가 제향 공간이다.

진입 공간에 으레 보이는 재실은 별도로 없고, 파주 삼릉 입구에 있었던 재실이 통할하는 것 같다. 능침 공간은 목책이 쳐져 공개된 사진으로 확인해보았다. 상계에는 곡장, 난간석, 석호 2쌍, 석양 2쌍, 혼유석 1좌, 고석 4개, 망주석 1쌍, 중계에는 8각 장명등 1좌, 문인석 1쌍, 석마 1쌍, 하계에는 무인석 1쌍, 석마 1쌍이 있다.

　순릉은 파주 삼릉에서 유일하게 처음부터 왕후릉으로 조성되었다. 세조의 유언에 따라 병풍석만 없을 뿐《국조오례의》를 따랐다. 난간석은 태조의 건원릉 등 조선 왕가의 전형적인 모양을 본떠 만든 것이다. 조선 전기 능에서 창릉과 경릉만이 난간석 주두 모양을 달리했음을 앞에서 살펴보았다.

순릉의 배위, 신도, 정자각, 비각, 수라간

제9대 성종(成宗)

회묘(懷墓)—
고양 서삼릉 경내

성종의 계비였던 폐비 윤씨(?~1482년)의 묘다. 원비 공혜왕후 한씨가 세상을 떠나
자, 성종은 3년상을 마친 후 숙의였던 윤씨를 왕후로 삼는다. 이때 윤씨는 임신
중이었는데, 성종보다 연상인 그녀가 낳은 아들이 바로 연산군이다.

폐비 윤씨는 어떤 여인이었던가? 판봉상시사 윤기견의 딸이며, 타고난 미모
로 성종의 마음을 사로잡아 가례 후 10년 동안 자식이 없었던 성종에게 자식을
안겨줬다. 이 일로 전격적으로 왕후가 되는데, 윤씨의 행운은 여기까지였다. 성
종은 호색군주로 알려지지 않았는가! 왕가에서는 자손을 많이 낳는 게 큰 임무
중 하나였기 때문에 후궁을 많이 거느렸다고 흉이 될 수 없었다. 엄격한 어머니
인수대비조차도 용인했을뿐더러 오히려 조장했을 수도 있다.

여인의 심정은 어떠했을까? 다른 후궁에 눈을 돌리는 성종이 미웠을 것이
다. 결국 윤씨는 시기심과 질투심을 못 이겨 성종의 얼굴에 생채기를 냈다. 이
를 알게 된 인수대비가 가만히 있을 리 없었고, 라이벌이었던 다른 후궁들조차
윤씨를 거꾸러뜨릴 기회로 여겼을 것이다. 정희왕후 윤씨(세조의 정비)와 안순왕
후 한씨(예종의 계비)도 인수대비와 똑같이 윤씨를 탐탁지 않게 여겼던 것 같다.
이 사건으로 윤씨는 폐비가 된다. 사실인지는 모르지만 궁녀들은 성종에게 윤
씨가 폐비가 된 후 반성은커녕 세자(연산군)가 보위(寶位, 임금의 자리)에 오르기

만을 기다린다고 고해바쳤다. 성종은 윤씨를 죽이기로 결심하고 사약을 내린다. 궁녀들을 시켜 성종에게 고자질하게 한 사람은 인수대비와 후궁 엄귀인, 정귀인이었다고 한다. 폐비 윤씨는 사약을 마시고 죽으면서 토한 피 묻은 적삼을 친정 어머니 신씨에게 주면서 아들 연산군이 보위에 오르면 전해달라는 유언을 남겼다. 성종은 향후 100년 동안 폐비 윤씨 사건을 거론하지 말라는 명을 내리고 계비 정현왕후 윤씨에게 연산군의 양육을 맡겨 친어머니처럼 보살피도록 했다.

하지만 세상에 어디 비밀이 있는가! 연산군은 즉위 후에 이 사실을 알고 그날 수라(음식)를 들지 않았다고 한다. 아버지 성종의 능을 조성할 때 지문(誌文, 돌아가신 분의 생애를 비롯하여 혼인한 인물 가계 등을 기록한 것)을 최종 검토하는 과정에서 알게 되었다는 설이 있는데, 정확한 것은 알 수 없다. 폐비묘는 묘비명도 없이 민묘로 조성되어 버려져 있다가, 연산군이 세자가 된 후 '윤씨지묘(尹氏之墓)'라 묘비명을 짓고 능지기 2명을 두었다. 왕이 된 후에는 경기도 장단군(경기도 서북쪽에 있던 군)에 있던 묘를 서울시 동대문구 회기동으로 천장했다. 지금 경희대학교의료원 자리다. 연산군은 폐비 윤씨를 제헌왕후로 추존하고 회릉으로 승격했으나 1506년 중종반정으로 연산군이 쫓겨나면서 다시 능에서 묘로, 왕후에서 후궁으로 격하되었다. 1969년에 회기동 개발로 서삼릉 공개제한지역으로 옮겼다. 회기동 명칭은 회묘에서 유래되었다고 한다. 윤씨의 묘가 회릉일 때는 회릉동이었으며, 이후 회묘로 격하되면서 회묘동으로 바뀌었다. 또 회(懷)라는 글자가 어렵다 하여 회(回)로 바뀌고, 묘(墓)가 좋지 않은 글자라 하여 기(基)로 바꾸어 오늘날 회기(回基)라는 이름이 되었다.

회묘는 후궁묘 담장 뒤쪽으로 조금 올라가 외진 곳에 있다. 처음 왕후릉으로 조성되었을 때는 모든 형식(진입 공간, 제향 공간, 능침 공간)을 갖추었을 것으로 추측되나, 천장하면서 능침 공간만 옮긴 것 같다. 제향 공간은 없지만 진입 공

성종의 계비 폐비 윤씨의 회묘 능침 공간

간은 서삼릉 진입 공간으로 대신하는 듯하다. 묘에 가까이 다가가서 볼 수 있어 석물 모양을 카메라에 담았다. 석물은 《국조오례의》를 따른 조선 전기의 양식으로 보인다. 상계, 중계, 하계는 장대석으로 구분되었고, 석물 개수도 여느 왕릉의 것과 같다. 비록 왕후릉에서 묘로 격하되었지만 회릉으로 높일 때 수축했던 석물과 양식 그대로다. 상계에는 곡장, 난간석, 석호 2쌍, 석양 2쌍, 혼유석 1좌, 고석 4개, 망주석 1쌍, 중계에는 8각 장명등 1좌, 문인석 1쌍, 석마 1쌍, 하계에는 무인석 1쌍, 석마 1쌍이 있다. 여기도 석호, 석양, 석마의 다리 사이가 막혔고 그 부분에 풀꽃무늬가 새겨졌다.

제9대 성종의 가계도

부인 10명, 자녀 16남 13녀

덕종	소혜왕후 한씨				
2남 성종 **제9대**	공혜왕후 한씨	폐비 윤씨	정현왕후 윤씨	명빈 김씨	귀인 정씨
		장자 연산군 **제10대**	장자 진성대군 **제11대 중종**	장자 무산군	장자 안양군
			장녀 순숙공주	장녀 휘숙옹주	2남 봉안군
			2녀 신숙공주	2녀 경숙옹주	장녀 정혜옹주
				3녀 휘정옹주	

	귀인 엄씨	숙의 하씨	숙의 홍씨	숙용 심씨	숙원 권씨
	장녀 공신옹주	장자 계성군	장자 완원군	장자 이성군	장자 전성군
			2남 회산군	2남 영산군	장녀 경휘옹주
			3남 견성군	장녀 경순옹주	
			4남 익양군	2녀 숙혜옹주	
			5남 경명군		
			6남 운천군		
			7남 양원군		
			장녀 혜숙옹주		
			2녀 정순옹주		
			3녀 정숙옹주		

10

제10대
연산군
(燕山君)

서울 연산군묘(燕山君墓)

연산군(1476~1506년, 재위 1494~1506년)은 성종의 적장자로 휘는 이융이다. 정통성에 아무런 문제없이 7세 때 세자에 책봉되었으며 12년간 순조로이 세자수업을 받고 19세에 즉위했다. 부인은 영의정 신승선의 딸 폐비 거창 신씨(1472~1537년)다. 즉위 후 얼마 동안까지는 성종의 계비 정현왕후 윤씨를 어머니로 알고 평화로운 시대를 구가하듯 선정을 폈고, 성종 말기에 나타나기 시작한 퇴폐풍조와 부패상을 없애려고 노력했다. 그런데 어떻게 조선 역사상 최악의 폭군으로 기록되었을까? 그리고 왜 조선 최초의 반정으로 폐위되었을까?

역사학자들은 연산군이 아버지 성종 때 만들어놓은 삼사제도 때문에 강력한 왕권을 행사할 수 없었다고 말한다. 성종이 꿈꾸던 삼사제도는 대신과 삼사가 견제와 균형을 이룬 상태에서 왕이 군림하는 이상적인 유교정치였다. 그러나 이상적인 제도는 현실적으로 삼사의 권력을 너무 키워 연산군의 왕권 행사에 걸림돌이 되었다. 연산군은 삼사의 행동을 능상(凌上, 임금을 업신여김)으로 규정했고, 능상 척결을 치세의 기본으로 삼았다. 이러한 상황에서 사화(士禍, 선비들이 화를 당함)가 터진다.

첫 번째는 1498년(연산군 4년)에 일어난 무오사화다. 발단은 《성종실록》을 편찬하려고 김일손이 정리한 '사초(史草)'에 실린 김종직의 '조의제문(弔義帝文)'이었다. 항우에게 죽임당한 초나라 의제를 조문한 글인데, 연산군은 왕위를 빼앗고 단종을 죽인 증조할아버지 세조를 비방한 것으로 간주했다. 김종직은 세조 때 훈구세력을 견제하기 위해 등용한 사림파 관료이나 성리학의 정착과 후진 양성에 힘쓴 학자 겸 문장가다. 그의 제자들로는 정여창, 김굉필, 김일손 등이 있다. 김종직의 학풍은 이언적을 거친 후 퇴계 이황에 이르러 영남학파를 이룬다. 따라서 영남학파의 종조로 일컬어진다. 한편 김종직의 제자 김굉필에게서 수학한 조광조 학맥은 율곡 이이에 이르러 기호학파를 형성한다. 김종직과 그 제자들은 성종이 대거 기용한 영남 출신 신진사류로 삼사의 구성원이었고, 훈구파에 맞서 키운 세력이었다. 그러나 세력이 지나치게 커지면서 연산군과 훈구대신들에게 눈엣가시가 되었고, 무오사화는 이들을 척결할 좋은 구실이었다. 이때 연산군을 충동질한 사람은 조선의 3대 간신 중 하나인 유자광이다. 언젠가 유자광이 처가인 경상도 함양군에 놀러갔다가 함양읍에 있는 학사루라는 누각에 자신이 지은 시로 현판을 만들어 걸어놓았던 모양이다. 얼마 후 함양군수로 부임해온 김종직이 그 현판을 보고 떼어다 불태워버렸다. 짐작건대 김종직은 유자광을 예종 때 남이장군을 모함하여 죽게 한 간사한 인물로 보았을 것이다. 이 일로 유자광은 김종직에게 원한을 품게 되었다. 김종직은 이미 죽은 후라 부관참시되었고, 김굉필은 평안도 희천으로 유배되었다. 그곳에서 조광조를 만나 학문을 전수했다.

두 번째는 1504년(연산군 10년)에 일어난 갑자사화다. 연산군은 훈구파, 사림파 구분 없이 어머니 폐비 윤씨 사건에 관여했던 모든 사람에게 광기 어린 보복을 자행했다. 무오사화 때 유배되었던 김굉필을 사사하고, 윤씨를 폐출할 때 찬성한 한명회, 정창손을 포함한 12명(12간이라 칭함)을 모두 벌한다. 이미 죽은 한명회, 정창손, 정여창은 부관참시하고 나머지는 모두 사사한다. 폐비 윤씨를 투기한 후궁 엄귀인, 정귀인은 직접 때려죽이고 정귀인이 낳은 안양군, 봉양군은 귀양을 보낸 후 사사한다. 할머니 인수대비는 연산군을 꾸짖다가 연산군의 머리에 받쳐 죽는다. 경연을 없애고 사간원, 홍문관을 폐지했으며, 그를 비방한 한글투서 사건 이후 한글교습도 중단한다. 그리고 언문구결을 모두 거두어 불태운다. 성균관을 주색장으로, 원각사를 기생들의 집합소로, 흥천사를 마구간으로 바꿔버리는 무수한 폭정을 감행했다. 그때마다 능상이라는 이유를 내세웠다. 갑자사화 때는 조선의 3대 간신 중 또 한 사람인 임사홍이 폐비 윤씨 사건을 연산군에게 충동질하여 주도했다. 임사홍은 채홍사(採紅使), 즉 전국에서 기생을 뽑는 소임을 맡았다. 이때 대궐로 뽑혀온 기생을 흥청(興淸)이라고 불렀는데, 여기서 흥청망청(興淸亡淸)이라는 말이 생겼다고 한다.

흥청으로 뽑혀온 기생 중에서 천민 출신 장녹수가 일약 후궁으로 발탁되어 연산군의 악정에 일역을 담당한다. 조선의 3대 악녀(장녹수, 장옥정[장희빈], 김개시) 중 한 사람이다. 갑자사화 이후에도 2년 반 동안 폭정은 계속되었다. 결국 중종반정이 일어나 연산군은 강화도 교동으로 쫓겨나고, 장녹수는 제일 먼저 반정군에게 맞아 죽는다. 중종은 조선의 제11대 왕으로 추대된다. 연산군은 재위 12년 동안 삐뚤어진 전제왕권으로 능상을 앞세우면서 자신의 기초적 욕망을 채우는 데만 급급했다. 그런데 신기하게도 이 시대에 조선의 5현(五賢, 조선시대 유림에서 받들어 모신 어질고 학덕이 높은 다섯 사람)이 출현했다. 이미 살펴본 정여창, 조광조, 이언적, 이황, 김굉필이다.

연산군은 조선 최초의 반정인 중종반정으로 폐위되어 임금 자리에서 쫓겨난다. 조(祖)나 종(宗)이 아닌 군(君)이라는 묘호를 받고, 능이 아닌 묘에 안장되고, 종묘에는 올라가지 못한다. 《선원록》에도 묘호와 능호 없이 일개 왕자의 신분인 '연산군'으로만 기록되었다. 그리고 그의 업적도 '실록'이 아닌 '일기'에 기록되었다. 인과응보의 결과가 아닌가 싶다. 백성의 삶을 책임질 왕이 개인의 향락을 위해서 왕권을 미치광이처럼 휘둘렀으니 나라 꼴이 말이 아니었을 것이고, 백성들의 삶은 오죽했을까. 이러한 난세에 그 유명한 의적 홍길동이 나타난 것은 우연이 아니다. 조선 역사를 보면 한심한 일이 한두 가지가 아니다.

순서에 일정한 원칙 없이 왕릉을 답사했는데, 가까운 왕릉은 묶어서 방문하는 것이 효율적이라는 생각이 들었다. 광해군묘 주변에 성묘(광해군의 생모. 선조의 후궁 공빈 김씨의 묘), 안빈묘(제17대 효종의 후궁 안빈 이씨의 묘), 또 가는 길목에 사릉(제6대 단종의 정비 정순왕후 송씨)이 있다는 것을 나중에서야 알았다. 사릉은 이미 답사를 다녀왔고, 성묘와 안빈묘는 다른 날 답사할 수밖에 없었다. 이날은 계획대로 연산군묘와 광해군묘를 보기로 했다.

연산군묘는 서울시 도봉구 방학3동 산 77에 위치하며 2006년 7월부터 일반에게 공개되었다. 면적은 14,301제곱미터다. 입구에 사적 제362호 연산군묘 표지석과 안내판이 보인다. 그 옆에 있는 도봉 명소 '연산군묘 및 방학동 은행나무' 안내판도 읽어보았다. 연산군이 붓글씨를 잘 쓰고, 시를 잘 지었다는 내용이 눈길을 끈다. 은행나무는 수령 약 830년으로 서울시에서 가장 오래된 나무이며 서울시 지정 보호수 제1호다. 이 은행나무에 불이 날 때마다 나라에 큰 변이 생겼다고 한다. 박정희 전 대통령이 서거하기 1년 전에도 불이 나서 소방차가 동원되어 진화했다는 내용이 적혔다. 인근에 위치한 원당샘(元堂泉)은 수백 년 동안 마을 사람들의 식수로 이용되었으며, 일명 '피양우물'이라고 불렸다. 2011년에 연산군묘와 은행나무를 연계한 자연친화적 공원이 조성되었다. 은행나무를 처음 보았을 때 참으로 웅장하다는 느낌을 받았다. 카메라에 겨우 전경을 담았다. 원담샘을 가까이 가서 보니 물이 계속 흘러나온다. 등산객들이 목을 축이기에 나도 샘물을 마시고 공원을 한 바퀴 돌았다.

서울시에서 가장 오래된 은행나무

공원 옆에 재실이 보인다. 연산군묘 주변은 온통 아파트로 둘러싸였고, 묘 앞까지 아파트가 들어섰다. 상설도를 살펴보고 약간 높은 위치에 있는 묘 앞까지 걸어갔다. 북한산 둘레길 안내판이 보인다. 둘레길이 연산군묘 앞을 경유하다 보니 등산객들이 지나다닌다. 입구에 들어올 때 받았던 안내책자를 보면서 연산군묘를 죽 둘러보았다. 한때 산천초목도 떨게 만들었던 권력자의 묘라기엔 그동안 보았던 여느 왕릉에 비해 규모가 턱없이 작았다. 스스로 초래한 결과가 아닌가! 연산군은 1506년 31세에 병으로 죽는데, 초장지는 유배지였던 강화도 교동이었다. 폐비 거창 신씨의 요청으로 1513년(중종 8년) 현재의 위치로 천장하면서 대군의 예로 장례를 지냈다고 한다. 1537년(중종 32년) 폐비 거창 신씨가 죽자 연산군묘 옆에 묘를 조성하면서 쌍묘가 되었다. 묘 앞에서 올려다보면 왼쪽이 연산군묘, 오른쪽이 신씨의 묘다.

묘역에는 연산군묘를 포함하여 5기가 있다. 제일 위쪽부터 연산군, 폐비 거창 신씨, 의정궁주 조씨, 연산군 사위(부마 능양위 구문경), 연산군 딸(휘순공주) 순이다. 여기에는 다음과 같은 사연이 있다. 묘역이 위치한 곳은 본래 세종의 넷째 아들 임영대군의 땅인데, 1454년(단종 2년)에 의정궁주가 죽자 후손이 없던 의정궁주의 제사를 임영대군이 맡게 되어 이곳에 안장하게 되었다. 의정궁주는 태종의 후궁으로 들어왔으나 정식 가례를 치르지 않아 명칭이 궁주다. 연산군의 부인 폐비 거창 신씨가 임영대군의 외손녀라서 연산군이 여기에 안장되고, 연산군의 딸 휘순공주가 1503년(연산군 9년) 세종의 여덟 째 아들 영응대군의 사위인 능천부원군 구수영의 아들 능양위 구문경과 혼인하여 외아들 구엄을 낳고 1508년에 죽자 여기에 또 안장된다. 1524년에 구문경이 죽자 휘순공주 옆에 쌍묘로 조성된다. 그런데 구엄이 자식이 없기에 양자를 들여 능성 구씨의 묘와 연산군묘를 함께 맡도록 했다. 자손이 없는 연산군은 외손이 봉사하는 처지가 되었다.

연산군과 폐비 거창 신씨의 묘비에는 '연산군지묘(燕山君之墓)', '거창신씨지묘(居昌愼氏之墓)'와 장례를 치른 날짜가 음각되었다. 봉분은 곡장으로 둘러졌고, 병풍석과 난간석은 없다. 혼유석 2좌, 고석은 1좌당 4개씩, 4각 장명등 2좌, 향

제일 위쪽부터 연산군, 폐비 거창 신씨, 그 아래로 의정궁주 조씨, 맨 아래는 연산군 사위와 딸의 묘다.

로석 1기, 망주석 1쌍, 문인석 2쌍이 있다. 석호, 석양, 무인석, 석마는 없다. 대군의 예로 조성하다 보니 석물은 왕릉과 달리 없는 게 많다. 물론 사초지도 없다. 문인석의 얼굴 모양은 종전의 과장된 모습과 달리 현실적인 모습이다. 묘를 관람하는 데는 30분 정도, 공원까지 이어서 걸으면 1시간이면 충분하다. 답사를 끝마치고 다음 행선지인 광해군묘로 향했다.

제10대 연산군의 가계도

부인 4명, 자녀 4남 2녀

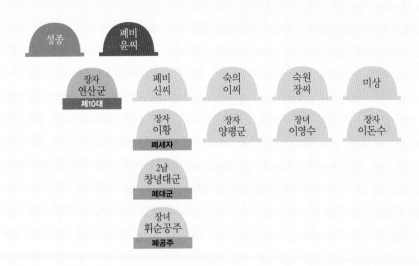

11

제11대
중 종
(中宗)

정릉(靖陵)—
서울 선릉(宣陵)과 정릉(靖陵)
두 번째 이야기

중종(1488~1544년, 재위 1506~1544년)은 성종의 둘째 아들로 어머니는 계비 정현왕후 윤씨(후에 자순대비)다. 휘는 이역이며 1494년(성종 25년) 진성대군에 봉해졌고, 1506년 박원종, 성희안 등이 일으킨 중종반정으로 쫓겨난 이복형 연산군의 뒤를 이어 제11대 왕으로 추대되었다. 태종이 왕자의 난, 세조가 계유정난을 일으켜 왕이 된 것과는 달리 중종은 신하들의 반정으로 왕위에 올랐다. 이는 조선 역사상 군약신강(君弱臣强, 임금의 힘은 약해지고 신하의 권력은 커지는 것)의 시발점이 되어 왕권이 점점 약해져갔다. 이러한 태생적 한계로 중종은 반정공신들의 마음에 들지 않으면 쫓겨날지도 모른다는 두려움 속에 살았다. 이는 모두에게 불행한 일이었다. 부국강병(富國强兵)을 통해 백성들의 삶을 윤택하게 하고 국력을 튼튼하게 하기보다 자신의 자리를 보존하는 데만 급급했기 때문이다.

조선의 왕 중 다섯 번째로 재위기간이 길지만 만 38년 동안 오로지 자신을 지켜줄 신하들을 찾고, 세력을 가진 신하들의 다툼(훈구세력[반정공신]과 신진 사림세력 간, 훈구세력과 척신세력[임금과 성이 다른 일가] 간, 척신세력들 간)을 이용해 자리를 보전했다. 그러다 보니 재위하는 동안 신하가 신하를 제거하는 이신제신(以臣制臣)의 피비린내 나는 사건이 끊이질 않았다. 연산군 재위 12년과 중종 재위 38년을 통틀어 50년 동안 세 번의 사화를 거치면서 신하들이 가장 화를 많이 입은 시대라고 한다. 1515년(중종 10년)에 일어난 기묘사화는 훈구세력과 신진 사림세력 간의 다툼으로 빚어졌다. 중종은 자신이 등용한 신진사류의 대표 격인 조광조에게 힘을 실어주어 훈구세력을 견제하면서 왕도정치를 펴려고 했다. 조광조는 반정공신들의 자격 박탈, 토지와 노비를 환수하는 위훈삭제(偽勳削除)를 끝까지 주장하다가 공신세력의 반격을 받게 된다. 나뭇잎에 주초위왕(走肖爲王, 주와 초를 합하면 조(趙)가 되는데 풀이하면 조씨가 왕이 된다는 뜻으로 조광조를 지칭함)의 글자를 꿀로 써서 벌레가 파먹도록 했다는 이야기가 전해온다. 물론 훈구세력의 조작이었겠지만 글자대로 구멍 난 나뭇잎을 왕에게 바쳐 조광조를 역모로 몰아붙였다. 이때 중종은 오히려 반정공신들의 손을 들며 조광조를 제거한다. 조광조가 주장했던 덕과 예로 다스리는 왕도정치와 현량과를 실시하여 인재를 선발하려는 노력은 물거품으로 끝나고 말았다. 너무나 앞선 정책이었던가! 선조 초에 이르러서야 신원되어 영의정에 추증되고 조선 5현의 한 사람으로 추앙받았다. 조광조를 배향하기 위해 세운 심곡서원은 현재 북한 개성시에 있다.

조광조가 사사된 후 척신세력인 김안로(인종의 여동생 효혜공주의 시아버지)가 권력의 핵심으로 떠오르자 중종에 의해 또 제거된다. 김안로가 사사된 후에는 또 다른 척신세력이 등장한다. 중종의 제1계비 장경왕후 윤씨의 오빠 윤임(대윤이라 칭함)과 제2계비 문정왕후 윤씨의 남동생 윤원형(소윤이라 칭함)이다. 이들의 권력 다툼은 1545년(명종 즉위년) 을사사화의 불씨가 된다. 이처럼 연산군과 중종의 치세기간에는 난세가 이어졌다.

한편 중종이 죽던 해에 조선 최초의 사학서원(私學書院)이 탄생한다. 풍기군수 주세붕이 경상도 순흥면에 세운 백운동서원으로 고려 말 주자학자 안향을 제향하고 유생을 교육하기 위한 목적이었다. 하지만 세월이 지나면서 설립 취지와 달리 조선을 망국의 길로 인도한 당쟁(黨爭)의 근거지가 될 줄 누가 알았을까!

중종은 1543년부터 대리청정한 세자인 인종에게 왕위를 물려주고, 1544년 57세로 세상을 떠난다. 유언에 따라 이듬해 경기도 고양에 있는 제1계비 장경왕후 윤씨의 희릉 옆에 안장되면서 능호가 정릉으로 바뀌고 동원이강릉으로 조성된다. 그런데 17년이 지난 1562년(명종 17년)에 풍수지리상 불길하다 하여 제2계비 문정왕후 윤씨가 승려 보우와 의논하여 선릉이 있는 현 위치로 천릉했다. 실은 자신이 중종 곁에 묻히기 위해서였다. 승려 보우는 그가 속한 봉은사를 원찰로 만들어 자기 위상을 높이려는 속셈이 있었던 것 같다. 문정왕후 윤씨의 비호 아래 병조판서까지 되면서 권력을 휘둘렀으나 문정왕후가 죽고 난 후 장살되었다. 제1계비 장경왕후 윤씨의 능은 다시 단릉이 되면서 원래의 희릉으로 능호가 바뀌었다.

중종은 묘호, 정릉은 능호다. 성종의 계비 정현왕후 윤씨의 능 앞에서 소나무숲길을 넘어가면 정릉으로 갈 수 있다. 정릉은 선릉의 제도를 본떴으며《국조오례의》를 따랐다. 진입 공간으로 들어서면서 금천교를 찾았으나 보이지 않는다. 재실은 선릉과 같이 있다. 제향 공간으로 들어서니 홍살문, 배위, 참도(신도, 어도), 정자각, 비각이 있고 수복방과 수라간은 보이지 않는다. 여기도 예감이 눈에 띄지 않는다. 능침 공간은 목책으로 둘러져서 가보지 못하고 카메라에 전경을 담았다. 그리고 석물은 안내책자에서 확인해보았다. 개수는 선릉과 동일하다. 상계에는 곡장, 병풍석, 난간석, 석호 2쌍, 석양 2쌍, 혼유석 1좌, 고석 4개, 망주석 1쌍, 중계에는 8각 장명등 1좌, 문인석 1쌍, 석마 1쌍, 하계에는 무인석 1쌍, 석마 1쌍이 있다. 세조의 유지에도 불구하고 선릉과 마찬가지로 병풍석이 둘러졌다.

정릉 조성 이후 지대가 낮은 탓에 장마철마다 재실과 홍살문이 침수되는 피해를 입자 명종은 이 지역이 능지로 적합하지 않다고 판단하여 어머니 문정왕

선정릉 재실과 중종의 정릉(단릉) 능침 공간

후 윤씨를 지금의 서울시 노원구 태릉에 안장한다. 제2계비 문정왕후 윤씨는 생전 소원이었던 중종 곁으로 가지 못했다. 그녀의 욕심 때문에 중종(정릉)은 서울시 강남구, 제1계비 장경왕후 윤씨(희릉)는 경기도 고양시, 자신(태릉)은 서울시 노원구에 각각 흩어져 버렸다. 원비 단경왕후 신씨(온릉)도 경기도 양주시에 있으니, 왕과 왕후들이 모두 외롭게 떨어져 영면한 것이다. 조선 왕릉 중 왕만 단독으로 있는 능은 나중에 왕릉이 된 장릉(단종)을 제외하면 건원릉(태조)과 정릉(중종)뿐이다. 그동안 왕릉을 답사하면서 들은 이야기로는 중종이 왕후들과 사방으로 흩어진 까닭에 직계자손이 끊어졌다고 한다. 실제로 명종 대에서 직계자손이 끊어지는 바람에 왕통은 중종의 일곱째 아들 덕흥대원군(중종의 서자. 어머니는 후궁 창빈 안씨)의 셋째 아들 하성군(후에 선조)으로 이어지면서 조선 최초로 방계자손(직계에서 갈라져 나온 친계)이 왕이 된다.

양주 온릉(溫陵)

중종의 원비 단경왕후 신씨(1487~1557년)의 능이다. 단경왕후 신씨는 익창부원군 신수근의 딸로 1499년(연산군 5년) 중종이 진성대군으로 있을 때 가례를 치렀다. 부부인에 책봉되었으나 중종반정으로 진성대군이 왕위에 오르자 1506년 20세에 왕후가 된다. 그러나 왕후가 된 지 7일 만에 폐위되어 최단 기록을 세웠다.

아버지인 신수근은 당시 좌의정으로 그의 누이동생이 연산군의 정비인 폐비 거창 신씨였다. 연산군은 신수근의 매제가 되고, 중종은 사위가 되는 셈이다. 반정추진파 박원종, 성희안 등이 신수근에게 "매제(연산군)를 택하겠소, 아니면 사위(진성대군, 후일 중종)를 택하겠소?"라고 입장을 타진한다. 이때 신수근은 매제 연산군을 택한다. 결국 줄을 잘못 선 것이다. 반정이 성공하자 신수근은 참살되고 단경왕후 신씨는 본의 아니게 역적의 딸이 되어 중종과의 부부 인연이 끊어진다. 단경왕후 신씨는 소생이 없었다. 중종은 왕후를 폐위할 생각이 없었으나 어찌할 수 없었고, 쫓겨난 단경왕후 신씨는 중종보다 14년을 더 살다가 71세에 죽는다.

폐출된 단경왕후 신씨는 인왕산 아래 옥인동에 살았는데, 중종이 왕후를 못 잊어 경복궁 경회루에 올라 인왕산 쪽을 자주 바라보았다고 한다. 단경왕후 신씨 또한 평소 궁에서 자주 입던 붉은 치마를 인왕산 바위 위에 펼쳐놓아 중

온릉 들어가는 길과 안내판

제11대 중종(中宗)

종이 볼 수 있도록 했다. 이것이 '인왕산 치마바위의 전설'이다. 두 번째 왕후 제 1계비 장경왕후 윤씨가 죽은 후 단경왕후 신씨를 다시 복위시키자는 논의가 있었으나 반정공신들의 반대로 무산되었다.

온릉은 사전 허가를 받아야만 출입할 수 있는 곳이다. 서삼릉 공개제한지역(효릉, 소경원, 후궁묘, 왕자공주묘, 태실)도 매월 둘째 주와 마지막째 주 토요일 오전 10시부터 12시까지만 개방한다는 것을 공개지역(효창원, 의령원, 희릉, 예릉)을 관람하면서 알게 되어 토요일에 일정을 잡고 하루에 다 둘러보았다. 공개제한지역은 서삼릉 정문 앞으로 관람객들이 모이면 문화해설사의 안내에 따라 정각 10시에 출발한다. 이 주변에는 고양 서삼릉, 고양 서오릉, 파주 삼릉, 파주 장릉(長陵), 김포 장릉(章陵), 파주 소령원, 파주 수길원이 있다. 몇 번 와본 곳이라 낯설지 않았다.

온릉은 경기도 양주시 장흥면 호국로 255-41에 위치하며 면적은 211,848제곱미터다. 친정인 거창 신씨의 묘역으로, 단경왕후 신씨는 근처에서 말년을 보내고 이곳에 안장되었다. 죽을 때 신분이 서인이었으므로 민묘로 조성되었으나 182년 후인 1739년(영조 15년)에 복위되어 단경왕후 신씨라는 묘호와 온릉이라는 능호를 받고 단릉으로 조성되었다. 온릉은 따스할 온(溫)자를 썼는데, 평생 자식 없이 오로지 중종의 따스한 손길만을 그리워하며 살았다 해서 붙여진 이름이다. 온릉에 관한 안내책자는 별도로 없고 서오릉 안내책자를 참고로 했다.

온릉 입구엔 문이 굳게 닫혀 있었다. 오늘 출입허가를 받은 사람인데, 문 앞에 도착했다고 연락을 하니 잠시 후 관리인이 나와 문을 열어줬다. 관람객은 나와 집사람 둘이다. 조선 왕릉 세계유산비가 있고 사적 제210호 표지석이 보인다. 금천교를 지나 숲길을 잠시 걸어 들어갔다. 재실이 보인다. 온릉 안내판에는 단경왕후의 생애가 적혔다. 숲길을 더 올라가니 홍살문이 보인다. 그 옆에는 배위가 있고 참도(신도, 어도)를 따라 정자각까지 걸었다. 오른쪽에는 비각, 수복방 터가 보이고 왼쪽에 수라간은 보이지 않는다. 그동안 다닌 왕릉에서 수복방과 수라간을 온전히 갖춘 곳은 제1대 태조의 건원릉, 제4대 세종의 영릉, 제5대 문종의 현릉, 제9대 성종의 원비 공혜왕후의 순릉뿐이었다. 대부분 왕릉에서는 둘 다 보이지 않았다. 간혹 수복방이 있는 왕릉이 있기는 했다. 광릉에서는 주춧돌을 보면서 수라간 터였다는 것을 짐작할 수 있었다. 애초에 모든 왕릉에 수라간, 수복방이 있었으나 없어진 것으로 추측된다. 왕릉에서 수복방은 오른쪽 비각 아래에, 수라간은 왼쪽에 위치한다. 유실된 수복방과 수라간은 고증을 거쳐 모두 복원해야 하지 않을까?

정자각 내부를 살펴보았다. 여느 왕릉과 다르지 않다. 비각 앞에는 산신석

온릉의 정자각, 비각, 참도(신도, 어도)

제11대 중종(中宗)

이 놓였고 예감도 있다. 정자각 지붕 위에 잡상(雜像, 궁궐이나 누각 등의 지붕 위 네 귀에 덧얹은 여러 가지 짐승 모양으로 만든 기와)이 안 보인다. 잡상을 '어처구니'라고 부르는데, 옛날에 건물을 다 짓고 뭔가 허전해서 둘러보니 깜빡하고 어처구니를 올리지 않은 것이다. 여기서 '어처구니가 없다'라는 말이 유래되었단다.

능침 공간에 올라가 볼 수 있어서 죽 둘러보았다. 곡장은 있고 병풍석과 난간석은 없다. 능침에는 석호 1쌍, 석양 1쌍, 혼유석 1좌, 고석 4개, 망주석 1쌍, 4각 장명등 1좌, 문인석 1쌍, 석마 1쌍이 있다. 석호와 석양, 문인석과 석마는 다리 사이가 막혔고 그 부분에 풀꽃무늬가 새겨졌다. 무인석과 석마는 없다.

중종의 원비 단경왕후 신씨의 온릉(단릉) 능침 공간

온릉은 이미 답사한 정릉과 사릉처럼 복위된 왕후릉인데, 정릉과 사릉의 석물 규모와 개수를 따랐다. 복위된 시점(정릉은 제18대 현종, 사릉은 제19대 숙종, 온릉은 제21대 영조)이 비슷해서인 듯하다. 능침을 둘러보고 안산을 바라보았다. 정자각과 홍살문이 일직선을 이루며 좌우로는 소나무가 빽빽하다. 전체적으로 아담해 능을 둘러보는 데 1시간 정도 걸렸다. 관람객이 우리 부부밖에 없어 호젓하게 답사를 마쳤다.

희릉(禧陵)—
고양 서삼릉(西三陵)
첫 번째 이야기

중종의 제1계비 장경왕후 윤씨(1491~1515년)의 능이다. 장경왕후 윤씨는 파원부원
군 윤여필의 딸로, 원비 단경왕후 신씨의 폐위에 따라 1507년에 숙의에서 왕후
로 책봉되었다. 왕후가 되자 오빠 윤임(대윤)이 척신세력을 이루면서 권력을 전
횡한다. 하지만 1515년(중종 10년) 인종을 낳고 7일 후에 산후병으로 25세에 죽
는다. 슬하에 1남 1녀(인종과 효혜공주)를 두었다.

초장지는 헌릉(제3대 태종과 원경왕후 민씨의 능)의 서쪽 언덕이었으나 22년 뒤
인 1537년(중종 32년) 현재 서삼릉 자리인 경기도 고양시 덕양구 서삼릉길 233-
126으로 천릉한다. 권력의 중심에 있었던 효혜공주의 시아버지 김안로가 천릉
을 주장한 것이다. 초장지는 광중(壙中, 시체가 놓이는 구덩이 부분) 밑에 돌이 깔
려 있어 풍수지리상 흉지임에도 불구하고 공사를 강행했었다. 이때 공사를 강
행한 인물들이 김안로의 정적이다. 김안로는 세자인 인종에게까지 해를 입힌다
는 이유로 정적을 제거하고 지금의 자리로 천릉했다.

장경왕후 윤씨가 죽고 제2계비 문정왕후 윤씨가 왕후가 되면서 그녀의 남동
생 윤원형(소윤)이 또 척신세력을 이룬다. 이 두 척신세력 간의 싸움은 기묘사
화를 일으킨다. 이미 설명한 대로 중종은 죽으면서 희릉 옆에 안장해줄 것을 유
언으로 남겼다. 희릉은 중종이 묻히면서 동원이강릉이 되고 명칭도 정릉으로

바뀌었지만, 제2계비 문정왕후가 중종을 서울시 강남구로 천릉하면서 원래 이름으로 돌아와 단릉인 희릉이 된다. 묘호는 제1계비 장경왕후 윤씨, 능호는 희릉이다. 이 일대에 희릉이 제일 먼저 들어서고, 다음으로 효릉(제12대 인종과 인성왕후 박씨의 능, 뒤에 설명), 마지막으로 예릉(제25대 철종과 철인왕후 김씨의 능, 뒤에 설명)이 들어섰는데, 서쪽에 있는 능 3개라 하여 서삼릉이라 부른다. 동쪽에 있는 능 9개를 동구릉이라 부르는 것과 같다.

서삼릉에는 효창원(제22대 정조의 장자 문효세자의 묘, 뒤에 설명), 의령원(제21대 영조의 둘째 아들 사도세자[후에 장조로 추존]의 장자 의소세자의 묘, 뒤에 설명), 소경원(제16대 인조의 장자 소현세자의 묘, 뒤에 설명)도 있다. 그 밖에 회묘(제10대 연산군의 생모 폐비 윤씨의 묘, 이미 설명), 후궁묘, 왕자공주묘 46기, 태실 54기가 있다. 서삼릉 지역은 공개지역과 공개제한지역으로 나뉜다. 공개제한지역은 지정된 날짜와 시간(매월 둘째, 마지막째 주 토요일 오전 9시부터 12시 사이)에만 개방하므로 문화재청 홈페이지에서 출입허가신청서를 다운받아 작성한 후 방문 20일 전에 해당 지구관리소에 팩스 또는 우편으로 송부하여 허가를 받아야 한다. 희릉은 예릉, 의령원, 효창원과 함께 공개지역에 포함된 능이다.

서삼릉은 서오릉 근처라서 가는 길이 같다. 서삼릉이 가까워지자 방향 표시판이 보인다. 들어가는 길 좌우로 은수원사시가 보기 좋게 일렬로 우뚝 서 있다. 도착하고 보니 주차장이 너무 협소하여 겨우 차를 세우고 답사를 시작했다. 입구에는 여느 왕릉과 같이 조선 왕릉 서삼릉 표지탑, 서삼릉비, 조선 왕릉 세계유산비가 있다. 종합안내도 앞에 잠깐 발걸음을 멈추고 내용을 읽어보았다. 사적 제200호 서삼릉 안에 안장된 능의 설명과 함께 위치도가 있다. 입구에 서삼릉 공개제한지역(효릉 등) 답사 안내 현수막이 눈길을 끈다. 희릉은 예릉, 의령원, 효창원과는 반대 방향이라서 우선 희릉을 보고 난 후, 예릉을 거쳐 아래

중종의 제1계비 장경왕후 윤씨의 희릉(단릉) 전경

쪽 같은 곳에 있는 의령원과 효창원을 보기로 했다.

들어올 때 재실이 보이지 않아 안내책자를 살펴보니 효창원과 의령원 앞에
있는 관리소 건물이 재실 역할을 하는 것 같다. 희릉 가는 길 좌우로 소나무가
울창하고, 계절이 가을이라 들꽃들이 만발하다. 금천교를 건너 조금 걸어가자
홍살문이 나타나고 희릉 안내판이 있다. 참도(신도, 어도)를 지나니 홍살문 옆에
배위가 보인다. 정자각까지 걸어 올라가 내부를 살펴봤는데 여느 왕릉과 다름
없다. 내려와서 능침 공간을 향해 걸어갔다. 신로가 능침의 능선이 시작되는 지

점까지 연결되었다. 대부분 왕릉에서는 신로를 볼 수 없었다. 그동안 답사한 능 중에서는 태종의 헌릉과 성종의 정릉에서만 신로를 보았다. 수라간과 수복방은 찾아볼 수 없고, 비각과 예감은 있다. 목책이 둘러졌어도 가까이에서 능침 공간을 볼 수 있었다. 왕후릉의 석물 개수를 다 갖추었는데, 조선 전기 《국조오례의》를 따른 것 같다. 그래서인지 석물의 규모가 크다. 상계에는 곡장, 석호 2쌍, 석양 2쌍, 혼유석 1좌, 고석 4개, 망주석 1쌍이 있다. 병풍석은 없고, 난간석은 있다. 중계에는 8각 장명등 1좌, 문인석 1쌍, 석마 1쌍, 하계에는 무인석 1쌍, 석마 1쌍이 있다. 각 부분은 장대석으로 구분되었다. 석호와 석양, 석마는 다리 사이가 막혔고 그 부분에 풀꽃무늬가 새겨졌다.

희릉을 답사하고 난 후 차례로 예릉, 의령원과 효창원을 답사했다. 1시간 내지 2시간이면 충분히 돌아볼 것 같다. 공개제한지역을 자유롭게 답사하지 못한 게 못내 아쉬웠다.

제11대 중종(中宗)

태릉(泰陵)-
서울 태릉(泰陵)과 강릉(康陵)
첫 번째 이야기

중종의 제2계비 문정왕후 윤씨(1501~1565년)의 능이다. 문정왕후 윤씨는 파산부
원군 윤지임의 딸이다. 중종은 제1계비 장경왕후 윤씨가 죽은 후 2년 동안 왕
후가 없는 상태로 지냈다. 중종의 어머니 정현왕후 윤씨는 죽은 장경왕후 윤씨
의 오빠 윤임(대윤)을 시켜 왕후감을 찾아보라고 한다. 윤임은 어린 세자를 잘 보
살필 수 있는 빈한한 양반가의 딸을 인척 중에서 찾아 추천하는데, 이때 뽑힌
여인이 바로 문정왕후 윤씨다. 조선 최초의 간택왕후로 그녀의 남동생이 윤원형
(소윤)이다. 촌수를 따져보면 장경왕후 윤씨와 문정왕후 윤씨는 같은 파평 윤씨
집안으로 윤원형은 윤임의 9촌 조카뻘이다. 윤임의 4대조이자 윤원형의 5대조
가 되는 사람이 세조의 장인 윤번(정희왕후 윤씨의 아버지)이다. 처음 간택할 때의
생각과는 달리 문정왕후 윤씨는 어진 어머니가 되지 못했고, 인종은 자라면서
정신적 스트레스를 많이 받았다고 한다. 야사(野史)에서는 인종이 문정왕후 윤
씨에게 독살당했다는 이야기까지 전해온다.

　　장경왕후 윤씨가 살아 있을 때는 대윤의 세상이었으나 인종이 죽고 명종이
즉위하자 문정왕후 윤씨가 섭정하면서 대윤을 몰아내는 을사사화가 일어난다.
소윤의 세상이 된 것이다. 윤임은 자기가 선택한 문정왕후 윤씨에게 무참히 화
를 당한다. 권력의 무정함이란 이런 것인가! 문정왕후 윤씨는 65세에 세상을 떠

낳고, 슬하에 1남 4녀를 두었는데 아들 경원대군이 명종이다. 묘호는 제2계비 문정왕후 윤씨, 능호는 태릉이다.

왕릉 답사를 시작한 지 3개월이 지났을 때 서울시 노원구 화랑로 727에 위치한 태릉과 강릉(이하 태강릉)으로 향했다. 어느 정도 왕릉에 대한 지식이 쌓인 시점이었다. 강릉은 비공개였다가 2013년도부터 사릉(단종의 정비 정순왕후 송씨의 능)과 같이 1년 동안 무료로 시범 개방한 후 2014년 1월 1일부터는 유료로 정식 개방했다. 태릉과 강릉 사이에 있는 옛길 1.8킬로미터도 50년 동안 공개하지 않았는데, 2014년부터 봄(4월 1일부터 5월 31일까지)과 가을(10월 1일부터 11월 30일까지) 두 번에 걸쳐 개방한다. 때늦은 감은 있지만 왕릉에 관심을 보이는 것 같아 반가운 생각이 든다.

태릉이 가까워지자 방향 표시판이 보인다. 사적 제201호인 태강릉은 한북정맥의 지맥으로 수락산을 종산(宗山, 큰 강을 끼고 있는 높은 산)으로, 불암산을 주산으로 하며, 면적은 1,619,903제곱미터다. 매표소에서 안내책자를 받아들고 입구를 통과하니 제일 먼저 조선 왕릉 전시관이 나타난다. 2009년 6월 30일 조선 왕릉의 유네스코 세계유산 등재를 기념하여 2009년 12월 24일 개관했다고 한다. 크게 '조선의 국장', '한눈에 보이는 조선 왕릉', '조선 왕릉의 관리'라는 세 가지 주제로 나누어 조선 왕조 500년의 왕릉 역사를 잘 정리해놓았다.

'조선의 국장'은 국상(國喪)이 나면 조정에서는 임시관청인 도감을 설치하여 국장업무를 진행했다고 한다. 임금의 관을 왕릉으로 모시기까지 약 5개월이 소요되고, 3년상을 치른 후 왕의 신주를 종묘에 모시면 국장절차가 모두 끝난다. 국장종료 후에는 의궤(儀軌)를 편찬하여 진행절차를 기록으로 남기고 후대에 본보기로 삼게 했다. 비각 안에 설치된 표석은 영조 때 조선 왕릉 전역에 세우도록 한 것이다. 1755년 세조가 왕위에 등극한 지 300주년이 되는 해를 기념하여 1754년(영조 30년) 광릉(제7대 세조와 정희왕후 윤씨의 능)에 처음으로 표석을 세웠다. 조선 전기의 신도비는 세조 때부터 없어졌는데, 영조 때에 와서 표석으로 대치된 것임을 알 수 있다.

'조선 왕릉의 관리'에는 많은 비용이 소요되었는데 이를 충당하기 위해 약 80결(800,000제곱미터)이 주어졌다고 한다. 이를 풀이해보면 1결(結)은 약 300두(斗)의 쌀을 생산할 수 있는 농토를 말한다. 여기서 1두는 대두(大斗)로 보통 1말이며 되로는 10되가 된다. 16킬로그램에 달한다. 쌀 1가마니가 80킬로그램이라면 대두 5말이 되는 것이다. 이렇게 될 때 약 80결은 쌀 4,800가마다(80결×300두÷5말=4,800가마). 현재 쌀 1가마가 대략 180,000원이라 치면 4,800가마의 가격은 864,000,000원이 된다.

이번엔 800,000제곱미터를 가지고 풀이해보자. 1평이 3.305785제곱미터이므로 800,000제곱미터는 약 242,000평이 된다. 200평을 1마지기라 하고, 1마지기에서 쌀 4가마가 나온다. 그러면 242,000평은 1,210마지기가 되고, 여기서 4,840가마가 생산된다(800,000제곱미터÷3.305785평÷200평×4가마=4,840가마). 금액으로 환산하면 864,000,000원이다. 결로 따지든 제곱미터로 따지든 동일하다. 1결은 15마지기(3,000평)에서 나오는 쌀 생산량으로 해석된다. 지금 시세로 따지더라도 만만치 않은 금액인데, 그 시대엔 상당한 금액이었을 것이다.

조선 후기에 들어와서 왕과 왕후가 돌아가신 날 지내는 기신제(忌辰祭)가 산릉제례에 포함되었다. 유교가 국시인 조선에서는 왕릉 관리야말로 무엇보다도 중요했을 것이다. 그동안 살펴본 정

중종의 제2계비 문정왕후 윤씨의 태릉(단릉) 능침 공간이 멀리 보인다.

자각에 표시된 제향일정에는 산릉제례의 일자가 대부분 양력기일이었다. 시대 흐름에 따라 음력에서 양력으로 바꾼 것 같다.

　태릉은 임진왜란 때 왜적들에게 도굴될 뻔했다. 태릉에 금은보화가 묻혔다는 소문을 듣고 마을 주민을 동원하여 능을 파헤쳤으나 단단한 회격관을 깨뜨리지 못해 되돌아갔다고 한다. 그런데 선정릉은 어떻게 회격관을 깨뜨리고 재궁을 불태웠는지 의문이다.

　조선 왕릉 전시관을 다 둘러보고 능으로 향했다. 재실이 보이지 않는다. 계속 숲길이 이어진다. 주변에 소나무가 울창하게 우거졌다. 금천교를 지나면 홍살문이 나타난다. 진입 공간을 지나 제향 공간으로 들어가는 것이다. 홍살문 주변으로도 소나무가 우거졌다. 좌우를 살펴보면서 제향 공간의 시설물을 확인해 보았다. 배위가 보이고, 참도(신도, 어도)는 정자각까지 쭉 뻗었다. 참도를 걸으면서 오른쪽을 보니 수복방이 있다. 위쪽에 비각이 보인다. 왼쪽에 있어야 할 수라간은 찾아볼 수 없다. 정자각에 올라가 내부를 잠깐 살펴보았다. 여느 왕릉과 차이가 없다. 여기도 산릉제례의 일자가 양력기일로 적혔다. 정자각에서 홍살문 쪽을 바라보니 고색창연한 소나무들이 더욱 돋보인다. 정자각은 6·25전쟁 때 훼손되었다가 1995년에 복원되었다. 예감이 눈에 띈다. 능침 공간은 목책으로 둘러졌다. 정자각 뒤쪽으로 신로를 볼 수 있다. 능침 삼면으로 소나무들이 빽빽하게 들어찼다. 목책 주변에 향나무 고목이 여럿 보인다. 능침 공간은 올라가지 않고 멀리서 확인했다. 상계에는 곡장, 병풍석, 난간석, 석호 2쌍, 석양 2쌍, 망주석 1쌍, 혼유석 1좌, 고석 4개, 중계에는 8각 장명등 1좌, 문인석 1쌍, 석마 1쌍, 하계에는 무인석 1쌍, 석마 1쌍이 있다. 석호와 석양, 석마는 다리 사이가 막혔고 그 부분에 풀꽃무늬가 새겨졌다.

　태릉의 석물은 조선 전기의 《국조오례의》를 따랐고, 왕후의 단릉으로는 여

태릉 홍살문 주변으로 소나무가 울창하다.

느 왕릉 못지않게 웅장하여 당시 문정왕후의 권세가 얼마나 대단했는지 알 수 있다. 석물의 크기 또한 다른 능에 비해 1.5배에서 2배가량 커서 헌릉(제3대 태종과 원경왕후 민씨의 능) 수준이다. 내려오면서 비각과 수복방 내부를 살펴보았다. 한참 동안 숲길을 거닐었다. 솔향이 코를 자극한다. 태릉의 상징은 소나무 같다. 태릉 답사를 마치고 동쪽에 있는 강릉으로 향했다.

제11대 중종의 가계도

부인 10명, 자녀 9남 11녀

성종

정현왕후
윤씨

장자 중종 제11대	단경왕후 신씨	장경왕후 윤씨	문정왕후 윤씨	경빈 박씨	희빈 홍씨
		장자 인종 제12대	장자 경원대군 제13대 명종	장자 복성군	장자 금원군
		장녀 효혜공주	장녀 의혜공주	장녀 혜순옹주	2남 봉성군
			2녀 효순공주	2녀 혜정옹주	
			3녀 경현공주		
			4녀 인순공주		

창빈 안씨	숙의 홍씨	숙원 이씨	숙원 이씨	숙원 김씨
장자 영양군	장자 해안군	장자 덕양군	장녀 정순옹주	장녀 숙정옹주
2남 덕흥대원군 추존			2녀 효정옹주	
장녀 정신옹주				

12

제12대
인 종
(仁宗)

효릉(孝陵)－
고양 서삼릉(西三陵)
두 번째 이야기

인종(1515~1545년, 재위 1544~1545년)은 중종의 적장자로 휘는 이호이고, 어머니는
중종의 제1계비 장경왕후 윤씨다. 1520년(중종 15년)에 세자로 책봉되었고, 1544년
중종이 죽으면서 30세에 왕위에 오른다. 정비는 인성왕후 박씨(1514~1577년)로
금성부원군 박용의 딸이다. 1524년(중종 19년)에 세자빈으로 책봉되었고 인종이
왕위에 오르면서 왕후가 되었다. 인종은 성품이 어질고 학문을 사랑했으며, 어버
이에 대한 효심이 깊고 형제간의 우애도 돈독했다고 한다. 아버지 중종의 병환
이 위독할 때는 끼니도 제대로 챙기지 못하고 밤낮으로 곁을 지켰으며, 친히 약
을 달여 반드시 먼저 맛을 보았다고 한다. 이러한 이유로 건강을 잃었다는 이야
기도 전해온다. 성군의 자질을 가진 왕이었으나 애석하게도 왕위에 오른 지 8개
월 만에 31세로 세상을 떠난다. 인성왕후 박씨는 인종보다 33년을 더 살고 64세
로 세상을 떠난다. 슬하에 자식이 없었기에 인종은 자신의 병환이 위독해지자
죽기 전에 이복동생인 경원대군(후에 명종)에게 왕위를 물려주었다. 죽으면서 부
모 곁에 묻어달라는 유언을 남겼다.

중종과 어머니 장경왕후 윤씨의 정릉은 서삼릉 경내에 있었다. 인종은 유언
대로 부모 곁에 안장되었다. 지금의 효릉이다. 그러나 제2계비 문정왕후 윤씨(명
종의 어머니)의 주장으로 중종의 능은 서울시 강남구로 천릉되었고, 장경왕후 윤

제12대 인종(仁宗)

효릉 전경

씨의 능만 홀로 남았다. 장경왕후 윤씨의 능은 초장지에서 이곳으로 옮긴 전력이 있는데 또 이런 수모를 당했다. 김안로가 풍수지리상 인종을 위한다는 명분을 내세워 옮겼으나, 실은 정적을 제거하기 위한 목적이었고, 결과적으로 인종에게는 좋은 운이 따르지 않았다. 그리하여 인종의 효릉은 어머니 장경왕후 윤씨의 희릉과 이웃하며 서삼릉 경내에 있게 된 것이다.

처음 능을 조성할 때는 초라했던 모양이다. 인종이 자신의 장례를 검소하게 치르도록 당부한 것도 있지만 당시 실세였던 소윤 측에서 능역 조성을 소홀히

했다고 한다. 선조는 1577년 인성왕후 박씨의 왕후릉을 조성하면서 인종의 능에 병풍석을 설치하고 다른 석물들도 개수(改修)했다. 효릉은 인종과 인성왕후 박씨의 쌍릉이다. 인종의 지극한 효심을 기리며 능호를 효릉(孝陵)으로 지었고, 묘호는 인종과 인성왕후 박씨다.

효릉은 공개제한지역에 있다. 앞서 설명대로 서삼릉 공개제한지역(효릉, 소경원, 회묘, 후궁묘, 왕자공주묘, 태실)은 매월 둘째, 마지막째 주 토요일 오전 10시부터 12시까지만 공개하기 때문에 출발 전에 출장소에 다시 확인해보았다. 문화해설사의 안내에 따라 정각 10시에 출발하므로 9시 50분까지는 꼭 도착하라고 한다. 관람객들이 벌써 도착해 있었다. 우리 부부를 포함해 7명이다. 여성 문화해설사가 나와서 서로 인사를 나누고 답사를 시작했다. 서삼릉 정문 옆에 농협중앙회 젖소개량사업소 안내판이 보인다. 60~70년대에 젖소개량사업을 위해 능역 일부를 목축지로 사용했는데, 현재는 농협중앙회 소유여서 지정된 날짜에만 출입이 허용된다는 것이다.

지정된 길을 따라 가는 길 좌우로 너른 목축지가 뻗어 있다. 제일 먼저 나타나는 곳이 소경원(제16대 인조의 장자 소현세자의 묘, 뒤에 설명)이다. 죽 둘러보고 오늘의 목적지인 효릉을 향하여 걷기 시작했다. 목축지는 목책으로 막아놓고 그 옆으로 길을 내었다. 목축지를 바라보니 '여기가 그 옛날 능역이었구나' 하는 생각이 든다. 계속 걸어갔다. 목축지에 관리 막사도 보인다. 세계문화유산으로 지정된 조선 왕릉이 원래 모습을 잃고 초지로 이용되는 것을 보니 마음이 착잡했다. 지금은 과거 개발 시대와 달리 문화유산 보존·관리에 관심을 쏟아야 할 때가 아닌가! 문화해설사도 최근 들어 복원에 대한 이야기가 나오고 있다고 설명한다.

길을 따라 한참을 걸어 효릉에 도착했다. 능역이 좁아진 효릉 주변으로 철

제12대 인종(仁宗)

책이 쳐졌다. 문화해설사가 문을 열자 일행은 모두 능 안으로 들어섰다. 들어올 때 금천교도 안 보이고 재실도 찾아볼 수 없었다. 홍살문이 서 있고 그 옆에는 배위가 보인다. 참도(신도, 어도)가 정자각까지 뻗었다. 문화해설사가 오늘 일행 중에 전주 이씨인 분이 있느냐고 묻는다. 모두 가만있는 걸 보면 나밖에 없는 것 같다. 내가 전주 이씨라고 하니 앞장을 서란다. 참배를 위해서는 종친이 앞장서야 한다는 것이다. 할 수 없이 맨 앞에서 어도를 걷기 시작했다. 신도는 신이 다니는 길이라는 설명도 곁들어진다. 모두 뒤따라온다. 좀 서먹서먹한 감은 들었지만 시키는 대로 했다. 정자각을 올라가는 계단에 왔을 때 신계와 동계를 설명하면서 동계로 올라가야 하니 오른발을 먼저 내디디란다. 이미 알고 있지만 그대로 해보았다. 서계는 왼발을 먼저 내디디면서 내려간다는 이야기도 이어진다. 왕릉을 답사하면서 별 경험을 다 한다 싶어 절로 웃음이 나왔다.

효릉의 안내판, 참도(신도, 어도), 정자각

정자각 안을 살펴보았다. 여느 왕릉과 차이가 없다. 주위를 둘러보니 정자각 뒤로 신로가 나 있다. 수복방과 수라간은 찾아볼 수 없다. 비각, 예감, 산신석은 보인다. 효릉에 소전대가 있다고 들었는데, 정말 소전대가 보인다. 원래 소전대는 예감이 있기 전인 조선 전기 정릉과 헌릉 때까지만 있었다. 그런데 효릉에는 같은 용도인 예감과 소전대가 모두 있는 것이다. 전문가들은 소전대와 예감의 용도가 다르다고 하면

인종과 인성왕후 박씨의 효릉(쌍릉) 능침 공간

서도 그 차이는 분명히 설명하지 못한다. 효릉 이후에는 소전대가 나타나지 않는다. 정자각에서 홍살문 쪽을 바라보면 철책 바깥쪽은 목축지다. 왕릉은 가까이에서 볼 수 있었다. 곡장과 난간석은 둘러졌고, 병풍석은 왕릉에만 있고 왕후릉에는 없다. 상계에 석호 2쌍, 석양 2쌍, 혼유석 2좌, 고석은 1좌당 4개씩, 망주석 1쌍, 중계에 8각 장명등 1좌, 문인석 1쌍, 석마 1쌍, 하계에 무인석 1쌍, 석마 1쌍이 있다. 쌍릉인 후릉과 헌릉에서 석호와 석양 16개가 배치되던 것이 효릉부터 8개로 줄어들었다. 인종의 능에 있는 병풍석은 12지신상 속의 구름무늬가 섬세하게 조각되었다. 석호와 석양, 석마의 다리 사이는 막혔고 그 부분에 풀꽃무늬가 새겨졌다.

그동안 왕릉을 답사하면서 당연히 있어야 할 시설물이 없어진 것을 수차 보

제12대 인종(仁宗)

아왔다. 이미 설명한 수복방과 수라간은 물론 금천교, 재실 등 유실된 것이 많다. 효릉은 유독 훼손된 것 같다. 세자 시절에는 계모 문정왕후 때문에 기를 펴지 못했고, 왕이 되어서는 왕 노릇도 제대로 못하고 일찍 죽었는데, 죽어서도 대접을 받지 못한다는 생각이 든다. 효릉을 다 보고 난 후 목초지 사이로 난 길을 계속 따라가다 보면 태실 54기, 왕자공주묘와 후궁묘 46기, 회묘를 차례로 볼 수 있다. 회묘는 이미 설명했고 태실, 왕자공주묘와 후궁묘는 이 책의 주제가 아니므로 구체적인 설명은 생략하기로 한다.

제12대 인종의 가계도

부인 2명, 자녀 없음

13

제13대
명 종
(明宗)

강릉(康陵)―
서울 태릉(泰陵)과 강릉(康陵)
두 번째 이야기

명종(1534~1567년, 재위 1545~1567년)은 중종의 둘째 아들로 휘는 이환이고, 어머니는 중종의 제2계비 문정왕후 윤씨다. 이복형이었던 인종의 뒤를 이어 12세에 왕위에 올랐다. 정비는 인순왕후 심씨(1532~1575년)로 청릉부원군 심강의 딸이다. 1545년 명종이 즉위하면서 왕후로 책봉되었다. 명종은 어린 나이에 즉위하여 8년간 어머니 문정왕후 윤씨의 수렴청정을 받는다. 친정을 시작하고서도 자신의 의견대로 정사를 이끌지 못했다. 문정왕후 윤씨는 인종과 명종 시대에 걸쳐 국정을 장악했으며, 이는 문정왕후 윤씨가 죽을 때까지 이어졌다.

1565년 문정왕후 윤씨가 죽자 명종은 비로소 치안, 국방, 문화창달, 경제개혁 등의 정치를 펴려고 노력했다. 하지만 그 뜻을 이루지 못하고 34세의 젊은 나이로 죽는다. 재위기간은 2년에 불과했다. 인순왕후 심씨 사이에 순회세자를 낳았으나 13세에 죽었다. 명종은 후사가 없는 상태에서 갑자기 죽음을 맞이하면서 운명의 순간에 간신히 손을 들어 안쪽 병풍을 가리켰다. 고명대신이었던 영의정 이준경은 내전의 중전(인순왕후 심씨)에게 물어보라는 뜻으로 받아들였다. 중전은 언젠가 명종이 위독했을 때 덕흥대원군의 셋째 아들 하성군(후에 선조)을 후계자로 지목한 적이 있다고 했다. 이와 관련하여 명종과 하성군의 일화가 전해온다.

제13대 명종(明宗)

어느 날 하성군이 여러 왕손들과 궁궐에 들어갔다. 명종이 왕손들에게 "너희 머리가 큰지 작은지 알아보려고 하니 익선관(왕이 머리에 쓰는 관)을 써보아라"라고 명했는데, 제일 나이 어린 하성군만 쓰지 않고 "이것이 어찌 보통 사람이 쓸 수 있는 것이겠습니까?"라고 하면서 두 손으로 익선관을 받들어 어전에 갖다 놓았다. 이 일로 하성군은 명종의 귀여움을 받게 되었다고 한다. 인순왕후 심씨는 하나뿐인 자식을 일찍 잃고, 남편마저 여의는 슬픔 속에 왕위를 방계 자손 하성군에게 물려준 후 대비가 되어 잠시 수렴청정을 하다가 이듬해 물러나서 명종보다 8년을 더 살고 44세로 세상을 떠난다.

건국 이래 직계로 이어지던 왕통이 끊어진 것이다. 오죽하면 문정왕후 윤씨의 욕심으로 중종과 왕후들의 능(정릉, 희릉, 태릉, 온릉)이 흩어지는 바람에 절손된 거라고 할까! 문정왕후 윤씨의 치세라고 여겨지는 인종과 명종 시대에 왕권은 약화될 대로 약화되었고 내우외환이 잇따랐다. 대윤과 소윤의 권력 싸움, 임꺽정의 난, 을묘왜변, 여진족 침입, 탐관오리 횡행 등으로 백성들의 삶은 말할 것도 없이 힘들었다. 백성을 위한 위민정치(爲民政治)는 전혀 없었던 난세였다. 1545년(명종 즉위년)에는 을사사화가 일어난다. 윤원형(소윤)은 자신의 첩인 정난정으로 하여금 문정왕후 윤씨에게 윤임(대윤)이 경원대군(후에 명종)의 왕위 계승을 원치 않고 다른 왕자를 내세우려 했다고 모함하게 한다. 결국 윤임은 사사된다. 연이어 1547년 양재역 벽서 사건으로 정미사화가 발생한다. 문정왕후 윤씨와 윤원형을 비방한 익명의 벽서는 여주(女主, 문정왕후 윤씨를 지칭)가 나라를 망친다고 비난하는 내용이었다. 이를 윤임 일파의 소행으로 보고 모두 숙청한다.

1550년(명종 5년) 퇴계 이황이 풍기군수로 오면서 조정에 건의하여 어필 현판(명종의 친필)과 전답 노비를 하사받아 중종 때 세워진 사학서원인 백운동서원을 소수서원으로 재탄생시킨다. 소수서원은 나라에서 인정받은 최초의 사액서원(왕이 이름을 지어서 새긴 편액을 내린 서원)으로, 이를 기점으로 하여 많은 서원이 탄생한다. 명종은 퇴계 이황의 학문과 인품을 높이 사 가까이 두고자 했으나, 이황은 병을 이유로 관직에서 물러나 고향에 은거하면서 학문에만 전념했다. 이 시대엔 올곧은 선비들이 처신하기 어려웠을 것이다. 이언적도 을사사화 때 의금부판사에 임명되었지만 곧 물러났고, 양재역 벽서 사건으로 사림이 축출될 때 연루되어 강계로 유배되었다. 이언적을 배향하는 곳은 옥산서원이고, 태어난 경주의 양동마을은 안동의 하회마을과 더불어 세계문화유산으로 지정되었다. 이 두 곳은 이중환의 《택리지》에서 삼남(三南, 충청도, 전라도, 경상도)의 4대 길지에 포함된다. 나머지 두 곳은 안동의 내압마을과 봉화의 닭실마을이다. 퇴계 이황을 배향하는 곳은 안동에 있는 도산서원이다.

서원은 세월이 지나면서 본래의 목적과 달리 당쟁을 일으키는 온상이 되었다. 그리하여 조선 말기에 흥선대원군이 "백성을 해치는 자가 있으면 비록 공자가 살아난다고 해도 용서하지 않겠다. 서원은 선현을 제사하는 곳인데 오늘날 도둑의 소굴이 되어 있지 않은가?"라고 일갈하며 철폐를 단행했다. 흥선대원군의 서원철폐령은 백성들의 전폭적인 지지를 받았다. 이때 전국 서원 650개 중 소수서원, 옥산서원, 도산서원, 도동서원(김굉필의 배향서원), 병산서원(유성룡의 배향서원)을 포함하여 사표가 될 만한 47개만을 남기고 모두 철거했다.

앞서 태릉을 답사했기에 동쪽 편에 붙어 있는 강릉으로 향했다. 주차장이 마련되지 않아서 길가에 차를 잠깐 세워놓았다. 입구에는 '강릉 확대개방 안내'라는 현수막이 걸려 있다. 강릉 안내판을 읽고 문을 통과하니 임시 안내실이 보인다. 태릉과 마찬가지로 재실을 찾아볼 수 없다. 진입 공간에 금천교가 있다. 금천교를 지나자 홍살문이 나타난다. 홍살문 옆에 입구에서 보았던 것과 똑같은 안내판이 있다. 홍살문을 지나 제향 공간으로 진입하니 배위가 보인다. 참도(신도, 어도)를 따라 걷기 시작했다. 그동안 개방되지 않아서인지 이끼가 잔뜩 끼어 있다. 참도 주변으로는 소나무가 울창하다. 정자각에 올라가 보았다. 여느 왕릉과 차이가 없다. 비각이 보인다. 비각 내부를 잠시 살펴보았다. 비각 아래쪽에 수복방 터가 보인다. 수라간은 찾아볼 수 없다. 예감이 보이고, 정자각 뒤쪽으로 신로가 나 있다. 정자각에서 홍살문 쪽을 바라보니 여기도 소나무가 빽빽하다.

능호는 강릉, 묘호는 명종과 인순왕후 심씨로 쌍릉이다. 능침 공간은 목책이 없어서 가까이 다가가서 볼 수 있었다. 상계에는 곡장, 병풍석, 난간석, 석호 2쌍, 석양 2쌍, 망주석 1쌍, 혼유석 2좌가 있고 고석이 1좌당 4개씩이다. 중계에

명종과 인순왕후 심씨의 강릉(쌍릉)

는 8각 장명등 1좌, 문인석 1쌍, 석마 1쌍, 하계에는 무인석 1쌍, 석마 1쌍이 있다. 각 부분은 장대석으로 구분되었다. 강릉도 태릉과 마찬가지로 조선 전기의 《국조오례의》를 따랐고, 석물 크기도 태릉과 같다. 석호와 석양, 석마의 모습도 동일하게 다리 사이는 막혔고 그 부분에 풀꽃무늬가 새겨졌다. 강릉을 둘러보는 데는 30~40분 정도면 충분하다.

제13대 명종(明宗)

명종의 장자인 순회세자(1551~1563년)와 공회빈 윤씨(?~1592년)의 합장묘다. 순회세자는 1557년(명종 12년) 7세에 세자로 책봉되었으나 13세에 요절했다. 윤옥의 딸인 공회빈 윤씨는 1559년 세자빈에 책봉되었으나 순회세자가 죽고 난 후 30년을 홀로 지내다가 1592년(선조 25년) 사망했다. 현재 공회빈 윤씨의 능침은 허묘라고 한다. 1592년 임진왜란 발발 직전에 창덕궁에서 세상을 떠났는데, 왜란으로 국장을 치르지 못한 채 화재로 시신을 소실했고, 나중에는 재궁마저 없어졌다고 한다. 원래는 순회묘라 했으나 순창원으로 승격되었다.

공회빈 윤씨는 순회세자가 죽은 후 덕빈으로 불리며 동궁에 기거했는데, 궁궐의 어른 역할을 하면서 내명부 여인들과 늘 학문에 대해 토론하며 지냈다고 전해진다. 사는 동안 얼마나 가슴 아팠을까? 여인으로서, 특히 왕가의 세자빈으로서 자기 대에 손이 끊어졌으니 말이다.

서오릉 경내 산책길에는 오른쪽 방향으로 익릉과 수경원을 끼고 단풍길과 소나무길이 있다. 왼쪽 단풍길을 따라 걷다 보면 제일 먼저 나타나는 곳이 순창원이다. 순창원 입구에 있는 안내판을 읽어보았다. 홍살문이 서 있고 그 옆에 있어야 할 배위는 보이지 않는다. 정자각까지 참도(신도, 어도)가 이어졌는데, 일부는 파손되었다. 정자각에 올라가 보았다. 여느 왕릉과 차이가 없다. 정자각

정자각에서 홍살문 쪽을 바라보면 빽빽하게 둘러진 소나무를 볼 수 있다.

뒤쪽으로 신로가 보인다. 예감은 있는데 비각, 수복방, 수라간은 찾아볼 수 없다. 소나무들이 묘를 둘러싸고 있다. 정자각에서 홍살문 쪽을 바라봐도 소나무들로 빽빽하다.

능침 공간은 목책으로 둘러져 올라갈 수 없었다. 공개된 사진으로 확인해보니 곡장은 있고 병풍석과 난간석은 없다. 상계에 석호 1쌍, 석양 1쌍, 혼유석 1좌, 고석 4개가 있다. 상계와 중계 사이에는 장대석이 놓였다. 중계에 8각 장

제13대 명종(明宗)

명등 1좌, 문인석 1쌍, 석마 1쌍이 있다. 하계 부분이 보이지 않고 무인석과 석마도 없다. 또 망주석도 보이지 않는다. 전체적으로 왕릉보다는 규모가 작았다. 덕종의 능(경릉)과 장순왕후 한씨의 능(공릉)도 나중에는 왕릉이 되었지만 당초에는 세자와 세자빈묘로 조성되어서인지 망주석, 무인석과 석마가 없었다. 순창원도 이들의 선례(先例)를 따른 것 같다.

제13대 명종의 가계도

부인 2명, 자녀 1남

중종 | 문정왕후 윤씨

장자 명종
제13대

인순왕후 심씨

숙의 이씨

장자 순회세자

1

대 원 군   1
덕흥대원군
(德興大院君)

덕흥대원군묘(德興大院君墓)

덕흥대원군 이초(1530~1559년)는 제14대 선조의 생부다. 제11대 중종의 일곱째 아들로, 어머니는 후궁 창빈 안씨다. 촌수로는 명종의 이복동생이 되는 셈인데, 서자로 일생을 마쳤을 뿐 왕위하고는 거리가 멀었다. 그러나 제13대 명종이 대를 이을 자식 없이 세상을 떠나자 셋째 아들 하성군이 제14대 왕이 되어 조선 최초의 대원군으로 추존되었다. 덕흥대원군의 정실부인은 중추부판사 정세호의 딸로 세조 시대 영의정 정인지의 손녀. 슬하에 3남 1녀를 두었다.

선조는 왕이 되고 나서 본인이 방계 출신인 것이 항상 마음에 걸렸는지 아버지를 왕으로 추존하고 싶어 했지만, 법도를 따지는 신하들로 인해 그 뜻을 실현하지 못했다. 심지어 나무꾼들이 남양주에 안장한 아버지의 묘를 '덕묘'나 '덕흥대원군묘'라 하지 않고 '덕릉'이라 하면 후하게 대접하고 비싼 값에 나무를 사들였다고 한다. 그 뒤로 나무꾼들은 일부러 묘를 지나다녔고 자연스럽게 덕릉으로 불렀다. 지금도 덕흥대원군묘 동쪽에 있는 노원구 상계동 당고개에서 남양주시 별내면으로 넘어가는 고개를 '덕릉고개'라 부르고, 덕흥대원군이 살았던 마을도 '덕릉마을'이라 부른다.

우석대학교 교양학부 김두규 교수의 글을 읽어보면 선조의 할머니인 창빈 안씨는 1549년 51세로 세상을 떠났는데, 처음에는 양주 장흥 땅에 안장되었다

대원군 1 덕흥대원군(德興大院君)

덕흥대원군묘 표지석

가 풍수지리상 불길하다 하여 이듬해 과천 동작리로 천장했다. 그리고 17년이 지나 하성군이 조선 제14대 왕으로 등극하면서 이곳은 명당으로 알려지게 되었다. 손자가 임금이 되면서 창빈 안씨의 묘를 동작릉이라 불렀다. 그녀가 죽은 지 130년이 흘러 후손은 1,000여 명으로 늘어났고, 조선이 망하기까지 역대 임금은 모두 창빈 안씨의 후손이었다. 현재 국립현충원 안에 창빈 안씨의 묘가 있다. 1950년 6·25전쟁 전사자를 위한 국군묘지를 시작으로 확장을 거듭하여 국립현충원이 된 것이다. 동작릉 일대가 명당자리인 것만은 틀림없는 것 같다.

그동안 계획했던 왕릉과 원들은 모두 답사를 끝냈고, 덕흥대원군묘 외에 전계대원군묘(철종의 생부, 뒤에 설명), 흥선대원군묘(고종의 생부, 뒤에 설명), 인평대군묘(제16대 인조의 셋째 아들, 고종으로 혈통이 이어짐, 뒤에 설명) 그리고 후궁묘인 성묘(광해군의 생모, 선조의 후궁 공빈 김씨의 묘, 뒤에 설명)와 안빈묘(제17대 효종의 후궁 안빈 이씨의 묘, 뒤에 설명)는 아직 답사하지 못했다. 광해군묘 주변에 성묘, 안빈묘가 있고, 또 가는 길에 사릉(제6대 단종의 정비 정순왕후 송씨의 능)이 있었지만, 이런 사실을 모르는 상태에서 답사한 결과 성묘와 안빈묘가 빠진 것이다. 오늘은 덕흥대원군묘, 흥선대원군묘, 성묘, 안빈묘까지 답사하려고 출발했으나, 안빈묘는 날도 저물었고 위치도 찾기가 어려워 답사하지 못했다.

경기도 남양주시 별내면 덕송리 산 5-13에 위치한 덕흥대원군묘가 가까워지자 2차선 좁은 편도의 산길로 들어섰다. 여기가 앞서 설명한 덕릉고개로 보인다. 중턱에 다다랐을 때 길가에 덕흥대원군묘 방향 표시판이 우뚝 서 있었다. 130미터라고 표시된 화살표가 없었으면 그냥 지나칠 뻔했다. 주차장이 없어 길가에 차를 대고 산길을 걸어 올라갔다. 늦가을이어서 나뭇잎이 다 떨어졌다. 땅에 깔린 낙엽을 밟으며 100미터 정도 올라가니 경기도 기념물 제55호 덕흥대원군묘 표지석이 보인다. 덕흥대원군은 아들이 왕이 되는 것을 보지 못하고 죽었다. 안내판 내용을 읽어본 후 조금 걸어 올라가니 선조의 형 하원군 부부의 쌍묘가 보인다. 묘비에는 '현록대부하원군지묘(懸祿大夫河原君之墓)', '남양군부인홍씨지묘(南陽君夫人洪氏之墓)'라고 음각되었다.

쌍묘를 지나 언덕을 조금 더 올라가면 신도비가 보인다. 신도비 앞쪽에 덕흥대원군 부부의 쌍묘가 보이는데 묘비에 '덕흥대원군지묘(德興大院君之墓)', '하동부대부인정씨지묘(河東府大夫人鄭氏之墓)'라고 음각되었다. 봉분은 나지막한 호석(護石)으로 둘러졌다. 고석이 없는 평평한 혼유석 1좌와 향로석 1기가 중간에 놓였고 8각 장명등 1좌, 망주석 1쌍, 무인석 1쌍이 있다. 묘에 무인석이 있는 것이 특이하다. 무인석은 왕릉과 왕후릉에만 있었다. 복위된 왕릉이나 왕후릉(정릉, 장릉, 사릉, 온릉), 추존된 왕릉이나 왕후릉(덕종릉, 공릉), 폐위된 왕(연산군묘),

원(순창원)에는 문인석만 있을 뿐이었다. 덕흥대원군묘에 무인석이 있는 것을 보면 선조가 아버지의 묘를 왕릉으로 대우하고 싶어 했다는 이야기가 맞는 것 같다. 하지만 선조가 효심 때문이 아니라 방계 출신이라는 열등감 때문에 이토록 왕릉에 집착하지 않았나 하는 생각도 든다. 아들(광해군)에 대한 비틀어진 행동이 생각나서일까? 아니면 그 뒤 방계 출신으로 등극한 인조가 선조보다 한술 더 떠서 아버지를 끝내 왕(원종)으로 추존하고 아들 소현세자를 시기한 모습을 봐서 그럴까? 하여튼 효심만은 아닐 것 같다.

덕흥대원군의 가계도

부인 2명, 자녀 3남 2녀

중종　　창빈 안씨

2남 덕흥대원군 **추존**　하동부대부인 정씨　순단

장자-이정 하원군　장녀 이혜옥

2남-이인 하릉군

3남-이균 하성군 **제14대 선조**

장녀 이명순

14

제14대
선 조
(宣祖)

목릉(穆陵)—
구리 동구릉(東九陵)
세 번째 이야기

선조(1552~1608년, 재위 1567~1608년)의 아버지는 제11대 중종의 후궁인 창빈 안씨의 일곱째 아들 이초(후에 덕흥대원군)로, 제13대 명종 대에서 직계자손이 끊어지면서 그의 셋째 아들 하성군(휘, 이연)이 조선 최초로 방계 출신 왕이 된다. 선조는 등극 후 잠시 동안 명종의 정비 인순왕후 심씨의 수렴청정을 받았으나, 곧 친정을 시작했다. 인순왕후 심씨는 선조를 명종의 후계자로 지명한 여인이다.

선조는 즉위하면서 벼슬을 버리고 낙향한 퇴계 이황을 부르는 등 신진 사림의 영입을 적극 추진하여 많은 인재를 모았다. 자연스럽게 신진 사림세력이 정권을 잡았다. 명종의 고명대신 이준경과 외척을 대표하는 인순왕후 심씨의 동생 심의겸이 또 하나의 중심세력이었는데, 이들은 신진 사림에 대응하는 기성 사림이었다. 두 세력은 인종과 명종 대의 병폐였던 외척정치의 잔재 청산에 의견을 달리한다. 신진 사림은 개혁에 적극적이었으나, 기성 사림은 속성상 소극적일 수밖에 없었다.

이러한 갈등 중 1572년(선조 5년)에 이조정랑을 추천하는 문제가 불거지면서 선배 사림과 후배 사림이 동서분당으로 갈라진다. 이조정랑은 정5품의 관직으로 비록 품계는 낮은 자리였지만 인사행정을 담당한 요직이었다. 인사권만은 이조판서도 간여할 수 없었다. 누가 되느냐에 따라 세력의 판도가 달라지는 것이다. 또 자신의 후임자를 지명할 수 있는 권한이 있었다. 이조정랑 오건은 자신의 후임으로 신진 사림을 대표하는 김효원을 추천한다. 김효원은 이황과 조식의 문인으로 문과에 급제한 수재였다. 그러나 이조참의였던 심의겸이 반대하여 김효원은 악감정을 품게 된다. 그 후 김효원의 후임으로 심의겸의 아우 심충겸이 거론되자, 김효원은 이중호의 아들 이발을 추천하여 이조정랑의 자리에 앉힌다. 이 일을 계기로 김효원을 주축으로 하는 신진 사림과 심의겸을 추종하는 기성 사림으로 세력이 갈라진다. 김효원은 서울의 동쪽에 있는 건천동에 살았기 때문에 그를 따르는 세력을 동인이라 불렀고, 심의겸은 서쪽의 정릉동에 살았기 때문에 그를 따르는 세력을 서인이라 불렀다. 동인은 유성룡, 우성전, 김성일, 이발, 이산해, 정인홍, 이덕형 등 대체로 이황과 남명 조식의 문인들이었고, 서인은 정철, 송익필, 윤두수 등 이이와 성혼의 학맥이었다. 조선 사회의 최대 논쟁이었던 사단칠정론에서 주리론(主理論)을 주장했던 영남학파 퇴계 이황이 동인에 속하고, 주기론(主氣論)을 주장했던 기호학파 율곡 이이가 서인에 속한 것은 앞으로 당쟁의 흐름에 시사하는 바가 크다. 동서가 분당될 때 율곡 이이가 중재에 나섰으나 실패하고, 이이가 죽은 후로는 동인천하가 되었다.

한편 1589년(선조 22년) 정여립의 역모 사건(기축옥사)이 터진다. 정여립은 전주 출신으로 25세의 젊은 나이에 우수한 성적으로 문과에 급제한 서인의 촉망받는 인재였다. 그러나 동인이 집권세력이 되면서 크게 등용되지 못하자 서인에서 동인으로 당을 바꾼다. 선조는 정여립의 전향을 비난했다. 이에 정여립은 즉시 관직을 버리고 낙향하여 진안군 죽도에서 서사(書舍)를 차려놓고 불만 있는 사람들을 모아 대동계를 조직하여 무술훈련을 시키는 등 세력을 키웠다. 황해도 관찰사 한준, 안악군수 이축, 재령군수 박충간 등은 정여립 일당이 한강이 어는 겨울을 틈타 서울을 침범하려 한다고 고발한다. 결국 정여립은 체포되기 직전 자결하고, 아들 정옥남은 체포되어 자백한다. 서인은 이를 계기로 동인을 치기 시작했다. 서인의 실세 정철이 우의정에 임명되면서 사감이 있었던 사람까지 모두 역당으로 몰아 처단했다. 동인의 영수 이발은 평소 정여립과 가까이 지냈는데, 기축옥사가 일어나자 종성으로 유배되었다가 정여립의 집에서 자신이 보낸 편지가 발견되어 신문을 받던 중에 죽었다. 그의 팔순 노모와 어린 아들도 체포되어 모두 죽음을 당했다. 그 뒤 3년 동안 옥사로 사망한 사람이 무려 1,000여 명에 달했다. 임진왜란이 일어나기 직전에 일어난 사건으로 나라의 동량이 수없이 희생된 것이다. 정철은 《관동별곡》, 《사미인곡》, 《속미인곡》, 《성산별곡》 등 주옥같은 작품을 남긴 가사문학의 대가로 알려졌는데, 현실정치에서는 피도 눈물도 없는 행동을 저질렀다.

정여립 사건이 마무리될 즈음인 1591년(선조 24년) 건저의사건(建儲議事件)이 터진다. 선조의 원비 의인왕후 박씨(1555~1600년)에게는 소생이 없어 후궁들의 아들 중에서 세자를 책봉하려는 움직임이 있었다. 선조는 총애했던 후궁 인빈 김씨의 둘째 아들 신성군을 마음에 두었지만, 신하들은 광해군을 적격으로 여겼다. 신성군은 광해군보다 나이가 어리고, 광해군의 형 임해군은 성격이 포악하여 적절하지 않다는 이유였다. 당시 영의정은 이산해, 우의정은 유성룡, 좌의정은 정철이었다. 삼정승은 광해군을 세자로 건의할 것을 약속했는데, 막상 좌의정 정철만 건의하여 선조의 노여움을 샀다. 동인은 서인인 정철이 신성군을 모해하려 한다고 후궁 인빈 김씨를 충동질한다. 정여립 사건 때 동인이 정철에게 당한 일에 대한 복수였을 것이다. 이 사건으로 동인은 정철을 죽이자는 강경파와 귀양 보내자는 온건파로 갈라진다. 강경파는 이발, 이산해, 정인홍 등이고, 온건파는 유성룡, 우성전 등이다. 북악산 밑에 이발의 집이, 한강 북쪽에 이산해의 집이 있었기 때문에 강경파를 북인이라 불렀고 유성룡, 우성전 집이 남산

부근인데다 유성룡이 영남 출신이기 때문에 온건파를 남인이라 불렀다.

대외상황은 어떠했는가? 건저의사건이 터지기 1년 전에 조정에서는 통신사를 일본에 파견했다. 일본이 명나라를 치기 위해 조선에 길을 내어달라고 요청한 내용의 진위를 파악하기 위해서다. 서인 황윤길은 정사(正使), 동인 김성일은 부사(副使)로 파견되어 도요토미 히데요시(豊臣秀吉)를 접견한 다음 귀국했다. 그런데 황윤길은 일본이 반드시 내침(來侵)할 것이므로 전쟁에 대비해야 한다고 주장하고, 김성일은 침입하지 않을 것이라고 상반된 보고를 한다. 당시 동인세력이 강성했기에 서인인 황윤길의 의견은 묵살되고 만다. 이렇듯 국론이 분열되고, 국방에 대한 대비가 없는 상태에서 이듬해 임진왜란이 터진다. 일찍이 1583년 율곡 이이가 병조판서로 있을 때 10만 양병설을 건의했으나 정책에 반영되지 않았다. 임진왜란이 일어나기 9년 전이다. 큰 전란 없이 평화 시대가 200여 년이나 계속되었으니 설마 전쟁이 일어나겠느냐는 생각이었을 것이다.

1592년(선조 25년)은 조선이 건국된 지 200년이 되는 해다. 태조 이성계가 조선을 창건한 이래 사건과 사고가 많았지만 임진왜란과 같은 큰 전쟁은 없었다. 북쪽의 여진족 침입, 남쪽의 왜구 침입은 소규모에 불과했다. 궁중에서의 권력 싸움은 있었어도 외부 침입은 없어 용케도 평화가 유지되었다. 그러다 보니 전쟁에 대비하여 국방을 강화하는 데 자연히 소홀했다. 임진왜란이 터지자 모든 부분에서 문제가 발생했다. 우선 국방력이 없었다. 일본을 통일한 도요토미 히데요시는 1592년 4월 13일 약 20만 대군을 거느리고 조선을 침략했다. 얼마나 전쟁에 대한 준비가 없었는지, 10일 만인 4월 24일 경상도가 함락됐다. 신립 장군은 천혜 요새였던 문경새재를 활용하지 못하고, 오히려 충주 탄금대에서 배수진을 치고 기마전으로 승부수를 두다가 전쟁이 터진 지 15일 만에 전몰했다. 전술 부족이었다. 신식 무기인 조총으로 무장한 정예군대를 당해낼 수 없었다. 선조는 마지막으로 기대했던 신립 장군의 패보 소식을 듣고 피난길에 오른다. 4월 30일 선조가 한양을 떠나자 분노한 백성은 경복궁과 창경궁 등 궁궐을 방화하고 형조에 보관하던 노비 문서도 소각한다. 선조의 통치권은 사실상 마비되었다. 왕으로서 위기 관리 능력을 보이지 못해 백성들에게 외면당한 것이다. 5월 2일에 한양이 점령되고 전쟁이 발발한 지 두 달째 되는 6월 13일에는 평양까지 함락되었다.

선조는 다시 의주로 피신하면서 세자 광해군에게 종묘와 사직을 받들도록 하고, 분조(分朝)를 맡겨 남쪽에서 조정을 이끌도록 했다. 그리고 자신은 요동까지 갈 차비를 한다. 반면에 분조는 16개월간 많은 공을 세운다. 구국(救國)의 성웅(聖雄)으로 존경받는 충무공 이순신 장군(1545~1598년)은 남해를 끝까지 사수하면서 왜군을 격퇴시키고 보급로를 차단한다(한산도대첩). 자발적으로 의병이 봉기하고, 권율 장군의 행주대첩, 김시민 장군의 진주대첩으로 승기를 잡는다. 또 명나라 지원군이 참전하면서 평양을 수복하고, 연이어 한양도 수복한다. 그후 2~3년간 소강상태를 유지하다가 1597년(선조 30년) 7월 15일 정유재란이 일어난다. 선조는 이순신에게 거제지구 칠천량에서 일본과 싸우라는 명을 내렸으나 듣지 않았다. 칠천량은 일본이 기습하기 좋은 위치였기 때문에 반드시 패하리라 판단한 것이다. 결국 이순신 장군은 명령 불복종으로 삭탈관직당하고 백의종군하는 신세가 된다. 선조는 원균에게 이 전투를 맡겨 강행했다가 이순신 장군의 예측대로 대다수가 궤멸당하고 원균 장군도 전사한다. 후회해도 때는 이미 늦은 것이다. 수군의 기반이 완전히 붕괴됐을 때 이순신 장군이 재등용되면서 9월 16일 일본과 울돌목에서 남은 배 12척으로 왜선 133척을 격파하는 대승리를 거둔다(명량해전). 이후 도요토미 히데요시가 사망하고 1598년(선조 31년) 11월 18일 노량해전을 끝으로 일본군을 완전히 몰아낸다. 7년에 걸친 전쟁이었다. 이순신 장군은 여기서 전사한다.

제14대 선조(宣祖)

선조는 조선 역대 왕 중 재위기간(41년)이 네 번째로 길다. 세상을 떠나기 2년 전에 계비 인목왕후 김씨(1584~1632년)를 맞이하여 적장자 영창대군을 얻었는데, 이것이 나중에 당쟁의 불씨가 된다. 인재를 등용하여 새로운 정치를 시도했으나 당쟁의 도화선이 된 동서붕당이 탄생했고, 7년에 걸친 전쟁으로 민생은 어려움에 처했다. 임진왜란이 끝나고도 10년 동안 재위하면서 전후 복구를 위한 치적 없이 57세에 갑자기 세상을 떠난다. 계비 인목왕후 김씨(인목대비)는 3세에 불과한 영창대군 대신 대리청정하고 있던 세자인 광해군을 후계자로 책봉한다.

일본은 일찍이 서구 문명을 받아들여 조총을 만들었고, 1600년에 영국은 동인도 회사를 설립하여 해외로 뻗어나가고 있었다. 조선은 집권세력이었던 동인이 남인과 북인으로 분열되어 당쟁이 계속되었고, 남인 유성룡은 북인 정인홍의 탄핵을 받아 실각하고 정권은 북인에게 돌아갔다. 임진왜란을 전후로 하여 조선은 전기와 후기로 나뉜다.

목릉은 동구릉에서 세 번째로 조성된 왕릉이며 선조, 원비 의인왕후 박씨, 계비 인목왕후 김씨의 동원삼강릉이다. 정자각 1개를 중심으로 다른 세 곳의 언덕에 각각 능침을 조성했다. 이는 동원이강릉 형식의 변형으로 조선 왕릉 중 유일하다. 동구릉에서 목릉은 수릉, 현릉, 건원릉 다음으로 나타난다. 동구릉의 재실은 하나의 재실로 통합된 것 같다. 목릉으로 가는 길목에는 서어나무가 군락을 이루고 있다. 금천교를 건너 홍살문에 다다랐다. 홍살문 옆에는 배위가 보인다. 목릉 안내판이 있다. 특이하게도 홍살문을 지나 서쪽으로 꺾인 참도를 따라가야 정자각에 도착한다. 오른쪽으로 비각이 보인다. 참도는 정자각에서 선조, 원비 의인왕후, 계비 인목왕후의 능으로 각각 뻗으며 꺾이고 층이 생겼다. 지형에 따라 만들었기 때문인 것 같다. 신덕왕후 강씨의 정릉과 장순왕후 한씨의 공릉에서도 참도가 'ㄱ'자로 꺾여 들어간 것을 보았으나, 여기처럼 길게 뻗으면서 꺾이지는 않았다.

원비 의인왕후 박씨가 건원릉 동쪽 셋째 산줄기에 안장되면서 유릉이 조성되었는데, 선조가 세상을 떠나고 1608년(광해군 즉위년)에 건원릉 서쪽 다섯 번째 산줄기에 능을 조성하면서 목릉이 된다. 하지만 터가 좋지 않고 물이 찬다고 해서 1630년(인조 8년)에 유릉 서쪽 산줄기, 즉 현 위치로 옮겼다. 이후 유릉과 목릉의 능호를 합칭하여 목릉이라 불렀다. 1632년 계비 인목왕후의 능을 건원릉 동쪽 다섯 번째 산줄기에 조성하면서 3개의 능을 이루었다. 능호는 목릉, 묘호는 선조, 원비 의인왕후 박씨, 계비 인목왕후 김씨다.

원비 의인왕후릉 앞에 정자각의 뒷모습이 보인다.

제14대 선조(宣祖)

선조는 평소 사후의 자리로 산천이 깊고 경내가 그윽한, 속세와 멀리 떨어진 곳이면 좋겠다고 말했었다. 그래서 길지 후보로 거론된 곳이 포천 신평 땅인데, 현재 인평대군의 묏자리다. 당시 지관이 흉지라고 하여 선택되지 않았다고 한다. 그러나 인평대군의 6대손 남연군(흥선대원군의 아버지)에서 고종, 순종 황제가 나왔으니 흉지는 아닌 것 같다. 풍수지리도 꼭 맞는 것은 아닌가 보다.

구리 동구릉 목릉 정자각은 보물 제1743호로 지정되었다. 정자각 안내판 내용을 옮겨본다. '목릉의 정자각은 조선 왕릉 42기 가운데 유일한 다포(多包) 양식이다. 모든 왕릉이 주심포(柱心包)에 익공(翼工)으로 장식화되기 이전의 모습을 유지하고 있어 건축사적 가치가 크다.' 목조 건물에서 처마지붕 끝의 하중을 받치기 위하여 기둥 위에 만든 구조물을 공포(栱包)라고 하는데 기둥 위에 공포가 하나인 건 주심포 양식이라 하고, 기둥과 기둥 사이에 공포가 여러 개인 건 다포 양식이라고 한다. 주심포 양식에서 공포를 새 날개 모양으로 꾸민 것이 익공이다. 지금 정자각은 선조의 능을 천릉할 때 이전 건립되었지만 그때의 모습을 유지하고 있다. 의인왕후릉 앞에는 예전 정자각 주춧돌이 보인다. 정자각 옆에는 수라간이 있는데 복원 작업을 위해 허물었다. 수복방은 찾아볼 수 없다.

능침 공간에는 모두 올라가 볼 수 있었다. 우선 선조의 능부터 답사했다. 여느 왕릉과 차이가 없다. 능침 삼면으로 곡장이 둘러졌고, 병풍석과 난간석도 설치되었다. 상계에는 석호 2쌍, 석양 2쌍, 혼유석 1좌, 고석 4개, 망주석 1쌍, 중계에는 8각 장명등 1좌, 문인석 1쌍, 석마 1쌍이 있다. 망주석, 8각 장명등의 대석에 새겨진 모란과 연꽃 무늬는 여기서 처음 보는 양식인데, 조선 말기까지 석물 문양에 영향을 주었다고 한다. 인조의 장릉 병풍석에서도 볼 수 있다. 하계에는 무인석 1쌍, 석마 1쌍이 있다. 상계, 중계, 하계는 장대석으로 구분되었다.

다음으로 의인왕후릉을 답사했다. 길게 뻗은 참도를 따라 걸어가면 저 멀리

오른쪽부터 문인석과 석마, 중계와 하계 사이 장대석, 무인석과 석마

산신석이 보인다. 예감을 찾았으나 보이지 않는다. 석물 개수는 동일하고 병풍석은 없다. 마지막으로 인목왕후릉을 답사했다. 여기도 길게 뻗은 참도를 따라 걸어가야 한다. 석물 개수는 의인왕후릉과 같다. 역시 병풍석은 없다. 선조릉과 의인왕후릉은 석호와 석양, 석마의 다리 사이가 막혔고 그 부분에 풀꽃무늬가 새겨졌다. 인목왕후릉은 건원릉과 헌릉에서 실물처럼 조각했던 석양과 석마의 다리 형태가 되살아난 것이 눈길을 끈다. 석호만 앉은 자세로 다리 사이가 막혔고 그 부분에 풀꽃무늬가 새겨졌다. 전란 후 어려운 시기에 조성된 능이어서 대체적으로 졸작이라는 평인데, 인목왕후릉은 인조 대에 만들어져 다소 숙련된 솜씨라고 한다. 목릉 답사를 끝내고 다음 코스인 희릉 쪽으로 향했다.

남양주 성묘(成墓)

선조의 후궁 공빈 김씨(1553~1577년)의 묘다. 영돈녕부사 김희철의 딸로 선조의 승은(承恩)을 입은 후 임해군과 광해군을 낳고 25세의 젊은 나이로 죽었다. 그 때 광해군은 3세에 불과했다. 나중에 서장자 임해군을 제치고 광해군이 왕이 되자 신하들의 반대에도 불구하고 어머니를 공성왕후로 추존하고 능호도 성릉으로 승격했다. 그러나 광해군이 폐위된 후 다시 능에서 묘로, 왕후에서 후궁으로 격하되었다.

덕흥대원군묘(이미 설명), 흥선대원군묘(뒤에 설명), 성묘, 안빈묘(뒤에 설명)를 같은 날 모두 답사하기로 했지만, 안빈묘는 날도 저물고 찾기가 어려워 다른 날로 미루고 답사를 마쳤다. 성묘(경기도 남양주시 진건읍 송능리 산 55)는 '산' 번지여서인지 내비게이션으로도 찾기가 수월치 않았다. 안빈묘(경기도 남양주시 진건읍 송능리 산 66)와 광해군묘(경기도 남양주시 진건읍 송능리 산 59)도 마찬가지였다. 마침 이 주변에 음식점(고모네콩탕집)이 있다는 걸 알아내 그곳 주소(경기도 남양주시 진건읍 사능로적성길 16, 전화 031-573-7571)를 입력해 찾아갔다. 내비게이션을 따라가면 사릉을 지나 송능삼거리까지 간다. 송능삼거리에서 왼쪽으로 진입하면 광해군묘 방향 표시판이 나온다. 한참 가다 보면 왼쪽으로 영락교회공원묘지 입구가 보이는데, 성묘로 가는 길은 영락교회공원묘지 입구 안쪽으로 들어가는 게 아니라 오던 길 그대로 직진해야 한다. 성묘 방향 표시판에 300미터라고 나와 있다. 그 옆에는 풍양 조씨 시조 묘소 묘비가 보인다. 동네 안으로 남의 집 마당을 지나서 풍양 조씨 묘를 찾아 올라가야 한다. 풍양 조씨 시조 묘비와 그 옆에 묘비 2기를 지나면 나타나는 계단을 따라 올라가면 고려 개국공신 문하시중(고려 시대 으뜸 벼슬) 조맹지묘가 있다. 잘못하면 혼동할 수 있다. 여기서 더 올라가야 성묘 안내판이 나타난다. 사적 제365호 성묘 표지석과 성묘가 보인다. 가는 길에 방향 표시판이 전혀 없어서 찾기가 어려웠다. 오히려 풍양 조씨 시조 묘소의 방향 표시판이 잘되어 있다.

그러면 안빈묘는 어떻게 가는가? 다시 음식점까지 가서 왼편으로 난 길을 따라 계속 올라가면 자동차 전용 도로가 나타나고, 이를 따라 굴다리를 지나가면 나타난다. 성묘보다 찾기가 더 어려웠다. 그동안 답사했던 곳 중에서 성묘와 안빈묘 가는 길이 제일 좋지 않았다. 관리가 소홀하여 문화재를 찾는 사람을 곤혹스럽게 만든다.

성묘는 추존 당시에 만들었던 석물이 그대로 보존되었기 때문에 진입 공간과 제향 공간은 없으나, 능침 공간은 여느 왕릉과 같은 모습이다. 묘 가까이에서 둘러볼 수 있다. 성묘 안내판에는 광해군이 폐위되지 않았다면 왕의 생모이므로 건상궁에 모셔졌을 것이나 지금은 이곳에 안치되었다고 적혔다. 상계에는 곡장, 난간석, 석호 2쌍, 석양 2쌍, 혼유석 1좌, 고석 4개, 망주석 1쌍이 있다. 망주석에는 세호가 뚜렷하다. 중계에는 8각 장명등 1좌, 문인석 1쌍, 석마 1쌍, 하계에는 무인석 1쌍, 석마 1쌍이 있다. 석호와 석양, 석마는 다리 사이가 막혔고 그 부분에 풀꽃무늬가 새겨졌다. 상계, 중계, 하계는 장대석으로 구분되었다.

며칠 전 내린 눈이 성묘 주변에 듬성듬성 남아 있었다. 11월의 스산함이 느

제14대 선조(宣祖)

선조의 후궁 공빈 김씨의 성묘 능침 공간

껴졌다. 광해군은 세상을 떠나면서 얼굴도 잘 기억나지 않는 어머니 옆에 묻히기를 원했다. 그래서 광해군묘와 성묘는 서로 가까운 거리에 있다. 이 지역은 특히 소나무가 많은데 '송능리'라는 지명은 소나무가 많고 성릉이 있는 마을이라는 의미인 송릉(松陵)에서 유래되었다고 한다. 모자가 모두 비운의 인생을 살고 간 역사를 다시 한 번 떠올리면서 묘를 떠났다.

남양주 순강원(順康園)

선조의 후궁 인빈 김씨(1555~1613년)의 묘다. 아버지는 감찰 김한우, 어머니는 충의위 이효성의 딸이다. 인빈 김씨는 명종의 후궁 숙의 이씨의 이종사촌 동생으로 궁중에서 자랐는데, 명종의 정비 인순왕후 심씨가 기특히 여겨 선조에게 부탁하여 후궁으로 두게 했다. 이때 나이가 14세였다. 공빈 김씨가 일찍 죽자 뒤를 이어 선조의 은혜를 입는다. 정원군(후에 원종으로 추존)을 포함하여 4남 5녀를 두었다. 인빈 김씨는 선조의 많은 후궁 가운데 최후의 승자가 되는 조선 역사에서 가장 이름난 후궁이다. 정원군은 인빈 김씨의 셋째 아들로 형들(의안군, 신성군)이 일찍 죽어 조선 왕릉에 안장되는 영광을 누렸다. 다만 아들 인조가 반정을 일으키기 4년 전인 1619년 40세로 죽었기에 살아 있을 때는 왕으로까지 추존될 줄 몰랐을 것이다. 선조는 한때 인빈 김씨를 왕후로 올리려고 했으나, 신하들이 성종의 폐제헌왕후 윤씨와 정현왕후 윤씨의 예를 들어 후궁을 왕후로 뽑음은 불가한 일이라고 반대했다.

순강원은 경기도 남양주시 진접읍 내각2로 84-31에 위치한다. 1755년(영조 31년) 인빈 김씨의 위패를 원종이 살았던 송현궁에 모시고 사당 이름을 저경궁으로, 묘는 순강원으로 승격했다. 이는 영조가 자신의 생모 숙빈 최씨를 위해 궁원제를 도입하여 왕을 낳은 후궁들을 특별대우하게 된 선례를 좇은 것이다.

제14대 선조(宣祖)

순강원 표지석

저경궁은 1908년(융희 2년) 서울 종로구 궁정동에 있는 칠궁에 위패를 옮겼다. 이미 설명한 대로 순강원은 현재 비공개다. 입구까지 갔다가 발걸음을 되돌렸다. 담장이 둘러졌고 문은 굳게 닫혔다. 입구에 사적 제356호 순강원 표지석이 보인다. 순강원 안내판을 읽어보았다. 문화재 보존 관리를 위하여 공개하지 않고 있음을 알리는 안내문도 있다. 이날은 가까이에 있는 순강원 원찰 봉영사를 둘러보는 것으로 일정을 끝냈다.

공개된 사진에서는 진입 공간에 금천교와 재실이 보인다. 제향 공간에는 홍살문이 보이고, 그 옆에 배위는 없다. 참도(신도, 어도), 정자각, 비각, 예감이 있다. 능침 공간에는 곡장, 석호 1쌍, 석양 1쌍, 혼유석 1좌, 고석 2개, 동자상 1쌍, 향로석 1기, 묘비 1기, 망주석 1쌍, 4각 장명등 1좌, 문인석 1쌍, 석마 1쌍이 있다. 능침에 병풍석, 난간석은 없고 호석이 둘러졌다. 능침 앞에 동자상, 향로석, 묘비가 있는 것이 특이하다. 무인석은 없다. 사진으로나마 임금을 낳은 후궁의 묘인 원의 형태를 살펴볼 수 있었다.

제14대 선조의 가계도

부인 8명, 자녀 14남 11녀

덕흥대흥군	하동부대부인 정씨				
3남 선조 **제14대**	의인왕후 박씨	인목왕후 김씨	공빈 김씨	인빈 김씨	순빈 김씨
		장자 영창대군	장자 임해군	장자 의안군	장자 순화군
		장녀 정명공주	2남 광해군 **제15대**	2남 신성군	
				3남 정원군 **추존 원종**	
				4남 의창군	
				장녀 정신옹주	
				2녀 정혜옹주	
				3녀 정숙옹주	
				4녀 정안옹주	

정빈 민씨	정빈 홍씨	온빈 한씨			5녀 정휘옹주
장자 인성군	장자 경창군	장자 흥안군			
2남 인흥군	장녀 정정옹주	2남 경평군			
장녀 정인옹주		3남 영성군			
2녀 정선옹주		장녀 정화옹주			
3녀 정근옹주					

15 제15대 광해군 (光海君)

남양주 광해군묘(光海君墓)

광해군(1575~1641년, 재위 1608~1623년)은 선조의 후궁 공빈 김씨의 둘째 아들로, 휘는 이혼이며 부인은 지돈녕부사 류자신의 딸 문성군부인 류씨(1576~1623년)다. 문성군부인 류씨는 1592년 광해군이 세자가 되면서 세자빈이 되고, 1608년 광해군이 왕이 되면서 왕후로 봉해진다. 광해군은 조선 역사상 연산군과 더불어 임금 노릇을 했으면서도 반정에 의하여 쫓겨난 왕으로 묘호와 능호가 없다. 임진왜란이 일어나자 선조는 급히 광해군을 세자로 책봉하고 분조를 맡겼다. 분조란 원래의 조정은 그대로 두고, 전란 중에 별도로 만든 조정이다. 원래의 조정은 선조가 맡고, 분조는 광해군이 맡은 것이다. 종묘사직을 보호하기 위한 조치였다. 전란 중에 광해군은 평안도, 황해도, 강원도 일대를 돌며 민심을 수습하고, 경상도와 전라도에 내려가 군량을 모으고 무기를 조달하는 등 상당한 공을 세웠다. 광해군의 분조활동은 임진왜란을 극복하는 데 중요한 역할을 했지만 어찌 된 일인지 선조는 광해군의 공을 인정하지 않았다.

임진왜란이 끝나고 8년이 지나 선조가 55세가 되던 해인 1606년(선조 39년)에 계비 인목왕후 김씨에게서 영창대군이 태어난다. 선조가 바라던 적장자가 태어난 것이다. 평소 광해군을 탐탁지 않게 생각한 데다 적장자까지 태어나 광해군의 입지는 더욱 좁아진다. 선조가 병석에 있을 때 광해군이 문안을 오면 "너는

임시로 봉한 세자이니 다시는 문안을 오지 마라"라고 할 정도로 홀대했다.

집권세력이었던 북인은 소북파와 대북파로 갈린다. 소북은 영창대군을 지지하는 파로 유영경이 있었고, 대북은 광해군을 지지하는 파로 이산해, 이이첨, 정인홍이 있었다. 선조가 갑자기 죽게 되자 인목대비는 아직 어린 영창대군 대신 세자인 광해군을 선조의 후계자로 세운다. 적장자 영창대군은 겨우 3세였다. 이때 명나라가 장자인 임해군이 아니라 동생인 광해군이 왕이 된 것을 트집 잡자, 왕재감이 아니었던 임해군은 일부러 미친 행동을 하여 무마한다. 이로써 대북파가 정권을 잡게 된 것이다. 연이어 왕위를 둘러싼 역모 사건이 일어난다. 인목대비의 친정아버지 연흥부원군 김제남이 영창대군을 추대한다는 역모설이 나오면서 김제남은 처형되고, 영창대군은 강화도 교동으로 유배되었다가 그곳에서 사사된다. 추존왕 원종의 셋째 아들 능창대군도 연루되어 사사된다. 능창대군은 훗날 인조반정의 주역인 인조의 동생이다. 인목대비는 폐비가 되면서 서궁에 유폐된다. 광해군의 형 임해군은 스스로 목숨을 끊는다. 조선의 3대 악녀 중 하나라는 광해군의 여인 김개시가 대북파와 손을 잡고 이들의 제거에 앞장섰다. 결국 광해군은 어머니를 폐하고 아우를 죽이는 패륜을 저지른다.

한편 명나라는 강성해진 여진족(후금. 뒤에 청나라)의 침입으로 상황이 어려워지자 1618년 조선에 파병을 요청한다. 광해군은 명나라를 돕는 척하면서 뒤로는 여진족과 협상한다. 망해가는 명나라에 적극적으로 지원했다가 새로운 세력인 청나라에 미움을 사는 것보다는 낫다고 본 것이다. 그러나 이러한 실리외교는 임진왜란 때 조선을 도운 명나라를 배신하는 것이고, 명나라에 대한 사대주의에 어긋나는 정치적 행동이었다. 이후 역사를 보면 광해군의 실리외교가 돋보이는 데 말이다. 재위 15년간 대동법(大同法)을 시행하고, 허준의 《동의보감》을 발간했으며, 《용비어천가》와 《신증동국여지승람》을 다시 펴내는 등 많은 치적을 남겼다. 또한 임진왜란 후 파괴된 성과 병기를 수리하며 복구에도 힘을 쏟았다. 대동법은 가구별로 부과하던 종전의 세금을 과세대상인 토지를 조사 측량하여 실제 작황에 따라 납부하는 것으로, 소득이 많은 사람이 세금을 더 내는 현재와 같은 납세제도다. 여러 가지 공물을 쌀로 통일해서 받음으로써 징세의 불합리성을 제거했다. 광해군 때 경기도로 시작하여 인조, 효종, 현종을 거치면서 숙종 때는 전국적으로 실시했다. 숙종 때까지 100년에 걸쳐 완성된 대동법은 조선 후기 경제 발전의 기틀이 되는 제도로 정착한다.

이렇듯 놀라운 치적에도 불구하고 광해군은 영창대군 사사, 인목대비 유폐 등의 패륜행위와 명나라를 지원하지 않은 외교정책 때문에 1623년 서인인 이귀, 김류, 최명길, 이괄, 김자점 등이 주동하여 일으킨 인조반정으로 폐위된다. 대북파 이이첨, 정인홍은 사사되고, 김개시는 참수된다. 광해군과 문성군부인 류씨는 강화도로 유배된다. 이 해에 폐위된 문성군부인 류씨는 강화도에서 사망하고, 광해군은 제주도로 이배된다. 그리고 1641년(인조 19년) 67세를 일기로 18년간의 귀양살이 끝에 죽는다. 유배지에서 광해군은 아주 초연한 자세로 지냈다고 전해진다.

광해군은 연산군과 달리 동정을 많이 받는다. 태종과 세조도 이와 유사한 사태가 있었으나 이들을 지지하는 세력이 워낙 막강했기 때문에 광해군처럼 쫓겨나지 않았다. 반정 당시 북인은 거의 몰락해서 복위를 수행할 수 있는 세력이 없었다. 남인은 서인의 반정을 인정하고 정치에 참여한다.

제15대 광해군(光海君)

남명 조식은 조선의 대표적인 성리학자이자 영남학파의 거두로, 그를 따르는 사람들은 당대의 거유 퇴계 이황의 영남학파와 구별하여 남명학파라고 불렀다. 평생 벼슬을 사양하고, 오로지 학문 연구에만 일생을 바친 꼿꼿한 선비다. 과감한 비판정신으로 임금이 잘못된 정치를 하면 상소를 올려 나라와 백성에 대한 강한 애정을 드러냈다. 이러한 자세는 제자들에게도 그대로 이어져 임진왜란 때 그의 제자들은 의병활동에 적극 참여했다. 정인홍도 그중 한 사람이었다. 정인홍은 남명에게서 경의검(敬義劍)이라 칭하는 칼을 물려받았는데, 남명은 이 칼의 끝을 턱밑에 괴고 혼매한 정신을 일깨웠다고 한다. 정인홍도 평생 남명의 가르침대로 살았다. 또 다른 수제자인 김우옹은 남명의 외손녀 사위로 방울을 물려받았다. 방울은 늘 깨어 있는 정신 상태를 의미하며, 남명은 이것을 차고 다니며 주의를 환기시켰다고 한다. 남명의 삶은 원칙과 신념을 위해 조금도 굽힘 없이 살아간 조선 시대 선비의 전형적인 모습이다. 너무 강하면 부러진다 했던가! 강경 노선으로 일관했던 남명 조식의 수제자 정인홍도 현실정치에서는 몰락했다. 서인 주도의 정국이 전개되면서 정인홍은 조선 후기 내내 역적의 굴레에서 벗어나지 못했다. 이즈음 북인은 완전히 사라진다. 혹자는 광해군이 서인과 북인의 당파싸움으로 희생되었다고 한다. 조선 후기의 실학자 성호 이익이 쓴 《성호사설》에서는 같은 영남학파이면서도 남명학파로 구별하는 남명 조식과 퇴계 이황의 차이점으로 '퇴계는 인(仁)을 숭상했고, 남명은 의(義)를 앞세웠다'고 평한다.

　　연산군묘에 이어 광해군묘를 답사했는데, 광해군묘 가는 길은 성묘에서 이미 설명한 바 있다. 묘역은 철책으로 둘러졌고, 문은 열려 있었다. 출입 안내문에는 문화재 보호 관리를 위해 장시간 지체하지 말고, 참배 후 출입문을 꼭 닫아달라고 써 있다. 문을 통과하여 능선 아래로 내려갔다. 주위가 온통 소나무

위에서 내려다보면 오른쪽이 광해군묘, 왼쪽이 문성군부인 류씨의 묘다.

다. 내리막길이 끝나자마자 오르막길이 시작된다. 묘소까지 계단을 만들어놓았다. 산 중턱에 묘소가 있다.

　묘소 앞에 사적 제363호 광해군묘 표지석과 안내판이 있다. 대군의 예에 따라 묘를 조성했기 때문에 석물은 없고 묘비, 혼유석, 망주석, 문인석 등이 배치되었다. 삼면이 곡장으로 둘러진 묘를 가까이 다가가서 살펴보았다. 앞에서 보면 왼쪽이 광해군, 오른쪽이 문성군부인 류씨의 묘다. 광해군은 1641년 7월 유배지였던 제주도에서 죽어 그곳에서 장례를 치렀다. 그리고 1643년 10월 지금의 묘소로 천장했다. 문성군부인 류씨는 강화도에서 죽어 양주군 적성동에서 장례를 치렀는데, 광해군이 죽은 뒤 같은 묘역에 천장하여 쌍묘가 되었다. 봉분 앞에는 혼유석 2좌, 묘비 2기, 향로석 2기가 있고, 혼유석 앞에는 고석이 1좌당 2개씩 있다. 여기까지가 상계인 것 같다. 상계와 중계 사이에 장대석이 보인다. 중계에는 망주석 1쌍, 문인석 1쌍, 하계에는 4각 장명등 1좌가 있다. 묘역의 규모는 59,168제곱미터로 왕릉에 비해서는 초라하다. 폐위된 왕으로서 연산군묘보다 더 초라한 느낌이 든다. 한때 천하를 호령했던 왕인데 폐위되면서 사후에도 대우를 못 받는 것 같다. 흥행에 성공한 영화 〈광해군〉 덕분인지 누군가의 흰 꽃다발이 묘 앞에 놓였다. 연민의 정으로 온 것일까. 머릿속에 잠시 서글픈 감정이 스쳐 지나간다.

제15대 광해군의 가계도

부인 2명, 자녀 1남 1녀

2

원종 2

추존
원
(元宗)

김포 장릉(章陵)

원종(1580~1619년)은 선조와 후궁 인빈 김씨 사이에 태어난 셋째 아들 정원군 (휘, 이부)으로 광해군의 이복동생이다. 인조반정으로 아들이 왕이 되자 정원대 원군으로 추존되었다. 원종의 부인은 능안부원군 구사맹의 딸로 인헌왕후 구씨 (1578~1626년)로 추존되었다. 슬하에 3남(인조, 능원대군, 능창대군)을 두었다.

인조는 아버지를 정원대원군으로 추존하는 데 만족하지 못하고 선조, 정원 군, 인조로 이어지는 계승구도를 만들어 정통성을 확보하고자 했다. 그러나 정 원대원군은 추존왕인 덕종처럼 세자가 아니었기 때문에 문제가 많았다. 선조도 같은 이유로 신하들의 반대에 부딪혀 아버지 덕흥대원군을 왕으로 추존하지 못 했다. 인조는 임금이 된 후로 10년 동안 수많은 논란을 일으키면서도 정원대원 군을 왕으로 추존하려는 뜻을 관철했다. 결국 1632년 반정공신들만 찬성했지, 서인계 예학자 사계 김장생, 김집, 우암 송시열, 남인계 허목 등은 모두 반대한 일을 단행한다. 아버지 정원대원군을 원종으로 추존한 것이다. 허목은 이를 비 판하다가 관직 임용마저 금지되었다. 당시 서인인 송시열과 남인인 허목은 같은 배를 탔지만, 그 후 예송논쟁(뒤에 설명)에서는 피나는 싸움을 벌인다. 대외적으 로 후금의 세력이 강성해지면서 조선의 국력을 강화하는 것이 중요했던 시기에 인조는 아버지를 왕으로 추존하는 데만 신경을 썼다. 정묘호란(1627년)과 병자호란(1636년)을 자초한 것이다.

　원종의 초장지는 경기도 양주군 곡촌리로, 처음에는 흥경묘라 불리다가 대원군으로 추존되면서 흥경원이 되었다. 인헌왕후 구씨는 49세로 세상을 떠나 경기도 김포시 풍무동 산 141-1에 안장되었으며, 원호를 육경원이라 했다. 1627년 원종의 흥경원을 육경원 자리로 천릉하면서 쌍릉을 조성한 후에 육경원과 흥경원을 합칭하여 흥경원이라 불렀다. 그 후 정원대원군이 원종으로 추존되면서 흥경원은 장릉(章陵)이 된다. 능호는 장릉, 묘호는 원종과 인헌왕후 구씨다. 면적이 522,297제곱미터에 이른다.

　서삼릉 공개지역을 답사한 뒤 김포로 출발했다. 내비게이션에서 선택할 때 음이 같은 단종의 영월 장릉(莊陵)과 인조의 파주 장릉(長陵, 뒤에 설명)을 잘 구별해야 한다. 서삼릉에서는 교통이 막히지 않으면 1시간이면 갈 수 있다. 주차장에 차를 세우고 매표소로 향했다. 눈에 익은 조선 왕릉 세계유산비가 보이고, 그 옆에는 사적 제202호 장릉 표지석이 보인다. 출입문 옆에는 장릉 안내판과 안내도가 나란히 서 있다. 양쪽 길옆에 소나무, 서어나무, 갈참나무, 단풍나무 등이 고색창연하다. 가을이라 코스모스가 만발하다. 능까지 산책로가 꽤 길다. 방향 표시판에 산책로 입구까지는 177미터(4분), 관리소까지는 200미터(5분)라고 적혔다.

　산책로 쪽으로 들어섰다. 숲이 울창하고 새소리도 울려 퍼져 마치 산속에 들어온 느낌이다. 조금 더 걸어가니 장릉 산책로 안내판이 나타난다. 이를 확인하고 조금 더 걸어가니 또 방향 표시판이 나타난다. 관리소까지는 30미터(1분), 장릉까지는 200미터(5분), 저수지까지는 324미터(8분)다. 관리소와 장릉은 같은 방향이고 저수지는 반대 방향이다. 장릉은 나중에 보기로 하고 저수지로 향했다. 주위는 온통 숲으로 둘러싸여 저수지와 조화를 이룬다. 다시 장릉 쪽으로 발길

을 돌렸다. 산책로가 모두 흙길이고 평평해서 걷기도 좋다. 장릉은 이 산책로가 일품이다. 하루 날 잡아 맑은 공기 쐬며 산책하고, 역사도 배우는 시간을 가지면 좋을 것 같다. 가는 길에는 벤치가 놓여서 다리가 아프면 잠깐 쉴 수도 있다. 산책로 주변에는 들꽃들이 군락을 이루어 한층 멋있다. 장릉을 먼저 보고 온 사람에게 저수지 가는 방향을 안내하는 표시판도 보인다. 저수지 680미터(17분)라고 적혔다. 장릉에서 들어오는 산책로 주변도 소나무와 이름 모를 들꽃으로 무성하다.

금천교가 나타난다. 금천교를 건너서니 저 멀리 홍살문이 보인다. 홍살문 옆에 배위가 있다. 입구에서 보았던 것과 똑같은 장릉 안내판이 있다. 여느 왕릉과 달리 참도(신도, 어도)가 지형에 맞추어 계단식으로 조성되었다. 정자각, 수복방, 비각이 보이고 수라간은 보이지 않는다. 산신석과 예감은 보인다. 또 비각 옆에는 육경원 조성 당시의 표석 받침돌이 보인다. 능침 공간은 목책으로 둘러져서 멀리서 볼 수밖에 없었다. 공개된 사진으로 능침 공간을 확인해보았다. 상계에는 곡장, 석호 2쌍, 석양 2쌍, 혼유석 2좌, 고석은 1좌당 4개씩, 망주석 1쌍, 중계에는 8각 장명등 1좌, 문인석 1쌍, 석마 1쌍, 하계에는 무인석 1쌍, 석마 1쌍이 있다. 능침에 병풍석과 난간석은 없고 호석만 둘러졌다. 이는 덕흥대원군 봉분과 같은 경우로 추존 전에 조성되었기 때문이라고 한다. 저수지 쪽으로 들어왔기 때문에 보지 못했던 재실을 입구로 나오면서 보았다. 재실이 상당히 규모가 크다. 재실 옆에는 연못이 있다. 동구릉, 세종의 영릉, 장조와 정조의 융건릉(뒤에 설명)에서도 보았었다. 대부분의 왕릉에서는 연못을 볼 수 없다. 원종은 살았을 때는 왕이 되리라고 꿈에도 생각지 못했을 텐데 아들이 임금이 되는 바람에 조선 왕릉에 안장되는 영광을 누리고 있다.

원종의 가계도

부인 2명, 자녀 4남

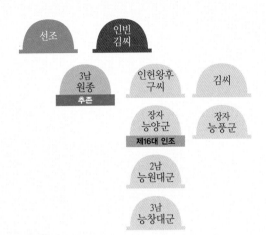

- 선조
- 인빈 김씨
- 3남 원종 / 추존
- 인헌왕후 구씨
- 김씨
- 장자 능양군 / 제16대 인조
- 장자 능풍군
- 2남 능원대군
- 3남 능창대군

제16대
인 조
(仁祖)

16

파주 장릉(長陵)

인조(1595~1649년, 재위 1623~1649년)는 중종과 더불어 반정으로 왕위에 오른 임금이다. 1623년 서인들은 광해군의 패륜행위와 외교정책의 잘못을 명분으로 내세워 인조반정을 일으켰다. 반정은 실정(失政)하는 왕을 폐위시키고 새로운 왕을 내세우는 것이다. 왕조의 정통성은 유지되면서 왕위만 교체되는 점에서 왕조가 바뀌는 역성혁명과는 다르다. 후세 사람들은 연산군을 쫓아낸 중종반정에 대해서는 딱히 이론(異論)이 없는데, 인조반정에 대해서는 선뜻 동감하지 않는 것 같다. 반정의 명분이 되는 외교정책만 하더라도 실리 면에서 광해군의 정책이 우월했고, 여기서 거론되는 패륜행위도 태종과 세조 때에 있었던 일이다. 단지 광해군은 태종과 세조에 비해 지지세력이 약해서 당한 것으로 본다.

인조는 추존된 원종과 인헌왕후 구씨의 장자로 휘는 이종이며 임금이 되기 전에는 능양군으로 불렸다. 원비 인열왕후 한씨(1594~1635년)는 영돈녕부사 한준겸의 넷째 딸로, 인조가 왕으로 등극하면서 왕후로 책봉되었다. 인조는 반정의 성공으로 왕위에는 올랐지만 재위 26년 동안 한시도 평탄치 못했다. 등극한 지 1년도 안 돼 반정공신 이괄이 논공행상에 불만을 품고 반란을 일으킨다. 한양이 점령되자 현재의 공주 공산성으로 피난한다. 겨우 수습되고 나니 1627년(인조 5년)에는 후금이 침입하여 정묘호란이 일어난다. 광해군의 중립정책을 지양하고 반금친명(反金親明) 정책으로 선회했기 때문이다. 인조는 강화도로 피난했다가 형제의 의를 맺고 가까스로 위기를 넘긴다. 정묘호란 이후에도 계속 친명적인 태도를 취하자 9년 후인 1636년(인조 14년) 국호를 청(清)으로 고친 청태종이 10만 대군을 이끌고 침입하여 병자호란이 일어난다. 인조는 남한산성에서 항전하다가 45일 만에 송파 삼전도에 나가 삼배구고두(三拜九叩頭, 상복을 입고 세 번 큰절하고 그때마다 세 번씩 모두 아홉 번 땅바닥에 머리를 꽝꽝 박아 그 소리가 단 위에 앉아 있는 청태종이 들을 수 있도록 하는 의식)라는 굴욕적인 항복을 하고 1637년 1월 30일 형제의 의에서 군신의 의를 맺게 된다. 이때 소현세자와 봉림대군(후에 제 17대 효종)을 볼모로 데려가고, 끝까지 항쟁을 주장한 삼학사(홍익한, 윤집, 오달제)도 잡아가면서 전쟁은 끝난다. 인조는 재위기간 중에 세 번의 난을 겪고, 세 번이나 피난을 다닌다.

이 시기 반정에 성공한 집권세력은 민생을 돌보고 국방을 강화하기보다 인조반정의 명분을 정통성에서 찾고자 인조의 아버지 정원대원군을 왕으로 추존하는 데만 10년을 허비했다. 추존 논쟁에 휩싸여 서인들끼리도 공서파(반정에 참여한 파)와 청서파(반정에 참여하지 않은 파)로 분열해 싸웠다. 반정공신 김자점은 그의 손자와 인조의 후궁 귀인 조씨의 소생 효명옹주가 혼인하면서 척신이 되어, 공서파는 원당(原党)과 김자점의 낙당(洛党)으로 분리된다. 그 후 1651년(효종 2년) 귀인 조씨는 김자점과 역모를 꾀하다가 사사되고, 김자점도 처벌받으면서 공서파는 몰락한다. 이런 상황에서 정묘호란과 병자호란이 터진 것이다. 그리하여 후세 사람들은 인조를 현명하지 못한 왕으로 평가한다. 또한 볼모로 잡혀갔던 소현세자가 8년 동안 억류생활을 하면서 선진국의 문물을 일찍 받아들인 청나라가 강대국이 된 것을 보고 조선의 개화를 꿈꾸며 귀국했으나, 인조는 오랑캐 청나라에 동화된 배신행위라 취급하고 일축해버린다. 소현세자의 원대한

꿈이 무너져 역사적으로 아쉬운 감이 든다. 숭명정신(崇明精神)이 뿌리박힌 인조의 처사는 그를 무능한 왕으로 평가하는 또 하나의 이유다.

1628년(인조 6년)에는 네덜란드 선원 벨테브레이(Jan J. Weltevree, 박연) 일행이 일본 나가사키로 항해하던 중 태풍을 만나 제주도에 표착(漂着)하는 사건이 있었다. 조선은 이들에게서 서양 사정을 듣고, 병자호란 때는 대포의 제작법과 사용법을 지도받았다. 그리고 25년 후인 1653년(효종 4년) 역시 네덜란드 선원 하멜(Hendrik Hamel) 일행이 제주도에 표착하는데, 이미 조선에 귀화한 벨테브레이가 통역하여 조선의 풍속을 가르쳤다고 한다. 하멜은 1666년(현종 7년) 억류생활 13년만에 일행 8명과 탈출한다. 그가 네덜란드로 돌아가서 쓴 《하멜표류기》는 조선의 지리, 풍속, 정치, 군사, 교육 등을 유럽에 소개한 최초의 문헌이다. 외국 문물에 적극적으로 관심을 가질 수 있었는데도 불구하고 당시 통치자들의 무지로 기회를 놓친 것이 안타깝다. 그때 일본은 벌써 네덜란드와 무역을 하고 서양 문물을 받아들여 임진왜란 때 조총을 사용하지 않았던가!

파주 장릉은 인조와 원비 인열왕후 한씨의 합장릉이다. 능호는 장릉이고, 묘호는 인조와 원비 인열왕후 한씨다. 인열왕후 한씨는 1635년(인조 13년) 42세로 세상을 떠난다. 인조는 적장자 소현세자가 급사하자 둘째 아들 봉림대군을 세자로 책봉하고 2년간 대리청정한다. 1649년 인조가 55세로 세상을 떠나면서 효종이 조선의 제17대 왕으로 등극한다.

원비 인열왕후 한씨의 초장지는 경기도 파주시 문산읍 운천리였다. 인조는 왕후릉을 조성하면서 오른쪽에 자신의 수릉을 마련해놓았다. 그래서 인열왕후 한씨 옆에 인조의 능이 조성되었다. 하지만 82년이 지난 1731년(영조 7년) 능침 주위에 뱀들이 똬리를 틀고 있다는 이유로 면적 414,427제곱미터에 달하는 경기도 파주시 탄현면 장릉로 90으로 천릉한다. 이는 풍수지리에서 흉지로 천릉을 하지 않을 수 없었다는 것이다. 우석대 김두규 교수의 글을 읽어보면 원래 뱀들은 겨울나기뿐만 아니라 체온을 높이기 위한 일광욕으로 햇볕이 잘 드는 명당자리 주변에 서식한다고 한다. 따라서 뱀을 이유로 천릉한다는 것은 핑계에 불과하며, 진짜 이유는 영조가 왕위의 정통성을 확보하기 위해 풍수지리를 이용했다는 것이다.

영조의 어머니(숙빈 최씨)는 무수리(궁에서 허드렛일을 하는 궁녀) 출신이었다. 영조가 이복형인 경종을 독살하고 임금이 되었다는 소문이 있었는데, 1728년(영조 4년)에는 영조가 숙종의 아들이 아니라고 주장한 반란(이인좌의 난)까지 일어났다. 영조는 왕위 정통성을 확보하는 방안으로 어머니의 지위를 높이고자 했다. 고조부 인조가 삼촌인 광해군을 몰아내면서 임금이 되었고, 아버지인 정원대원군을 원종으로 추존하고 그 묘를 김포로 이장하면서 장릉(章陵)으로 높인 것처럼, 인조의 장릉(長陵)을 천릉함으로써 조정 대신들뿐만 아니라 온 백성이 어머니 숙빈 최씨의 추숭(追崇)을 알아서 하라는 암시였다. 실제로 천릉 이후 숙빈 최씨를 모시는 사당은 육상궁으로, 묘는 소령원으로 승격되었다. 인조의 초장지에는 현재 세종의 손자 의인군의 무덤이 있다. 터가 길지였기에 다시 무덤으로 활용되었다는 것이다. 통치수단으로 풍수지리를 이용한 것이나 마찬가지다.

음이 같은 다른 장릉과 헷갈리지 않으려고 주소를 정확히 확인한 뒤에 출발했는데도 근처에서 많이 헤맸다. 방향 표시판이 보이지 않고, 지나가는 행인에게 물어봐도 제대로 아는 사람이 없었다. 능 관리소에 전화해 오늘 관람을 허가받은 사람인데 길을 헤매고 있으니 위치를 설명해달라고 부탁했다. 가르쳐준 대로 주위를 몇 번 맴돌았으나 찾을 수 없었다. 마침 장릉을 잘 아는 사람을 만나 입구까지 겨우 도착했다. 장릉을 답사했을 때만 해도 온릉과 더불어 사전 허가를 받아야만 출입할 수 있었는데, 2016년 6월부터 시범 개방하고 있다.

입구에 관리소 직원이 나와 있었다. 찾느라고 시간을 많이 허비했다고 하니 이해하는 것 같았다. 허가증을 보여주었다. 공개제한지역이라서 아직 주변이 정리되지 않았다고 한다. 입구에 조선 왕릉 세계유산비와 장릉 안내판이 있다. 왕릉은 철책으로 둘러졌고, 문은 굳게 닫혔다. 관리소 직원이 문을 열어준다. 여기도 온릉과 마찬가지로 장릉에 관한 안내책자는 별도로 없고 파주 삼릉 안내책자를 참고했다. 죽 뻗은 흙길 주변으로 느티나무 고목들이 숲을 이루었다. 입구에서 보았던 장릉 안내판이 또 보인다. 조금 걸어 올라가니 재실이 나타난다. 사적 제203호 장릉 표지석이 길가에 서 있다. 금천교가 나타난다. 금천교를 건너 홍살문을 향해 걷기 시작했다. 홍살문에서 주위를 살펴보니 배위가 보인다. 홍살문을 지나 참도(신도, 어도)를 따라 걸었다. 참도가 여느 왕릉보다 폭이 넓다. 신도와 어도 옆에 각각 길이 하나씩 더 있다. 신하들이 걸어갔던 변로라고 한다. 이는 숙종의 명릉(뒤에 설명)에서도 볼 수 있다. 정자각이 보이고 오른쪽으로는 비각과 수복방이 있다. 수라간은 보이지 않는다. 정자각에 올라가 보았다. 문이 닫혀 있어 내부를 볼 수 없었다. 비각과 수복방도 문이 닫혔다. 아마 비공개 왕릉이라서 그런 것 같다. 산신석과 예감이 보인다.

능침 공간에 올라가 볼 수 있다고 해서 가까이에서 살펴보았다. 곡장이 둘러졌고 능침은 그물망으로 덮어놓았다. 잔디를 보호할 목적인 것 같다. 병풍석과 난간석이 둘러졌다. 병풍석에는 모란과 연꽃 무늬가 조각되었다. 선조의 목릉 망주석과 8각 장명등의 대석에 처음 나타난 모란과 연꽃 무늬가 여기에 나타난 것이다. 그동안 살펴본 바에 의하면 태조의 건원릉은 고려 공민왕과 노국공주의 현정릉에서 영향을 받아 조성되었기 때문에 병풍석에 새겨진 12지신상 속 문양이 방울과 방패였다. 이것이 세종 때 《국조오례의》가 제정되면서 구름무늬로 바뀌었다. 세종의 영릉과 문종의 현릉까지 구름무늬가 이어져 오다

제16대 인조(仁祖)

가 백성의 노고를 줄여야 한다는 세조의 유훈으로 제도가 간소화되면서 세조
의 광릉부터 병풍석이 자취를 감추었다. 그 대신 난간석에 12지를 문자로 표현
하여 방향을 표시했다. 세종의 영릉은 예종 때 천릉하면서 세조의 간소한 의례
에 따라 처음 능에 있었던 병풍석은 없어지고 난간석에 12지를 문자로 표현하
는 형태로 바뀌었다. 세조의 간소화된 제도는 성종의 선릉에서 깨지면서 다시
병풍석이 등장한다. 그러나 왕릉을 답사해보니 병풍석이 없는 경우가 더 많았
다. 장릉은 처음 조성되었을 때는 12지신상 속에 구름무늬가 조각되었으나, 영
조 때 천릉하면서 병풍석 문양이 모란과 연꽃으로 바뀌었다. 이때 병풍석, 난간
석, 혼유석, 8각 장명등은 새로 만들고, 그 외의 석물은 그대로 옮겨놓았으므
로 인조 때의 석물과 영조 때의 석물이 섞여 있다.

　능침 공간의 석물을 살펴보았다. 상계에는 석호 2쌍, 석양 2쌍, 혼유석 2좌,

고석이 1좌당 4개씩, 망주석 1쌍, 중계에는 8각 장명등 1좌, 문인석 1쌍, 석마 1쌍이 있다. 8각 장명등에도 모란과 연꽃 무늬가 새겨졌다. 하계에는 무인석 1쌍, 석마 1쌍이 있다. 인목왕후릉과 같이 석양과 석마의 다리 형태를 실물처럼 조각해놓았으며, 석호만 다리 사이가 막혔고 그 부분에 풀꽃무늬가 새겨졌다.

공개제한구역이었던 장릉에 오래 머물 수 없어 진입 공간, 제향 공간, 능침 공간을 잠깐씩 둘러보는 정도로 마쳤다. 나오는 길에 야생 고라니들이 뛰노는 것을 보니 숲이 울창함을 알 수 있었다.

인조와 원비 인열왕후 한씨의 장릉(합장릉) 오른쪽으로 석물들이 보인다.

제16대 인조(仁祖)

휘릉(徽陵)—
구리 동구릉(東九陵)
네 번째 이야기

인조의 계비 장렬왕후 조씨(1624~1688년)의 능이다. 장렬왕후 조씨는 한원부원
군 조창원의 딸로 1638년(인조 16년) 15세 때 계비로 간택되어 가례를 올리고 왕
후로 책봉되었다. 1649년 인조가 죽자 26세에 왕대비가 되었고, 1651년(효종 2년)
자의라는 존호를 받아 자의왕대비라 불렸으며, 1659년 효종이 세상을 떠나면서
대왕대비가 되었다. 장렬왕후 조씨는 65세에 세상을 떠나기까지 인조 계비에 이
어 효종, 현종, 숙종 대까지 4대에 걸쳐 왕실의 어른으로 지냈다. 슬하에 자녀가
없는데, 인조는 장렬왕후 조씨를 왕후로 책봉한 날 이후로 다시 찾지 않았다고
한다. 후궁인 귀인 조씨에게 푹 빠진 인조에게 철저히 외면당한 것도 모자라 머
물렀던 전각마저 빼앗기는 수모를 당했다. 거기다 원하지도 않았던 예송논쟁(禮
訟論爭)의 주인공이 되어 당쟁의 소용돌이에서 기구한 일생을 보냈다. 예송논쟁
은 현종 때 두 번에 걸쳐 일어난 서인과 남인의 싸움이다(현종 대에서 설명).

　동구릉에서 다섯 번째로 조성된 휘릉은 수릉(추존 문조와 신정왕후 조씨의 능,
뒤에 설명), 현릉(이미 설명), 건원릉(이미 설명), 목릉(이미 설명) 다음으로 답사하면
된다. 건원릉 서쪽 언덕에 조성되었다. 휘릉도 입구에서 보았던 재실로 통합된
것 같다. 목릉에서 오른쪽으로 조금 가면 휘릉의 금천교가 나타나고 홍살문과
배위도 보인다. 경내 안내도와 휘릉 안내판을 읽어보았다. 휘릉은 배면의 담(곡

장을 뜻함)을 높이가 약간씩 다른 나직한 형태로 만들어 자연경관과 어울리게 했다고 한다. 정자각을 향하여 참도(신도, 어도)를 걷기 시작했다. 중간쯤 가면 턱이 높아진다. 저 멀리 오른쪽에 비각과 수복방 터의 주춧돌이 보인다. 아마 수복방은 없어진 듯하다. 수라간은 찾아볼 수 없다. 예감과 산신석이 보인다. 정자각의 모습이 여느 왕릉과 다름을 알 수 있다. 정자각 좌우 양편에 익랑(복도)을 한 칸씩 덧붙인 맛배지붕이다. 1684년 조성된 숭릉(제18대 현종과 명성왕후 김씨의 능, 뒤에 설명)보다 4년 늦게 조성되었는데 석물은 숭릉과 비슷하고 정자각 양편에 익랑을 한 칸씩 덧붙인 형식도 같으나 지붕 구조가 다르다. 숭릉은

인조의 계비 장렬왕후 조씨의 휘릉(단릉) 우측으로 익랑이 있는 맛배지붕의 정자각이 보인다.

제16대 인조(仁祖)

팔작지붕이다. 조선 왕릉 중에 휘릉과 같은 정자각은 의릉(제20대 경종과 계비 선의왕후 어씨의 능, 뒤에 설명)과 익릉(숙종 원비 인경왕후 김씨의 능, 뒤에 설명)에도 있다. 정자각에 올라가 내부를 살펴보았다. 여느 왕릉과 다름이 없다. 그동안 답사한 왕릉에서 정자각이 있는 데는 신문과 신교가 빠짐없이 있었으나, 신로는 몇몇 왕릉(헌릉, 선릉, 희릉, 태릉, 효릉, 강릉)과 순창원에서만 보았다. 휘릉도 신로는 보이지 않는다. 비각 내부를 살펴보았다. 표석에 '조선국 장렬왕후 휘릉(朝鮮國 莊烈王后 徽陵)' 음각이 선명하다. 능침 공간은 목책이 둘러져서 올라가 볼 수 없다. 능침 주변은 소나무가 군락을 이루었다. 동그란 사초지에 아담하게 자리 잡은 왕릉이다.

공개된 사진에 의거해 능침 공간을 확인해보았다. 상계에 곡장, 난간석, 혼유석 1좌, 고석 5개, 망주석 1쌍, 석호 2쌍, 석양 2쌍이 있다. 난간석에는 12지를 새겨 방위를 표시했다. 태조의 건원릉과 태종의 헌릉에서 고석이 5개였고 그 후에는 4개였는데, 여기서 다시 5개가 된 점이 특이하다. 중계에 8각 장명등 1좌, 문인석 1쌍, 석마 1쌍, 하계에 무인석 1쌍, 석마 1쌍이 있다.

소경원(昭慶園)－
고양 서삼릉 경내

인조와 원비 인열왕후 한씨 사이에 태어난 적장자 소현세자(1612~1645년)의 묘다. 1625년 14세에 세자로 책봉되었으며, 세자빈은 민회빈 강씨다. 병자호란으로 1637년 민회빈 강씨, 봉림대군(제17대 효종) 및 대신들과 함께 청나라 심양에 볼모로 잡혀갔다. 억류생활을 하는 8년 동안 조선과 청의 관계를 중간에서 잘 조정했고, 억류된 조선 사람들과 자급자족을 위한 경제활동을 활발히 했다. 이 때 중국에 선교사로 온 독일 가톨릭 예수회 아담 샬(Adam Shall) 신부와 교분을 쌓으면서 서양 문물을 접하게 된다. 1645년 2월 귀국할 때 화포, 천리경(千里鏡), 천구의(天球儀), 천문·과학·천주교 서적 등을 가지고 들어왔다. 친청적(親淸的) 소현세자의 행동은 인조의 반청친명(反淸親明) 정책에 위배되어 미움을 샀고, 세자의 자리에 부적격한 자로 찍혀버렸다. 그러던 중 같은 해 4월에 병을 얻어 4일 만에 34세로 급사한다. 시신에 출혈이 있고 검은빛을 띠어 독살설이 흘러나왔다. 부질없지만 소현세자가 집권했다면 서양 문물을 받아들여 조선을 일찍부터 개혁하지 않았을까 하는 생각을 해본다.

　소경원은 서삼릉 공개제한지역에 위치한다. 공개제한지역에 있는 인종과 인성왕후의 효릉, 태실, 왕자공주묘, 후궁묘, 폐비 윤씨의 회묘는 이미 설명했고, 소경원이 마지막 순서다. 서삼릉 공개제한지역을 가려면 목축지를 통과해야 한

제16대 인조(仁祖)

다. 목축지 사이로 난 길을 따라가다가 제일 먼저 나타나는 곳이 소경원이다. 효릉의 우측 언덕 위에 있다. 길이 능침 공간으로 진입하게 되어 있다.

능에서 바라보면 저 멀리 홍살문이 보인다. 참도(어도, 신도)는 박석이 잔디에 묻혀 흔적만 보이고 정자각도 터에 기단만 남아 있다. 문화해설사 말로는 6·25 전쟁 때 불타 없어졌다고 한다. 예감, 수복방, 수라간, 비각은 찾아볼 수 없다. 사초지의 모습도 땅이 무너져 푹 꺼진 상태다. 능 주변은 숲으로 뒤덮였다. 능침 공간을 살펴보면 곡장, 혼유석 1좌, 고석 4개가 있고 병풍석, 난간석은 없다. 능 주변에 석호 1쌍, 석양 1쌍이 있다. 석양은 다리 사이가 터 있다. 망주석은 없다. 그 아래에 8각 장명등 1좌, 문인석 1쌍, 석마 1쌍이 있고, 역시 석마 다리 사이가 터 있다. 무인석과 석마는 없다.

소현세자의 묘는 소현묘라고 불렸다가 고종 때 소경원으로 승격되었다. 세자의 신분으로 불우한 일생을 살고 간 소현세자의 초라한 묘를 보고 있으면 안타깝고 씁쓸하다.

광명 영회원(永懷園)

인조의 적장자 소현세자의 부인 민회빈 강씨(1611~1646년)의 묘다. 우의정 강석기의 둘째 딸로 1627년 17세 때 소현세자와 가례를 치르고 세자빈으로 책봉되었다. 병자호란으로 청나라 심양에 볼모로 잡혀갔다가 8년간의 억류생활을 끝내고 1645년(인조 23년)에 소현세자와 함께 돌아온다. 그런데 그해 소현세자가 돌연 사하자 민회빈 강씨와 사이가 좋지 않았던 인조의 후궁 귀인 조씨는 소현세자의 죽음을 세자빈의 독살로 무고하고, 또 인조의 수라에 독을 넣었다는 누명을 뒤집어씌워 친정으로 쫓아낸다. 민회빈 강씨는 이듬해 사약을 받는데, 죽음과 함께 폐서인이 되었다. 이때 나이가 36세였다. 친정 식구들까지 모두 죽임을 당하고 소생인 장자 경선군과 둘째 경완군, 셋째 경안군은 제주도로 유배된다. 첫째와 둘째 아들은 그곳에서 독살당하고 셋째 아들만 겨우 살아남으나, 경안군의 장손 밀풍군 이탄(소현세자의 증손)이 영조 때 역모로 몰려 사약을 받음으로써 집안이 완전히 몰락한다(자세한 것은 영조 대에서 설명).

민회빈 강씨는 사사된 후 72년이 지난 1718년(숙종 44년)에 복위되어 '명예를 회복하고 슬픔을 위로한다'라는 뜻을 담은 민회(愍懷)라는 시호를 받는다. 묘호도 민회묘였다가 1870년(고종 7년) 영회원으로 승격되었다. 영회원(永懷園)을 '영원히 회한을 품은 동산'이라고 뜻풀이하는 사람도 있다. 소현세자와 민회빈 강씨가 순탄한 삶을 살았다면 조선 제17대 왕과 왕후의 자리에 올랐을 텐데 현명치 못한 시아버지 인조와 표독스러운 귀인 조씨로 말미암아 비운의 생을 마감했다. 역사는 어떻게 보면 공평하지 않다는 생각이 든다. 소현세자의 소경원과 민회빈 강씨의 영회원이 서로 떨어져 있는 것이 애처로웠던지 1778년(정조 2년)에 민회빈 강씨의 신주를 소경원에 매장했다. 부부의 억울한 영혼을 위로한 것 같다.

늦가을 어느 토요일에 경기도 광명시 노온사동 산 141-20에 위치한 영회원을 답사했다. 수령 400년 된 보호수 느티나무 옆 빈터에 차를 주차하고, 흙길을 따라 걸어 올라갔다. 주변은 온통 단풍으로 물든 수목이 울창하다. 흙길이 끝나면 돌길이 나타난다. 떨어진 낙엽들이 길을 덮고 있다. 한적한 시골 마을에 온 느낌이다. 영회원이라고 하면 선뜻 알 사람이 있을까? 사유지가 된 농원을

소현세자의 부인 민회빈 강씨의 영회원은 철책으로 둘러졌고 문은 굳게 닫혔다.

통해야 들어갈 수 있고, 진입로도 제대로 닦이지 않은 것을 볼 때 후손으로서 죄스러운 마음이 든다. 영회원 안내판을 잠깐 읽어보았다. 묘는 철책으로 둘러졌고 문은 굳게 닫혔다. 사적 제357호 영회원 표지석만 있고 묘는 개방하지 않은 것 같다. 철책 사이로 살펴볼 수밖에 없었다.

진입 공간과 제향 공간은 아예 없어진 것 같고, 능침 공간에 곡장은 없고 혼유석 1좌, 고석 4개, 석호 1쌍, 석양 1쌍, 4각 장명등 1좌, 문인석 1쌍, 석마 1쌍만 보일 뿐이다. 망주석, 무인석과 석마가 없는 것은 소경원과 같다. 면적은 34,978제곱미터다.

당초에 세자와 세자빈의 묘로 조성되었던 덕종의 경릉과 장순왕후 한씨의 공릉, 그리고 순회세자와 공회빈 윤씨의 순창원에서도 망주석, 무인석과 석마는 없었다. 소경원과 영회원을 비교해보면 소경원은 제향 공간, 진입 공간의 흔적을 찾아볼 수 있었으나, 영회원은 그렇지도 못하다. 순창원은 비록 규모는 작아도 왕릉 형태를 갖추었다. 소경원과 영회원은 원이라고 할 수 없을 정도로 관리가 안 되어 있었다.

인평대군묘(麟坪大君墓)

인평대군(1622~1658년)은 인조의 셋째 아들로 소현세자와 효종이 그의 형이다. 1629년(인조 7년) 8세 때 인평대군에 봉해졌다. 부인 복천부부인 오씨는 사헌부 장령 오단의 둘째 딸이다. 인평대군은 아들 넷을 두었는데 장남 복령군(福寧君)은 1670년에 일찍 죽고, 삼복의 변으로 잘 알려진 복창군(福昌君), 복선군(福善君), 복평군(福平君)은 1680년(숙종 6년) 경신환국으로 모두 사사됐다(숙종 대에서 설명). 소현세자나 인평대군의 후손들은 당쟁의 회오리 속에 억울하게 죽어갔다. 일찍 죽었기 때문에 화를 피한 복령군의 후손이 흥선대원군이다. 인평대군의 6대손인 남연군의 아들이 흥선대원군이고 그 핏줄이 고종과 순종으로 이어지는 것이다. 그래서 대군묘지만 답사 대상에 포함했다. 한때 선조의 능 후보지로 올랐으나 지관이 흉지라고 해서 취소된 땅에 묘를 씀으로써 오히려 왕이 출현했으니 흉지는 아닌 것 같다.

인평대군묘는 경기도 포천시 신북면 신평리 산 46-1에 위치한다. 포천 쪽에 있는 철종의 아버지 전계대원군묘와 같이 가보기로 하고 답사에 나섰다. 주차장이 없어 인근에 차를 세워놓고 묘를 향해 걷기 시작했다. 입구가 제대로 정비되어 있지 않다. 재실은 축대를 쌓아 조금 높은 곳에 있다. 축대 옆길을 지나 조금 걸어 올라가니 인평대군묘를 가리키는 화살표가 보인다. 안내판에는 병자호란이 끝나면서 1640년(인조 18년)에 청나라 심양에 볼모로 끌려갔다가 이듬해 돌아온 후 1650년(효종 1년)부터 네 차례에 걸쳐 사은사가 되어 청나라에 다녀왔다는 내용이 있다. 학문에 소양이 깊어 제자백가에 정통했고 시서화(詩書畵)에도 뛰어나 작품 〈산수도〉, 〈노승하관도〉, 〈고백도〉와 저서 《송계집》, 《연행록》, 《산행록》 등이 남아 있다. 묘역에는 1658년(효종 9년)에 건립된 묘와 신도비, 그리고 효종, 숙종, 영조, 정조 등이 직접 짓고 쓴 치제문비(致祭文碑)가 있다. 신도비와 치제문비는 같은 방향이고, 인평대군묘는 산 쪽으로 올라가야 한다.

인평대군 신도비 쪽으로 발길을 돌렸다. 경기도 기념물 제130호 인평대군묘 및 신도비 표지석과 안내판이 있다. 신도비의 귀부와 이수는 웅장하면서 정교한 조형미를 갖추어 조선 시대 신도비의 전형적인 양식을 보여준다고 한다. 인평대군묘의 초장지는 경기도 광주 고읍이었으나 1693년(숙종 19년) 8월에 이곳으로 천장되었다. 비각 앞에는 유형문화재 제75호 인평대군 치제문비 표지석이 보이고 그 옆에는 안내판이 있다. 비각 안에 표석 2개가 보인다. 비각 내부를 살펴보고 안내판의 내용을 읽어보았다. 인평대군 치제문비는 글과 그림에 능하고 학문이 뛰어났던 인평대군이 36세에 세상을 떠나자 형인 효종과 후대 왕들이 그의 인품과 업적을 치하하여 지은 비문이다. 제1표석은 1693년(숙종 19년)에 쓰고 1724년(경종 4년)에 세운 것으로 전면에 효종, 후면에 숙종이 직접 짓고 쓴 글이 음각되었다. 제2표석은 1792년(정조 16년)에 세운 것으로 상단에 영조, 하단에 정조가 직접 짓고 쓴 글이 음각되었다.

인평대군묘는 인평대군과 복천부부인 오씨의 합장묘다. 능침 공간에 올라가 직접 확인해보았다. 곡장이 있고 봉분은 호석으로 둘러졌다. 봉분 앞에는 장대석이 깔렸다. 그 아래에 묘비 1기, 혼유석 1좌, 고석 4개, 향로석 1기, 동자상 1쌍, 망주석 1쌍, 4각 장명등 1좌, 문인석 1쌍이 있다. 석마는 없다. 무인석

제16대 인조(仁祖)

과 석마도 없다. 곡장 밖 왼쪽에는 비신(碑身)이 없는 귀부가 있고, 오른쪽에는 판석이 깔렸다. 곡장 뒤편에는 산신석이 보인다. 인평대군묘는 왕릉과 원에 속하지 않으므로 연산군묘, 광해군묘, 덕흥대원군묘와 그 조성 형태가 같음을 알 수 있다. 진입 공간, 제향 공간은 없고 능침 공간만 있다는 점, 석물에 석호, 석양이 없고 문인석은 있으나 석마는 없다는 점, 그리고 무인석과 석마가 없다는 점이다. 왕릉의 능침 공간에서는 볼 수 없는 묘비, 향로석, 동자상이 있고, 덕흥대원군묘나 추존된 원종릉, 이곳 인평대군묘에는 호석이 둘러졌다. 병풍석을 두를 수 없으니 호석으로 대신한 것이 아닌가 생각된다. 봉분 주위를 둘러보니 뒤편이 허물어져 있다. 묘역은 여느 왕릉 못지않게 넓다. 봉분 앞에서 바라보면 포천시 건물들이 내려다보인다. 시원스럽게 시야가 확 트인 게 풍수지리에 문외한인 내가 보기에도 왕이 나올 만한 명당자리인 것 같다.

인평대군과 복천부부인 오씨의 합장묘

제16대 인조의 가계도

부인 5명, 자녀 7남 1녀

 원종

 인헌왕후 구씨

장자 인조 제16대	인열왕후 한씨	장렬왕후 조씨	귀인 조씨 폐출	귀인 장씨	숙의 나씨
	장자 소현세자		장자 숭선군		
	2남 봉림대군 제17대 효종		2남 낙선군		
	3남 인평대군		장녀 효명옹주		
	4남 용성대군				
	5남 미상				

17

제17대
효 종
(孝宗)

영릉(寧陵)—
여주 영릉(英陵)과 영릉(寧陵)
두 번째 이야기

효종(1619~1659년, 재위 1649~1659년)은 인조의 둘째 아들로 휘는 이호이며, 어머니는 인열왕후 한씨, 부인은 우의정 장유의 딸 인선왕후 장씨(1618~1674년)다. 1626년(인조 4년) 봉림대군에 봉해지고, 1636년 병자호란으로 이듬해 그의 형 소현세자와 함께 청나라에 볼모로 잡혀가 8년간 있었다. 소현세자가 죽고 난 후 인조는 종손이고 원손인 소현세자의 장자 경선군(이석철)이 아닌 봉림대군을 세자로 책봉한다. 적장자 소현세자의 죽음과 세자 책봉 문제는 후일 당쟁의 불씨가 된다. 소현세자와 봉림대군은 둘 다 똑같이 청나라에 볼모로 잡혀 있었지만 전혀 다른 견해를 가졌다. 소현세자는 발전하는 청나라의 모습을 보며 신문물을 적극적으로 수용해야 한다고 생각했고, 봉림대군은 1649년 왕위에 오르면서 병자호란 때의 설욕을 위하여 북벌계획을 세웠다. 인조는 광해군의 외교정책을 문제 삼아 반정을 일으켰고, 청나라에 수모를 당한 입장에서 적장자인 소현세자의 태도가 못마땅했다. 결국 며느리, 손자까지 다 응징하면서 둘째 아들 봉림대군을 세자로 앉혔다.

효종은 인조의 뜻에 따라 재위 10년 동안 북벌에 뜻을 두고 군제개편과 군사훈련에 힘썼으나 기회를 얻지 못하고 41세에 급사했다. 이후 북벌계획은 흐지부지된다. 광해군 때 경기도에 시범 실시한 대동법을 충청도와 전라도에 확대 실시하여 좋은 평가를 받았다. 당시 확대 실시를 주장한 한당(漢党)은 김육 등이었고, 반대한 산당(山党)은 송시열 등이었다. 소득이 많은 사람이 세금을 더 내는 제도인 만큼 토지를 많이 소유한 사대부 양반을 대변했던 산당이 반대하고 나선 것이다. 한당은 백성을 위한 조세개혁을 끝까지 주장했다.

효종 때 공서파가 몰락하면서 청서파가 등용되었는데, 이 청서파가 한당과 산당으로 분열됐다. 한당의 영수는 김육, 산당의 영수는 김집으로 김집의 제자가 송시열, 송준길이다. 김집이 죽자 송시열이 산당의 영수가 되었다. 한당은 주로 한강 이북에 거주했고, 산당은 연산(현재 충남 논산)과 회덕(현재 대전 대덕) 출신들이었다. 이 시대에 남인은 기호 지방(경기도 및 황해도 남부와 충남 북부 지방) 출신 허목과 허적, 북인에 속했던 윤후 등을 규합하면서 정치적 세력을 키웠다. 영남 지역의 남인을 영남(嶺南), 기호 지방의 남인을 경남(京南) 혹은 근기남인(近畿南人)이라 부르기도 한다.

여주에 있는 세종의 영릉(英陵)을 보면서 그 옆에 있는 효종의 영릉(寧陵)도 같이 답사했다. 영릉(英陵)과 영릉(寧陵) 사이에는 길이 나 있다. 이 길은 5월 16일부터 10월 31일까지만 개방하는데, 시간은 오전 9시부터 오후 5시까지다. 이날은 영릉(英陵)을 답사하느라 개방시간을 놓쳤다. 그래도 영릉(寧陵) 입구 쪽으로 승용차를 몰고 갔다. 5분 정도밖에 걸리지 않았다. 효종의 영릉(寧陵)은 세종의 영릉(英陵)과 약 500미터 거리에 있다. 폐문시간이 임박했지만 매표소에서 잠깐 동안 시간을 허락해주었다. 사적 제195호 영릉 안내판에 청나라가 조선에 원병을 청했다는 구절이 눈에 띈다. 나선(러시아)이 시베리아 쪽으로 남진하자 청나라가 조선에 원병을 청했는데, 효종은 우리 군대의 능력을 시험하고 청나라 군 사정세를 탐지하고자 두 차례에 걸쳐 참여하여 나선군을 크게 격파했다는 것이다. 그러나 북벌계획을 실천에 옮기기도 전에 갑자기 승하하여 그 뜻을 펴지

효종과 인선왕후 장씨의 영릉 재실

못했다고 한다.

진입 공간으로 들어섰다. 보물 제1532호 재실이 나타난다. 1659년 경기도 양주군(현재 경기도 구리시)에 능 조성 시 인근에 건립되었으나, 1673년 영릉을 천릉하면서 현 위치로 옮겼다. 조선 왕릉의 재실은 일제강점기와 6·25전쟁 이후 대부분 멸실되었는데, 영릉 재실은 조선 시대의 기본 형태가 잘 보존되어 학술적, 역사적 가치가 높다고 평가된다. 재실 안팎을 죽 둘러보았다. 그동안 왕릉의 재실을 보면서 구조에 대한 설명이 부족해서 항상 아쉬웠는데, 평면도까지 그려 놓아 알기 쉽게 해놓았다. 재실 마당에 천연기념물 제459호 회양목이 눈에 띈다. 보통은 야트막하고 작은데 무척 크다. 1673년 조성한 영릉 재실에서 300여 년 동안 자라온 나무이기에 식물학적 가치가 큰 노거수일 뿐만 아니라 그 유래 및 역사성이 매우 깊다고 한다. 회양목 주위에는 나무를 보호하기 위해 울타리도 쳐놓고 석비도 세워놓았다. 고색창연한 향나무도 보인다.

재실을 보고 난 후 능을 향해 발걸음을 재촉했다. 푸른 소나무들이 길 좌우로 울창하게 뻗어 있다. 금천교가 보이지 않는다. 홍살문에서 화살 모양의 살대는 법도의 곧고 바름을 의미하며 나라의 위엄을 상징한다. 홍살문 옆에 배위가

위쪽에 위치한 효종릉

보인다. 참도(신도, 어도)를 따라 걷다가 참도 중간에 없는 줄 알았던 금천교가 나타난다. 일반적으로 왕릉의 공간구조가 금천교 → 홍살문 → 참도(신도, 어도) → 정자각인데, 여기는 금천교가 참도 중간에 있는 것이 특이하다. 살펴보니 묘내수가 홍살문과 정자각 사이를 빠져나와 참도를 가로질러 흐르기에 그 중간에 금천교를 놓은 것 같다. 오른쪽에 수복방이 보인다. 안내판을 보면 터만 남았던 것을 발굴하여 1977년에 원형대로 복원했다고 한다. 천릉 시 건립된 것으로 보이는 정자각에 올라가서 내부를 살펴보았다. 여느 왕릉과 차이가 없다. 왼쪽에 2006년에 복원한 수라간이 보인다. 예감도 눈에 띈다. 비각 안도 살펴보았다. 영릉비 안내판에는 1673년 효종의 능을 이곳으로 천릉하고 1674년 인선왕후 장씨의 능을 앞쪽에 따로 안장했다는 것, 비각과 표석도 천릉했을 때 세워진 것으로 추정된다는 내용이 적혔다. 당초 건원릉 서쪽 산줄기(원릉 자리)에 병풍석을 갖춘 왕릉으로 조성되었으나 석물에 틈이 생겨 빗물이 능침 안으로 샐 염려가 있다 하여 여주의 세종 영릉(英陵) 곁으로 옮기게 된 것이라 한다.

능침 공간에 올라가 보았다. 왕릉은 상단 좌측에, 왕후릉은 하단 우측에 있고, 주변에 소나무들이 울창하다. 영릉(寧陵)은 동원상하봉릉으로 풍수지리에 따라 생기가 왕성한 자리에 맞추어 능침을 위아래로 배치한 쌍릉의 변형이다. 보통 쌍릉은 우상좌하 원칙에 따라 왕릉은 우측, 왕후릉은 좌측에 배치한 것이 일반적인데, 영릉(寧陵)은 위아래로 배치했다. 조선 왕릉 중 최초의 형태로 경종과 계비 선의왕후 어씨의 의릉(懿陵)도 이렇다.

효종릉은 상계에 곡장, 석호 2쌍, 석양 2쌍, 혼유석 1좌, 고석 4개, 망주석 1쌍이 있다. 병풍석은 없고 난간석은 있다. 병풍석은 세조 때 없어졌는데 성종 때 다시 출현해 이어지다가 영릉(寧陵)에서 다시 사라진 것이다. 왕릉 배치에 전기를 이루었다고 한다. 난간석에 12지를 문자로 새겨 방위를 표시했다. 석호와 석양은 다리 사이가 막혔고 그 부분에 풀꽃무늬가 새겨졌다. 중계에 8각 장명등 1좌, 문인석 1쌍, 석마 1쌍, 하계에 무인석 1쌍, 석마 1쌍이 있다. 석마는 다리 사이가 막혔고 그 부분에 풀꽃무늬가 새겨졌다. 상계, 중계, 하계는 장대석으로 구분되었다. 인선왕후릉은 곡장만 없을 뿐 효종릉과 석물 개수는 동일하다. 왕릉과 왕후릉에는 사진 찍는 곳이 표시되어 있다. 나도 그 지점에서 사진을 찍어보았다. 능호는 영릉(寧陵), 묘호는 효종과 인선왕후 장씨다. 인선왕후 장씨의 소생은 1남 6녀인데 외아들 현종은 청나라에 볼모로 갔을 때 태어났다. 영릉 답사를 끝내고, 신륵사에 잠깐 들러 관람하고 일정을 끝냈다.

남양주 안빈묘(安嬪墓)

효종의 후궁 안빈 이씨(1622~1693년)의 묘다. 공조참의 이응헌의 딸로 병자호란 후 1637년 봉림대군(후에 효종)이 청나라에 볼모로 갈 때 같이 갔다가 1645년에 귀국했다. 1693년(숙종 19년) 72세에 죽었는데 효종의 손자인 숙종은 종묘의 본전에서 제사를 지내는 대의 수가 다 되어도 위패를 다른 사당인 영녕전으로 옮기지 않고, 역대 왕이 계속해서 제사를 지내게 했다. 소생으로는 숙녕옹주가 있었으나 20세에 죽었다.

안빈묘는 덕흥대원군묘, 흥선대원군묘, 성묘와 같이 답사하기로 했으나 날도 저물고 위치도 찾기가 어려워 다른 날로 미룬 곳이다. 크리스마스 휴일을 이용해 안빈묘를 찾아 나섰다. 가는 길은 성묘에서 자세히 설명했지만 찾기가 쉽지 않았다. 근처에 가서야 겨우 길가에 있는 안빈묘 방향 표시판을 볼 수 있었다. 국가지정문화재인데도 관리가 소홀하다는 생각이 들었다. 사적 제366호 안빈묘는 경기도 남양주시 진건읍 송능리 산 66에 있으며, 면적은 1,983제곱미터다. 길옆 공터에 차를 세워놓고 묘를 향하여 걷기 시작했다. 산길을 따라 조금 올라가니 컨테이너가 하나 보인다. 묘를 관리하는 곳인가 싶었지만 사람은 보이지 않는다. 며칠 전 내린 눈으로 산길이 희끗희끗하다. 묘까지는 10분 정도 소요되었다.

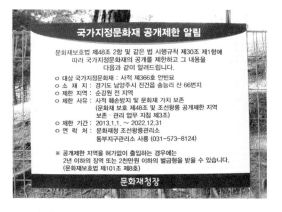

묘는 철책으로 둘러졌고, 문은 굳게 닫혔다. 관리소인 듯한 목조 건물이 안쪽에 있는데 사람은 없다. 국가지정 문화재 공개제한을 알리는 안내판과 안빈묘 안내판만 볼 수 있었다. 주변에 CCTV를 달아놓았다는 경고문도 보인다. 어렵게 찾아온 곳인데 들어가 볼 수 없다니! 아쉽지만 철책 사이로 석물들의 모습을 살펴보았다. 공개된 사진에는 곡장, 혼유석 1좌, 고석 2개, 동자상 1쌍, 묘비 1기, 향로석 1기, 망주석 1쌍, 4각 장명등 1좌, 문인석 1쌍이 있다. 같은 후궁묘인 명빈묘와 비교해보면 곡장, 고석 2개, 동자상 1쌍, 망주석 1쌍, 4각 장명등 1좌가 더 설치된 것을 알 수 있다. 후궁 중에서도 대우를 받은 것으로 생각된다.

제17대 효종의 가계도

부인 2명, 자녀 1남 7녀

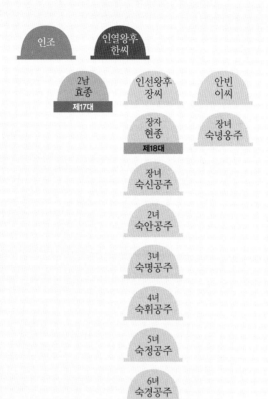

18

제18대

현　종

（顯宗）

숭릉(崇陵)—
구리 동구릉(東九陵)
다섯 번째 이야기

현종(1641~1674년, 재위 1659~1674년)은 효종의 적장자로 휘는 이연이며, 어머니는 인선왕후 장씨, 부인은 영돈녕부사 청풍부원군 김우명의 딸 명성왕후 김씨(1642~1683년)다. 조선의 역대 왕 중에서 유일하게 국내가 아닌 국외(청나라)에서 태어났다. 1649년(인조 27년) 왕세손에 책봉되었고 효종이 즉위한 후 왕세자로 진봉되었다. 1659년 효종의 뒤를 이어 왕위에 올랐다. 명성왕후 김씨는 1651년 세자빈에 책봉되었고, 현종이 보위에 오르자 왕후가 되었다. 현종과의 사이에 1남 3녀를 두었는데, 남편보다는 외아들 숙종에게 모든 사랑을 쏟았다고 전해진다.

현종 대의 큰 사건은 바로 예송논쟁이다. 1차 예송(기해예송)은 효종이 죽자 인조의 계비 장렬왕후 조씨(자의대비)가 상복을 1년 동안 입을 것인지, 3년 동안 입을 것인지 하는 논쟁에서 시작했다. 송시열 등 서인은 효종이 둘째 아들(소현세자가 장자)이므로 1년 동안 입어야 한다는 주장이고 허목, 윤후 등 남인은 효종이 왕위를 계승했으므로 장자와 다름없이 3년 동안 입어야 한다는 주장이었다. 둘 다 예학을 다루는 학자임에도 우암 송시열과 미수 허목은 심각하게 대립했다. 그 이면에는 왕을 사대부와 동등하게 취급하는 신권우위와, 왕은 사대부와 같을 수 없다는 왕권우위 사상이 깔려 있었다. 이는 예학의 해석 차이로 생긴 갈등이다. 송시열이 주장한 신권우위는 왕의 나라에서는 왕권에 대한 도전으로 해석될 수도 있었다. 하지만 현종은 서인의 주장에 밀려 기년설(1년)을 채택한다.

그 후 1674년(현종 15년) 효종의 정비 인선왕후 장씨가 죽자 장렬왕후 조씨가 상복을 몇 년 입을 것인지 하는 논쟁이 다시 불거졌다. 서인은 9개월(대공설)을 주장하고 남인은 1년을 주장했다. 2차 예송(갑인예송)에서는 남인의 주장이 채택되었다. 남인은 1623년 인조반정 이후 50년간 권력의 중심에서 밀려났다가 다시 집권세력이 된 것이다. 이 해에 현종이 34세로 급사한다. 숙종이 조선의 제19대 왕으로 등극한 다음에도 논쟁은 이어진다.

숭릉은 현종과 정비 명성왕후 김씨의 쌍릉으로 동구릉에서 네 번째로 조성되었다. 능호는 숭릉, 묘호는 현종과 정비 명성왕후 김씨다. 사릉, 강릉과 같이 공개제한지역이었다가 개방되었다. 숭릉 앞으로 묘내수가 흐른다. 금천교가 걸쳐 있다. 홍살문이 보이고, 그 옆에 배위가 있다. 참도(신도, 어도)를 따라 정자각으로 걸어갔다. 정자각 우측에 비각과 수복방 터가 보인다. 수라간은 찾아볼 수 없다. 최근에 연못 터가 발견되어 발굴조사 중이다. 보물 제1742호 정자각 안내판에는 조선 왕릉 42기 정자각 가운데 유일하게 팔작지붕이며, 처음으로 익랑을 설치했다고 적혔다. 1674년(숙종 즉위년)의 모습을 지금까지 유지하여 17세기 정자각의 유형을 확인할 수 있는 희귀한 자료라고 한다. 정자각 내부는 차이가 없고, 외부에 설치된 익랑과 팔작지붕이 여느 왕릉과 다름을 알 수 있다. 팔작지붕은 이 시대에 유행하던 중국풍에 영향을 받았다고 한다.

능 주변으로 소나무가 울창하다. 능침 공간은 목책으로 둘러져서 올라갈 수 없다. 목책 안으로 예감이 보인다. 공개된 사진에 의거해 확인해보았다. 상계에 곡장이 있으며 병풍석은 없고 난간석으로 연결되었다. 난간석 밖으로는

현종과 명성왕후 김씨의 숭릉(쌍릉) 전경

석호와 석양 4쌍을 교대로 배치했다. 능침 앞에는 혼유석 2좌가 있고, 고석은 1좌당 4개가 보인다. 능침 앞 좌우로 망주석 1쌍이 세워졌다. 중계 가운데에는 8각 장명등 1좌가 있고, 장명등 좌우로 문인석 1쌍이, 문인석 뒤에는 석마 1쌍이 있다. 하계에는 좌우로 무인석 1쌍이, 역시 무인석 뒤에는 석마 1쌍이 있다. 숭릉의 석물 양식은 인조의 장릉(長陵)을 본떴다고 한다. 숭릉을 마지막으로 이날 동구릉 답사를 끝냈다.

제18대 현종의 가계도

부인 1명, 자녀 1남 3녀

효종　　인선왕후
　　　　장씨

장자
현종
제18대　　명성왕후
　　　　　　김씨

장자
숙종
제19대

장녀
명선공주

2녀
명혜공주

3녀
명안공주

19

제19대
숙 종
(肅宗)

명릉(明陵)—
고양 서오릉(西五陵)
세 번째 이야기

숙종(1661~1720년, 재위 1674~1720년)은 현종의 적장자로 휘는 이순이며, 어머니는 명성왕후 김씨다. 명성왕후 김씨는 숙종이 즉위하자 왕대비가 되어 현열왕대비로 불렸다. 인조의 계비 장렬왕후 조씨는 대왕대비가 되었다. 숙종은 아버지 현종의 갑작스러운 죽음으로 14세의 어린 나이로 등극했다. 할아버지 효종도 41세의 젊은 나이에 죽었는데, 숙종은 60세까지 살면서 46년 동안 조선을 통치하여 역대 왕 중 두 번째로 긴 재위기간을 가졌다. 정식 가례를 치른 부인은 원비 인경왕후 김씨(1661~1680년), 제1계비 인현왕후 민씨(1667~1701년), 제2계비 인원왕후 김씨(1687~1757년)다.

즉위하던 해부터 남인과 서인의 싸움이 시작되어 당쟁의 회오리 속에 곤란을 겪는다. 2차 예송에서 승리한 남인은 서인의 영수 송시열의 처벌을 주장하는데, 이를 두고도 극형을 주장하는 강경파와 처벌은 해야 하나 극형은 반대한다는 온건파로 분열된다. 강경파 허목, 윤후 등을 청남(淸南), 온건파 허적 등을 탁남(濁南)이라 한다. 숙종은 송시열을 귀양 보내는 선에서 끝낸다.

곧이어 '홍수(紅袖, 궁녀를 말함)의 변'이 일어난다. 명성왕후 김씨의 아버지 김우명이 인평대군의 아들 복창군, 복선군, 복평군이 궁녀들과 불륜을 맺었다고 고변한 사건이다. 서인은 국혼을 독점하고 대부분 주요 관직을 맡고 있었다.

김우명도 서인으로, 남인과는 대척관계에 있었던 외척이다. '홍수의 변' 배경에는 명성왕후 김씨가 있었다. 명성왕후 김씨는 숙종이 평소 몸이 약하고, 이때만 해도 후사가 없었으므로 삼복을 왕권에 위협이 되는 존재로 보았다. 현종이 독자인데 아들 숙종이 또 독자로 이어지면서 가까운 인척으로는 효종의 동생인 인평대군의 아들 복창군, 복선군, 복평군밖에 없었기 때문이다. 김우명은 딸을 위해서 악역을 맡았지만 무고로 밝혀졌다. 그럼에도 불구하고 명성왕후 김씨는 아들 숙종을 다그쳐 불륜은 확실한 것이라고 우겨 세 형제를 귀양 보낸다. 남인들이 가만히 있을 리 없었다. 윤후, 허목 등은 명성왕후 김씨가 정사에 개입하는 것을 비난했다. 숙종은 어린 나이였지만 친정할 때였으므로 왕대비인 명성왕후 김씨가 월권한 것이다. 왕실의 최고 어른인 대왕대비인 장렬왕후 조씨가 살아 있었는데도 이러한 행동을 했으니, 오죽하면 남인들이 제2의 문정왕후 윤씨가 나타났다고 비방했겠는가! 심리적 타격을 받은 김우명은 곧 세상을 떠난다. 이에 앙심을 품은 명성왕후 김씨는 삼복 형제와 남인 타도에 나선다. 명성왕후 김씨의 할아버지가 효종 때 대동법의 확대 실시를 주장했던 한당의 영수 김육이다. 당시 산당의 영수였던 송시열은 반대 입장이었으나 김육의 주장대로 대동법이 실시되었다. 명성왕후 김씨는 삼복 형제와 남인 타도를 목적으로 할아버지 대부터 대립관계였던 산당과 손을 잡는다.

1680년(숙종 6년)에는 '허적의 유악 사건'이 터진다. 남인의 영수였던 영의정 허적이 궁궐의 유악(油幄, 기름 먹인 천막)을 조부 허잠의 시호를 맞이하는 잔칫날에 무단 사용하여, 숙종의 노여움을 사게 된 것이다. 숙종은 이를 왕권을 넘보는 행위로 보았다. 이 사건이 가라앉기도 전에 남인이 실각하는 결정적 사건인 '삼복의 변'이 일어난다. 허적의 서자 허견이 복선군과 결탁해 역모를 꾸민 것이다. 허적, 허견, 복창군, 복선군, 복평군은 모두 사사된다. 허목과 윤후는

명릉 들어가는 길

직접적인 관련이 없었으나 허목은 삭탈관직되고 윤후는 사사된다. 남인의 핵심
인물이 거의 제거된다. 갑인예송에서 서인을 꺾었던 남인은 불과 6년 만에 다
시 실각했다. 서인의 영수 송시열은 화려하게 돌아온다.

　　당시 정치적 국면을 경신환국이라 하고, 숙종의 치세를 환국으로 특징짓는
다. 환국은 정치적 국면의 전환이라는 의미가 있는데 당파의 교체, 정책의 변
화, 인명(人命)의 처분을 수반한다. 경신환국은 명성왕후 김씨가 정사에 개입하

면서 발생한 갈등이 그 뿌리로서, 이후 일어나는 기사환국, 갑술환국, 무고의 옥, 영조 때 신임사화의 불씨가 된다. 숙종은 이러한 궁중의 갈등을 환국이란 통치수단으로 강력한 왕권을 행사한다.

경신환국이 일어나던 해에 원비 인경왕후 김씨가 20세로 요절한다(익릉에서 설명). 장례를 마친 지 불과 한 달 만에 여양부원군 민유중의 딸을 간택하는데, 민씨(제1계비 인현왕후)는 대표적인 서인 가문 출신으로 송시열의 혈친이며 정치적 동반자였던 송준길의 외손녀다. 3년상을 무시하고 서둘러 간택한 것이다. 명성왕후 김씨는 같은 해 숙종이 총애하는 궁녀 장씨(후에 장희빈)를 쫓아냈다. 여기서 사극에 자주 등장하는 그 유명한 희빈 장씨(조선 3대 악녀의 하나)와 인현왕후 민씨의 악연이 시작된다. 공교롭게도 궁녀 장씨의 당숙인 장현도 경신환국 때 복창군의 심복으로 여겨져 유배되었다. 남인계열임을 알 수 있다(대빈묘에서 설명).

경신환국 이후 서인은 남인의 처벌을 두고 강경파인 노론(老論)과 온건파인 소론(少論)으로 갈라진다. 1682년(숙종 8년) 김석주, 김익훈 등 훈척(勳戚)들이 남인을 완전히 박멸하고자 역모로 고변하는 '임신삼고변' 사건이 벌어진다. 강경파였던 송시열은 그의 스승인 김장생의 손자 김익훈을 두둔하여 온건파였던 서인의 젊은 층에게서 비난을 받는다. 젊은 층의 우두머리 윤증과의 불화는 노소분당(老少分黨)으로 이어진다. 김석주는 숙종의 어머니 명성왕후 김씨와 사촌이고, 김익훈은 숙종의 원비 인경왕후 김씨의 숙부였다. 또한 김익훈은 김석주의 처외숙부였다.

1683년(숙종 9년) 명성왕후 김씨가 세상을 떠나고 궁녀 장씨가 다시 궁으로 돌아온다. 이때까지 숙종에게는 후사가 없었다. 제1계비 인현왕후 민씨는 소생이 없었고, 죽은 원비 인경왕후 김씨는 두 딸을 낳았으나 일찍 죽었다. 1688년

(숙종 14년) 궁녀 장씨가 왕자 이윤(후에 경종)을 낳자 숙종은 서둘러 원자로 삼고 그녀를 희빈에 책봉한다. 노론의 영수 송시열은 이런 전례는 중국에도 없다면서 상조론(尙早論)을 주장하며 정면으로 반대한다. 숙종은 이를 왕권에 대한 도전으로 보았다. 삭탈관직 후 귀양을 보내고 유배지에서 압송하다가 정읍에서 사사한다. 숙종은 제1계비 인현왕후 민씨를 서인으로 폐출해 사가로 내보낸 뒤 희빈 장씨를 왕후로 삼는다. 이로써 1689년(숙종 15년)에 서인이 장악했던 국혼과 중앙 조정은 일거에 남인으로 교체되었다. 이 일을 기사환국이라고 한다. 서인에서 남인으로 정치적 국면이 바뀐 것이다. 경신환국에서 사사되었던 허적, 허견, 복창군, 복선군, 복평군은 9년 만에 모두 복권된다.

1692년(숙종 18년)은 조선이 건국된 지 300년이 되는 해다. 세계를 돌아보면 1721년 영국은 벌써 내각책임제를 도입하여 근대적인 정치체제를 갖추기 시작했다. 1694년(숙종 20년) 남인이 실각하고 서인이 또다시 집권하는 갑술환국이 일어난다. 중전 장씨(희빈 장씨)의 오빠 장희재가 숙빈 최씨를 독살하려 했다는 것이다. 숙빈 최씨는 누구인가? 흔히 최무수리로 일컬어지는 숙빈 최씨는 궁중에서 제일 신분이 낮은 무수리 출신으로 숙종의 은혜를 입고 왕자 연잉군(후에 영조)을 낳는다. 희빈 장씨 측에서 보면 숙빈 최씨는 눈엣가시였을 것이다. 숙빈 최씨는 쫓겨난 제1계비 인현왕후 민씨를 그리워하며 기도하는 모습이 숙종의 눈에 들어 은혜를 입었다는 이야기가 전해온다(소령원에서 설명). 장씨는 다시 희빈으로 강등되고, 제1계비 인현왕후 민씨는 중전으로 복위된다. 이때 송시열도 복관된다.

갑술환국이 일어난 지 7년이 지난 1701년(숙종 27년) 제1계비 인현왕후 민씨가 35세로 소생 없이 죽는다. 그동안 희빈 장씨와 그 일가가 주술 등의 방법으로 인현왕후 민씨를 저주했다는 사실이 드러나면서 결국 희빈 장씨는 사사되고 장희재는 처형된다. 이 일을 무고의옥이라 한다.

1717년(숙종 43년) 숙종은 노론인 좌의정 이이명을 불러 세자 이윤(후에 경종)이 자식이 없고 병이 많음을 이유로 은밀히 연잉군(후에 영조)을 후계자로 지정하고 세자를 연잉군으로 교체할 것을 부탁한다. 야사에 의하면 장희빈이 사사될 때 숙종에게 마지막으로 아들을 보고 싶다고 간청하여 불렀더니 세자의 하초(남자의 생식기)를 잡아당겨 아이를 가질 수 없었다고 한다. 숙종이 죽기 1년 전인 1719년 연잉군은 효장세자(추존왕 진종)를 낳는다. 숙종은 죽기 전에 왕통의 계승을 염려한 나머지 세자를 연잉군으로 교체할 것을 유언하지 않았을까? 경종(뒤에 설명)은 숙종의 명에 따라 1717년부터 대리청정하다가 숙종의 뒤를 이어 조선의 제20대 왕으로 등극한다.

1720년(숙종 46년) 숙종은 60세에 죽는다. 숙종의 비밀스러운 유언은 영조 때 노론과 소론의 싸움인 신임사화의 원인이 된다. 숙종은 통치기간에 환국이라는 정치적 수단을 활용하여 강력한 왕권을 행사했다. 경제적으로는 대동법을 완성하고, 상평통보를 유통시켜 경제와 상업 발달에 기여한다. 국방으로는 왜국(倭國)과 울릉도의 귀속 문제를 확실히 하고, 백두산에 정계비를 세움으로써 청나라와의 국경 문제를 해결한다. 사회적으로는 예학이 발달하고 많은 서원이 탄생한다. 임진왜란 때 도와준 명나라의 은혜를 갚는다는 뜻으로 쌓은 제단인 대보단(大報壇)을 창덕궁에 설치하고, 선대에 일어났던 억울한 피해자를 신원한다. 이 시기에 서인이 된 회안대군, 묘호를 받지 못했던 정종, 사약을 받고 폐서인이 된 소현세자 부인 민회빈 강씨, 사육신 등이 복권되고, 세조에 의해 강등된 단종은 임금으로 복위된다. 예술문화 면에서는 진경시대(眞景時代)가 시작되었다. 중국의 영향에서 벗어나 조선만의 고유한 문화를 발전시키려는 움직임이 나타난 것이다. 숙종의 재위가 시작되는 1675년부터 정조의 통치기간이 끝나는 1800년까지 125년간을 진경시대라 부른다. 문학 쪽으로는 《구운몽》을 집필한 서포 김만중, 진경시로 이름을 떨친 삼연 김창흡, 진경산수화의 대가인 겸제 정선 등이 활동한다. 도예 분야에서는 경기도 광주 경안천 하구에 한강과 만나는 지점 부근의 금사리와 분원리에 분원(分院)이 차례로 정착하여 백자문화가 절정을 이룬다. 그러나 성호 이익이 조선의 3대 도적(연산군 때 홍길동, 명종 때 임꺽정, 숙종 때 장길산)의 한 사람으로 꼽았던 장길산이 황해도와 평안남도에서 난을 일으킨 것을 보면 백성들의 핍박한 삶을 추측해볼 수 있다.

명릉은 서오릉 5기 중에서 네 번째로 조성되었다. 서오릉 정문을 들어서면 입구 반대쪽에 명릉이 있다. 능호는 명릉, 묘호는 숙종과 제1계비 인현왕후 민씨, 제2계비 인원왕후 김씨다. 길을 따라 걷다 보면 명릉 안내판이 나타난다. 안내판 옆에는 홍살문이 있고 배위가 보인다. 배위 위에 관람객들이 앉아서 음식을 먹으며 떠들고 있다. 별로 좋아 보이지는 않는다. 능 안에서는 질서가 유지되어야 할 것 같다. 재실과 금천교가 있는 진입 공간은 서오릉 입구에 들어올 때 보았던 것이 전체에 해당하는 듯하다. 제향 공간의 시작인 홍살문과 배위를 지나 참도(신도, 어도, 변로)를 걸었다. 명릉의 참도는 조선 왕릉의 전형적인 모습이라고 하는데 신도, 어도 외에 신하들이 걸어갔던 변로가 따로 조성되어 있는 것이 특이하다. 앞서 인조의 장릉에서 이런 형태를 본 적이 있다. 멀리 능과 정자각, 비각, 수복방 터가 보인다. 수라간은 찾아볼 수 없다. 정자각에 올라가 보았다. 여느 왕릉과 다름이 없다. 너른 사초지 주변으로 소나무가 울창하다. 예감이 보인다. 비각 내부에는 문이 2개다. 좌측에는 숙종과 제1계비 인현왕후 민씨의 표석이, 우측에는 제2계비 인원왕후 김씨의 표석이 있다.

능침 공간에 올라가 보았다. 숙종과 제1계비 인현왕후 민씨의 쌍릉에는 곡장이 있고 난간석이 둘러졌다. 혼유석 2좌, 고석은 1좌당 4개씩이다. 망주석

제19대 숙종(肅宗)

1쌍, 석호 2쌍, 석양 2쌍이 있다. 석호와 석양은 다리 사이가 막혔고 그 부분에 풀꽃무늬가 새겨졌다. 여기까지가 상계다. 중계에는 4각 장명등 1좌, 문인석 1쌍, 석마 1쌍, 하계에는 무인석 1쌍, 석마 1쌍이 있다. 석마도 다리 사이가 막혔고 그 부분에 풀꽃무늬가 새겨졌다. 상계, 중계, 하계의 경계는 장대석으로 확실히 구분된다.

제2계비 인원왕후 김씨는 경은부원군 김주신의 딸로 1757년(영조 33년) 소생 없이 71세에 죽는다. 숙종이 죽은 지 37년이 지난 때였다. 사후에 숙종의 곁에 묻히고자 명릉에서 400보 떨어진 곳에 미리 능지를 잡아두었지만, 명릉이 내려다보이는 오른쪽 높은 언덕에 단릉으로 조성되었다. 쌍릉과 단릉으로 구성된 명릉은 우상좌하의 원칙에도 어긋나 동원이강릉도 될 수 없다. 이러한 형태가 된 이유가 전해온다. 제2계비 인원왕후 김씨가 죽던 해에 영조의 원비 정성왕후 서씨(1692~1757년)가 66세로 죽는다. 부인과 어머니를 동시에 국장하는 상황에서 의붓아들인 영조는 계모인 인원왕후 김씨보다는 부인인 정성왕후 서씨에

제2계비 인원왕후 김씨의 표석

게 더 신경을 썼을 것이다. 인원왕후 김씨의 능을 조성하기 위해서는 별도로 능호를 내리고 정자각과 비각, 홍살문, 참도를 새로 만들어야 한다. 이렇게 되면 소나무숲을 벌채하는 등 막대한 비용과 인력이 소요되기 때문에 미리 잡아놓은 능지보다 훨씬 가까운 명릉 오른쪽 높은 언덕에 안장하게 된 것이다. 그리하여 명릉은 조선 왕릉의 조성 형태 중 어디에도 속하지 않는 쌍릉과 단릉이 혼합된 독특한 형태가 되었다. 정성왕후 서씨의 능은 서오릉 안에 다섯 번째로 조성된 홍릉이다.

숙종과 제1계비 인현왕후 민씨의 쌍릉

　인원왕후 김씨의 능은 명릉과 석물 개수 및 형태는 같고 혼유석이 1좌인 점만 다르다. 명릉의 석물을 보면 여느 왕릉보다 규모가 작다. 이는 숙종이 인력과 경비 절감을 목적으로 석물 크기도 실물에 가깝게 하고 부장품도 줄인 것이다. 이후 왕릉의 형식을 바꾸는 계기가 되었다. 8각 장명등도 4각 장명등으로 바꾸었는데, 숙종 때 조성된 사릉과 장릉에서 처음 실시되었으나 명릉에서 제도화되었다. 세조에 이어 두 번째로 이루어진 간소화 조치다.

익릉(翼陵)—
고양 서오릉(西五陵)
네 번째 이야기

숙종의 원비 인경왕후 김씨의 단릉이다. 인경왕후 김씨는 광성부원군 김만기의 딸로 1671년(현종 12년) 11세에 세자빈이 되었으며 숙종이 왕위에 오르면서 왕후가 되었다. 김만기는《구운몽》을 지은 서포 김만중의 형이다. 이들의 고조부가 송시열의 스승인 김장생이고, 김장생의 아들이 산당의 영수 김집이다. 조선의 양대 명문가를 꼽을 때 연리광김(延李光金)이라고 하는데. 연안 이씨 집안과 광산 김씨 집안을 가리킨다. 인경왕후 김씨의 집안인 광산 김씨는 대제학을 3대에 걸쳐 7명이나 배출했다. 대제학은 문형(文衡)이라 하여 품계는 정2품이지만 판서나 정승보다 높이 평가받는 자리였다. 문형은 학문을 바르게 평가한다는 뜻으로, 이를 수행하는 자리인 대제학은 정계와 학계를 아우르는 명예로운 직위다. 율곡 이이에서 김장생, 송시열로 내려오는 기호학파의 대표적인 명문가가 인경왕후 집안이다. 인경왕후 김씨는 천연두를 앓기 시작한 지 8일 만에 20세로 요절한다. 두 딸을 두었으나 모두 일찍 죽었다. 능호는 익릉, 묘호는 숙종의 원비 인경왕후 김씨다.

익릉은 순창원 다음에 나타나는데, 서오릉에서 세 번째로 조성되었다. 가는 길에 소나무 군락을 지나야 한다. 울창한 소나무와 잘 가꾼 잔디밭이 펼쳐져 있다. 익릉 안내판이 보인다. 잔디밭 사이로 난 흙길을 걷다 보면 제향 공간

숙종의 원비 인경왕후 김씨의 익릉(단릉) 홍살문

으로 들어가는 홍살문이 나타난다. 홍살문 옆에는 배위가 있고, 참도가 정자각까지 일직선으로 뻗었다. 참도 중간에 지형에 맞춰 계단을 만들었다. 정자각은 현종의 숭릉 다음으로 익랑이 설치됐는데, 숭릉이 팔작지붕인 것과 달리 맞배지붕이다. 내부를 살펴보았다. 여느 정자각과 다름이 없다. 오른쪽에 비각이 보이고, 수복방 터가 보인다. 수라간은 보이지 않는다. 저 멀리 산신석과 예감이 보인다. 비각 내부를 살펴보았다. 익릉도 서오릉 전체 왕릉에 해당하는 재실과 금천교가 진입 공간으로 여겨진다. 능침 공간은 목책이 쳐져 올라가 볼 수 없었다. 공개된 사진으로는 곡장이 보이며 난간석은 있고 병풍석은 없다. 능침 주위에 석호 2쌍, 석양 2쌍이 있고, 석호와 석양은 다리 사이가 막혔고 그 부분에 풀꽃무늬가 새겨졌다. 상계에 혼유석 1좌, 고석 4개, 망주석 1쌍, 중계에 8각 장명등 1좌, 문인석 1쌍, 석마 1쌍, 하계에 무인석 1쌍, 석마 1쌍이 있다. 석마는 다리 사이가 막혔고 그 부분에 풀꽃무늬가 새겨졌다. 익릉은 숙종이 왕릉의 능제를 단순화하기 전에 조성되어 기본적으로는 《국조오례의》를 따르고 부분적으로는 임진왜란 이후의 양식을 따랐다고 한다.

파주 소령원(昭寧園)

제21대 영조의 생모인 숙빈 최씨(1670~1718년)의 묘로 경기도 파주시 광탄면 소령원길 41-65에 있다. 숙빈 최씨는 최효원의 딸로 태어나 7세에 궁에 들어가 숙원, 숙의, 귀인을 거쳐 숙빈에 봉해지고 1694년(숙종 20년)에 영조를 낳고 1718년(숙종 44년) 49세로 죽는다. 이미 설명한 대로 숙빈 최씨는 무수리 출신이다. 숙종의 제1계비 인현왕후 민씨를 모시다가 장희빈의 음모로 인현왕후 민씨가 폐출당하자 홀로 간절히 기도하는 모습이 우연히 숙종의 눈에 띄어 은혜를 입고 영조를 낳았다고 한다.

숙종은 원비 인경왕후 김씨한테서 두 딸을 얻었으나 일찍 죽었고, 제1계비 인현왕후 민씨와 제2계비 인원왕후 김씨에게는 자식이 없었다. 명문가에서 간택된 정실부인에게는 소생이 없고, 묘하게도 궁녀 출신인 장희빈에게서는 경종, 무수리 출신인 최숙빈에게서는 영조를 얻는다.

영조는 항상 어머니 신분에서 비롯된 열등감을 안고 살았는데, 효심이 지극하여 왕위에 올라서는 12회에 걸쳐 소령원을 오가며 어머니를 사모했다고 한다. 임금을 낳은 어머니였지만 아버지 숙종이 장희빈 사건 이후 후궁을 왕후로 올리는 일을 국법으로 금지시켰다. 영조는 어머니의 묘를 왕후릉으로 조성할 수 없었지만, 1753년(영조 29년) 원으로 조성하여 사당 이름을 육상궁, 묘는 소령

제19대 숙종(肅宗)

원이라 했다. 영조가 어머니 위패를 육상궁에 모신 것을 시작으로, 그 후 임금을 낳은 후궁 6명의 신위를 더 모시며 칠궁을 이루었다. 영조는 어머니가 죽자 소령원 동남쪽에 시묘막(侍墓幕, 무덤 옆에 임시로 지어놓은 집)을 짓고 친필비(親筆碑)와 비각을 4개소에 세웠다.

소령원과 수길원(뒤에 설명)은 거리가 가까워 함께 둘러보기 좋다. 목적지에 가까워지자 소령원·수길원 방향 표시판이 보인다. 그러나 사적 제358호 소령원은 철책으로 둘러졌고, 문은 굳게 닫혀 있었다. 문화재의 훼손방지 및 관람자의 안전을 위해 공개를 제한한다는 안내문이 보였다. 사전에 확인을 안 하고 온 것이 불찰이었다. 그동안 공개되지 않은 원을 찾아갔다가 허탕 친 경험이 있지만, 왕릉이 아니었기 때문에 으레 허가 없이 출입할 수 있다고 생각한 것이 잘못이었다. 소령원 앞에 있는 안내판을 읽어보고 철책 사이로 멀리 보이는 홍살

문과 정자각만 어렴풋이 확인한 채 돌아서야 했다. 대신에 소령원 뒤편으로 조성된 숲길을 걸어보았다. 숲길이 참 좋다. 공기도 맑고 산책코스로도 손색이 없다. 소령원 옆으로 냇물이 흐른다. 나오는 길에 소령원의 원찰 보광사를 둘러보았다.

공개된 사진에 금천교가 보이지 않는 걸 보면 없어진 듯하고 재실은 터만 남아 있나 보다. 홍살문은 있고, 배위는 확인이 안 된다. 참도(신도, 어도), 정자각, 수복방, 신도비와 비각은 보이고, 예감과 수라간은 보이지 않는다. 곡장은 있지만 병풍석과 난간석은 없다. 상계에는 석호 1쌍, 석양 1쌍, 혼유석 1좌, 고석 2개, 망주석 1쌍, 향로석 1기가 보이고, 능침 앞에 묘비 1기가 서 있다. 중계에는 4각 장명등 1좌, 문인석 1쌍, 석마 1쌍이 있다. 무인석과 석마는 없다. 석물 개수는 여느 원과 별 차이가 없다.

대빈묘(大嬪墓)－
고양 서오릉 경내

숙종의 후궁이자 경종의 어머니인 희빈 장씨(1659~1701년)의 묘다. 본명은 장옥정
이다. 희빈 장씨는 어린 나이에 궁녀로 뽑혀 입궁했다. 아버지는 역관 출신 장
형이며, 당숙인 장현은 역관의 수장인 수역(首譯)을 지냈는데 경신환국 때 복창
군의 심복으로 여겨져 유배되었다. 남인계열임을 알 수 있고, 장희빈이 남인의
지원을 받은 것으로 알려졌다. 조선 역사상 유일하게 궁녀의 신분으로 왕후 자
리에 오른 여인이다. 후궁 출신이 왕후가 된 경우는 여럿 있으나 모두 양반가의
딸로 처음부터 왕이나 세자의 후궁으로 간택되어 입궁했다. 문종의 부인 현덕
왕후 권씨, 예종의 계비 안순왕후 한씨, 성종의 계비 폐비 윤씨와 정현왕후 윤
씨, 중종의 제1계비 장경왕후 윤씨 등이다. 숙종의 은혜를 입어 경종을 낳고 왕
후의 자리까지 올랐지만 폐비되고 결국 사사된다. 숙종은 장희빈 사건을 계기
로 빈을 왕후로 승격하는 것을 법으로 금했다.

　대빈묘는 서오릉 경내에 있다. 원래 경기도 광주군 오포읍 문형리에 있었는
데, 도시계획으로 묘가 도로에 편입되자 1969년 현재의 위치로 옮겼다. 경릉에
서 홍릉으로 가는 길목에서 왼편 후미진 곳으로 들어가면 작은 규모로 초라하
게 조성되어 있다. 묘 입구에 대빈묘 안내판이 있다. 목책이 쳐져 가까이 갈 수
는 없지만, 석물들을 식별해볼 수 있었다. 곡장은 있으나 병풍석과 난간석은 없

숙종의 후궁 희빈 장씨의 대빈묘 능침 공간

고 석호, 석양도 없다. 혼유석 1좌, 고석 2개, 망주석 1쌍, 4각 장명등 1좌, 문인석 1쌍이 보일 뿐이다.

능침 앞에 '유명 조선국 옥산부대빈 장씨지묘(有明 朝鮮國 玉山府大嬪 張氏之墓)'라고 음각된 묘비가 있다. 경종이 어머니를 추존하여 옥산부대빈이 되었다. 한때 조선의 왕후 자리까지 오른 장희빈의 묘를 보노라면 장희빈에 대한 역사적 평가를 짐작할 수 있고, 숙종의 명릉 주변에 자리 잡은 것이 후대의 유일한 배려 같다. 만약 경종의 생모로만 순탄히 살았다면 최소한 원으로 조성될 수 있었을 텐데, 그나마 임금을 낳은 어머니라는 신분 때문에 위패는 칠궁(대빈궁)에 모셔졌다.

남양주 영빈묘(寧嬪墓)

숙종의 후궁 영빈 김씨(1669~1735년)의 묘다. 영빈 김씨는 성천부사 김창국의 딸로 김상헌의 현손녀(손자의 손녀)다. 김상헌은 누구인가? 병자호란 때 끝까지 항쟁을 주장한 삼학사(홍익한, 윤집, 오달제)와 더불어 반청친명(反淸親明)의 소신을 굽히지 않다가 노령의 몸으로 청의 심양까지 압송되어 곤욕을 치른 인물이다. 그의 손자는 서인의 영수였던 김수항이다. 김수항의 아들이 노론의 영수였던 영의정 김창집이고, 영빈 김씨의 아버지 김창국과는 사촌 간이다. 영빈 김씨는 김수항의 종손녀고, 김창집의 종질녀가 된다. 김창집의 4대손에서 세도가문 안동 김씨를 태동시킨 김조순이 태어난다. 세도가문 안동 김씨는 김상헌에게서 뿌리를 두고 있다. 영빈 김씨는 이처럼 명문가의 규수다.

숙종의 제1계비 인현왕후 민씨가 장희빈의 모략으로 폐위되어 쫓겨나자 영빈 김씨도 본가로 폐출되었다가 인현왕후 민씨가 복위됨에 따라 같이 복위되어 궁으로 복귀한다. 영조는 어렸을 때 영빈 김씨의 양자 노릇을 하며 늘 어머니라 불렀다고 한다. 이로 인해 숙종 말년에 왕위계승 문제가 대두되었을 때, 이복형인 왕세자(후에 경종)를 지지하는 소론에 대립했던 노론의 지지와 보호를 받을 수 있었다. 영빈 김씨가 67세로 죽자 성대히 장례를 치르도록 특별히 명했다고 전해진다.

사적 제367호 영빈묘는 경기도 남양주시 진접읍 장현리 175에 위치하는데, 묘역의 규모는 36,776제곱미터다. 내비게이션에 영빈묘를 명빈묘라고 잘못 입력하는 바람에 명빈묘를 먼저 보고, 다른 날 영빈묘를 찾았다. 묘 주변은 철책으로 둘러졌고 문은 닫혀 있었다. 입구에서 관리인을 만나 물어보니 사전 허가 없이는 입장할 수 없단다. 이 책의 주제가 아닌 원이나 후궁묘까지 사전 허가를 받아야 하는 것이 번거로워 공개된 사진으로만 확인해보았다. 봉분에는 호석이 둘러졌고, 묘비에는 '유명 조선국 영빈안동김씨지묘(有名 朝鮮國 寧嬪安東金氏之墓)'라고 음각되었다. 곡장, 혼유석 1좌, 고석 2개, 망주석 1쌍, 묘비 1기, 향로석 1기, 4각 장명등 1좌, 문인석 1쌍이 보인다. 영빈묘는 그동안 답사했던 후궁묘인 안빈묘나 대빈묘와 별 차이가 없었다.

지금껏 답사한 능, 원, 묘의 석물 개수를 보면 일정한 원칙이 있었다. 석호와 석양을 보면 왕릉과 왕후릉은 석호와 석양이 각 2쌍으로 모두 8개고, 복위됐거나 추존된 왕릉과 왕후릉(덕종릉, 공릉, 정릉, 장릉, 사릉, 온릉)은 석호와 석양이 각 1쌍으로 모두 4개였다. 원(순창원, 순강원, 소경원, 영회원)도 마찬가지로 4개였다. 다만 예외로 조선 초기에 제2대 정종의 후릉과 제3대 태종의 헌릉은 왕릉과 왕후릉에 따로 8개씩을 설치하여 모두 16개다. 그리고 회묘와 성묘는 왕후로 있었다가 폐비가 된 경우로 처음 설치한 대로 석호와 석양이 8개였다. 또한 문인석, 무인석과 각각의 석마를 보면 1쌍씩 모두 8개가 있었다. 마찬가지로

후릉과 헌릉은 모두 16개였다. 복위됐거나 추존된 왕릉과 왕후릉 및 원은 문인석과 석마만 있을 뿐 무인석과 석마는 없었다.

대원군묘나 일반묘(인평대군묘, 연산군묘, 광해군묘, 안빈묘, 대빈묘, 영빈묘)는 석호, 석양, 무인석과 석마가 모두 없고, 문인석은 있으나 석마는 없었다. 덕흥대원군묘만 문인석 대신 무인석이 있었다. 역시 석마는 없었다. 신분에 따라 석물 개수에 차이가 있음을 알 수 있다. 혼유석은 능마다 1좌씩이 원칙이었으나 합장릉인 경우 능은 하나지만 이미 살펴본 영릉(英陵)과 장릉(長陵)은 2좌였다. 이는 합장릉임을 표시하기 위한 것이다. 후대에 와서는 《국조상례보편(國朝喪禮補編)》의 제도에 따라 합장릉과 삼합장릉도 혼유석이 1좌로 되었다(뒤에 설명). 장명등도 능마다 1좌씩이 원칙이었다. 망주석은 1쌍이었으나, 이미 설명한 대로 덕종과 장순왕후 한씨의 능(경릉, 공릉)은 당초에 세자묘, 세자빈묘로 조성되어 망주석이 없었다. 이것이 선례가 되어서인지 그 후 세자묘와 세자빈묘로 조성된 순창원, 소경원, 영회원에서도 망주석이 없었다. 그러나 뒤에 설명하겠지만 의령원, 효창원, 숭인원, 영원에서는 망주석이 설치되었다. 그 이유는 알 수 없다. 내가 답사한 묘 중에도 명빈묘만 빼고는 모두 망주석이 있었다. 고석 개수는 들쑥날쑥하다. 건원릉, 헌릉, 희릉에서는 5개였고, 거의 대부분 4개였는데 정릉, 광해군묘, 순강원, 안빈묘, 대빈묘, 영빈묘는 2개였다. 덕흥대원군묘는 없었다. 추측건대 혼유석을 설치하는 과정에서 혼유석 형태에 적합한 개수를 배치한 것 같다.

제19대 숙종의 가계도

부인 9명, 자녀 6남 2녀

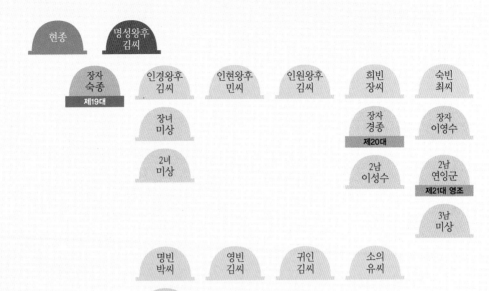

현종

명성왕후
김씨

장자
숙종
제19대

인경왕후
김씨

인현왕후
민씨

인원왕후
김씨

희빈
장씨

숙빈
최씨

장녀
미상

장자
경종
제20대

장자
이영수

2녀
미상

2남
이성수

2남
연잉군
제21대 영조

3남
미상

명빈
박씨

영빈
김씨

귀인
김씨

소의
유씨

장자
연령군

20

제20대
경 종
(景宗)

서울 의릉(懿陵)

경종(1688~1724년, 재위 1720~1724년)은 숙종의 적장자로 휘는 이윤이며, 어머니는 희빈 장씨다. 부인은 원비 단의왕후 심씨(1686~1718년)와 계비 선의왕후 어씨(1705~1730년)다. 원비 단의왕후 심씨는 청은부원군 심호의 딸로 경종이 세자로 있을 때 1718년(숙종 44년) 세자빈 신분으로 33세에 소생 없이 죽는다. 그래서 세자빈묘로 조성되었다가 경종이 왕으로 등극하자 왕후로 추존되어 1722년(경종 2년) 능으로 조성되었다. 이 능이 동구릉의 혜릉(뒤에 설명)이다.

의릉은 경종과 계비 선의왕후 어씨의 동원상하봉릉이다. 효종의 영릉과 같이 풍수지리에 따라 생기가 왕성한 자리에 맞추어 능침을 위아래로 배치했다. 조선 왕릉 중 동원상하봉릉은 영릉과 의릉 두 곳뿐이다. 능호는 의릉, 묘호는 경종과 계비 선의왕후 어씨다. 계비 선의왕후 어씨는 함원부원군 어유구의 딸로 단의왕후 심씨가 죽자 같은 해 세자빈에 책봉되고, 1722년 왕후로 책봉되었다. 1730년(영조 6년) 26세로 소생 없이 죽는다.

숙종은 죽기 3년 전에 노론인 좌의정 이이명을 불러 세자 이윤(후에 경종)이 자식이 없고 병이 많다는 이유로 세자를 연잉군(후에 영조)으로 교체할 것을 은밀히 당부한 적이 있었다. 이러한 분위기에서 경종은 노론에게 빌미를 잡히지 않도록 신중한 처세로 대리청정했으며 숙종이 죽으면서 왕으로 등극했다. 등극

후 2개월이 지났을 때 노론은 연잉군을 세제로 책봉하고 세제에게 대리청정을 맡기고 물러날 것을 주장한다. 1722년 경종은 결국 연잉군을 세제로 책봉하고 대리청정을 시킨다. 그러나 소론 김일경의 탄핵으로 신축사화가 벌어진다. 세제 대리청정의 발설자인 노론 4대신, 즉 영의정 김창집, 좌의정 이건명, 중추부판사 조태채, 중추부영사 이이명이 유배된 것이다. 얼마 후 소론 목호룡의 고변으로 노론이 주도한 역모 사건이 밝혀지자, 유배 중인 노론 4대신을 사사한 뒤 노론의 핵심인물을 모두 숙청하는 임인사화가 이어진다. 이 두 사건을 신임사화(辛壬士禍)라고 한다. 장희빈의 소생인 경종을 지지하는 소론과 숙빈 최씨의 소생인 연잉군을 지지하는 노론의 당쟁은 이렇게 피를 불러왔다.

경종은 어머니 희빈 장씨가 사사되면서 점차 내성적인 성격으로 변했고, 아버지 숙종에게도 견제와 미움을 받는 처지가 되어 심한 우울증을 앓았다고 전해진다. 재위 4년 동안 계속된 노론과 소론의 당쟁으로 혼란스러운 정국에 어머니까지 죽자 후유증으로 건강이 더욱 악화되었고, 자리에 누운 지 단 며칠 만에 소생 없이 죽고 말았다. 경종의 죽음을 두고 세간에는 게장과 생감을 먹고 독살되었다는 추측이 난무했다. 이로 인해 영조는 재위하는 동안 이복형인 경종을 독살했다는 의혹에 시달렸다.

무더운 여름이었지만 정릉을 둘러본 뒤 의릉을 답사했다. 의릉은 서울시 성북구 화랑로 32길 146-20에 위치하는데, 한국예술종합학교와 붙어 있어서 학교 주차장을 이용했다. 입구에 조선 왕릉 세계유산비가 보인다. 매표소에서 안내책자를 받아들고 답사를 시작했다. 사적 제204호 의릉 안내판에는 《국조속오례의》의 기록대로 석물이 작고 간소하다고 나온다. 의릉 탐방로 안내도를 보니 한 바퀴 도는데 약 1시간이 소요된다. 조선 왕계도와 의릉 상설도도 보인다. 재실은 보이지 않는다. 새로 만든 것 같은 금천교 밑으로 묘내수가 흘러간

정자각으로 올라가는 신계(왼쪽)와 동계(오른쪽)

다. 금천교 주변을 잘 정비해놓았다. 홍살문이 나타나고 배위가 보인다. 참도(신도, 어도)도 새로 만들었나 보다. 익랑이 붙은 맛배지붕 형태의 정자각이 나타난다. 올라가 보니 여느 왕릉의 정자각과 비슷하다. 옆에는 비각이 보인다. 산신석과 예감을 볼 수 있다. 수복방과 수라간은 보이지 않는다. 비각 안을 들여다보았다. 표석에 '조선국 경종대왕 의릉 선의왕후부(朝鮮國 景宗大王 懿陵 宣懿王后 附)'라고 음각되었다. 부(祔) 옆에 좌(左)가 없다. 아마도 우상좌하 원칙이 적용되지 않은 동원상하봉릉이라서 그런 것 같다.

능침 공간은 목책으로 둘러져서 올라가 볼 수 없다. 정릉을 답사하고 온 후라 시간상 탐방로 전체는 돌아볼 수 없어 외곽길만 산책해보았다. 뭉게구름이 한 폭

제20대 경종(景宗)

의릉 사초지 앞에 심어진 배롱나무

조선 왕릉, 그 뒤안길을 걷는다

의 그림 같고, 오후의 햇살이 자못 화창하다. 소나무들이 햇빛을 받아 더욱 푸르게 보인다. 배롱나무 꽃이 한결 탐스럽다. 걷다 보니 구중앙정보부 강당이 나타난다. 이 건물은 구중앙정보부에서 사용하던 강당과 회의실이었는데, 1972년 7월 4일 남북공동성명을 이곳에서 발표하여 제92호 등록문화재로 지정했다고 한다.

능침 공간은 안내책자에 의거해 확인해보았다. 곡장은 하나만 보이고, 위쪽에 왕릉, 아래쪽에 왕후릉이 있다. 난간석은 왕릉과 왕후릉에 모두 있다. 상계에 석호 2쌍, 석양 2쌍, 혼유석 1좌, 고석 4개, 망주석 1쌍이 왕릉과 왕후릉에 똑같은 개수로 있다. 중계에 4각 장명등 1좌, 문인석 1쌍, 석마 1쌍, 하계에 무인석 1쌍, 석마 1쌍도 마찬가지다.

문화재청에서 발간한 《조선 왕릉 답사수첩》에서 의릉의 설명을 보면, 오랫동안 중앙정보부가 관리하며 정자각 앞에 연못을 파고 각종 정원수를 심어 변형한 것을 문화재청이 10년에 걸쳐 복구한 끝에 지금의 모습을 되찾았다고 한

의릉 탐방로 주변에 핀 들꽃과 산딸기나무

제20대 경종(景宗)

다. 그래서인지 금천교와 참도(신도, 어도)가 새로 만든 것처럼 보였다. 의릉은 1996년 5월 1일부터 일반에게 공개되었다.

경종과 계비 선의왕후 어씨의 의릉(동원상하봉릉) 전경

혜릉(惠陵)－
구리 동구릉(東九陵)
여섯 번째 이야기

경종의 원비 단의왕후 심씨의 단릉으로 동구릉에서 여섯 번째로 조성되었다. 능호는 혜릉이고, 묘호는 원비 단의왕후 심씨다. 경릉과 숭릉 사이에 있어서 경릉을 답사하고 난 후 혜릉으로 향했다. 혜릉 방면으로 금천교가 나타난다. 지금껏 보아온 동구릉의 능은 모두 하나의 재실로 통합된 듯하다. 홍살문이 보인다. 멀리 정자각과 능도 보인다. 입구에 있는 혜릉 안내판을 읽어보았다. 혜릉의 석물은 숙종과 제2계비 인원왕후 김씨의 명릉을 따라 만들어서 문인석, 무인석이 사람과 같은 크기로 묘사되었다고 한다. 홍살문 옆에 배위가 있고, 참도가 정자각까지 연결되었다. 비각과 수복방 터가 보인다. 수라간은 보이지 않는다. 예감은 있다. 정자각 안을 살펴보았다. 여느 왕릉과 차이가 없다. 홍살문과 정자각은 6·25전쟁 때 파손된 것을 1995년에 복원했다. 비각 안을 살펴보았다. 표석에는 '조선국 단의왕후 혜릉(朝鮮國 端懿王后 惠陵)'이라고 음각되었다.

능침 공간은 목책이 쳐져 올라가 볼 수 없었다. 공개된 사진에는 곡장, 난간석이 보이고 병풍석은 없다. 상계에 석호 2쌍, 석양 2쌍, 혼유석 1좌, 고석 4개, 망주석 1쌍이 있

제20대 경종(景宗)

경종의 원비 단의왕후 심씨의 혜릉(단릉) 전경

다. 중계에 4각 장명등은 터만 남아 있고 사라진 상태다. 6·25전쟁 때 파손된 것으로 추측된다. 조선 왕릉 중 유일하게 혜릉에만 장명등이 없다. 문인석 1쌍, 석마 1쌍이 있고, 하계에 무인석 1쌍, 석마 1쌍이 있다. 상계, 중계, 하계의 경계가 확실하다. 혜릉은 능역이 전반적으로 좁고 작은데, 아마 단의왕후 심씨가 세자빈 신분으로 죽었기 때문일 것이다. 처음엔 세자빈묘로 조성되었다가 능으로 승격되었다. 능 주변은 소나무로 둘러져 있다. 동구릉에서 제일 작은 능인 혜릉은 짧게 살다 간 단의왕후 심씨의 삶을 보여주는 것 같다.

제20대 경종의 가계도

부인 2명, 자녀 없음

21

제21대
영 조
(英祖)

원릉(元陵)─
구리 동구릉(東九陵)
일곱 번째 이야기

영조(1694~1776년, 재위 1724~1776년)는 숙종의 넷째 아들로 휘는 이금이며 왕이 되기 전에는 연잉군으로 불렸다. 어머니는 숙빈 최씨, 부인은 원비 정성왕후 서 씨(1692~1757년)와 계비 정순왕후 김씨(1745~1805년)다. 원비 정성왕후 서씨는 달성 부원군 서종제의 딸로 1704년(숙종 30년) 연잉군과 가례를 올렸다. 1721년(경종 즉 위년) 세자빈이 되고 영조가 왕위에 오르자 왕후가 되었다. 1757년(영조 33년) 소 생 없이 66세로 세상을 떠나 서오릉 안 홍릉(뒤에 설명)에 안장되었다.

1724년 경종이 죽자 영조는 조선의 제21대 왕으로 등극한다. 영조를 지지한 노론이 집권하면서 연잉군의 왕위 추대설은 숙종의 은밀한 지시에 따라 이루어 져 역(逆)이 아닌 충(忠)이라는 충역론(忠逆論)으로 소론을 무너뜨린다. 경종 때 소론이 노론을 제거한 신임사화의 정당성을 부정하는 것이다. 영조는 연잉군 시절부터 노소론 간 당쟁의 중심인물이었다. 임인사화 때는 경종의 시해모의에 관여했다고 여겨져 생명을 위협받는 지경이었으나, 숙종의 제2계비 인원왕후 김씨의 도움으로 겨우 자리를 유지했다. 충역론은 그 후속 사건으로 영조는 당 쟁의 병폐를 몸소 경험했다. 어머니의 미천한 신분에서 오는 열등감이 심한데 다가, 이복형 경종의 시해모의에 관련된 의혹도 받았고, 심지어 숙종의 아들이 아니라는 유언비어에 시달리기도 했다.

영조가 임금이 된 지 4년이 지난 1728년 노론 정권 아래 도태된 소론과 갑술환국 이후 정계에서 밀려난 남인이 연합하여 난을 일으켰다. 소론이었던 이인좌가 주동하여 무신란 혹은 이인좌의 난이라고 한다. 처음에는 노론 타도가 목표였는데, 나중에는 영조의 퇴진까지 주장한다. 조선 시대 양반들이 일으킨 유일한 난이다. 이인좌는 영조의 왕위계승을 부정하고 소현세자의 증손인 밀풍군 이탄이 종친의 적통이므로 왕통을 이어야 한다고 주장했다.

밀풍군 이탄은 누구인가? 소현세자의 셋째 아들 경안군의 장손이다. 인조의 적장자인 소현세자는 인조의 미움을 받고 독살설로 추측되는 의문의 죽음을 당했다. 인조는 소현세자가 죽고 난 후 종손이고 원손인 소현세자의 장자 경선군이 아닌 자신의 둘째 아들 봉림대군(후에 효종)을 세자로 책봉했다. 결국 경선군은 제주도로 유배되어 독살되었다. 소현세자의 둘째 경완군은 형과 함께 유배되어 독살당했고 셋째 경안군만 살아남았다. 이인좌는 소현세자의 셋째 아들 경안군의 장손 밀풍군 이탄을 왕으로 추대하려고 한 것이다. 밀풍군 이탄은 종친의 적통이었으므로, 경종의 계비 선의왕후 어씨가 후손이 없자 양자로 들이려 한 적도 있었으나 무산되었다. 이인좌의 난은 결국 실패로 돌아갔지만 규모가 상당히 커서 삼남(충청도, 전라도, 경상도)을 아울렀으며 참가한 사람도 20만 명에 이르렀다. 이인좌는 국문하는 영조를 '전하'로 부르지 않고, '나리'로 호칭하면서 끝까지 왕으로 인정하지 않았고, 영조가 숙종의 자식이 아니라고 주장하다가 이틀 만에 참살되었다. 밀풍군 이탄은 이인좌에게 추대되었다는 이유만으로 역적으로 몰려 사약을 받고 죽는다. 이렇게 소현세자의 후손은 몰락한다.

이인좌의 난은 영조에게 크나큰 상처를 주었고, 이 상처는 평생을 따라다녔다. 영조는 무신란을 겪은 후 본격적으로 탕평책을 실시한다. 이는 노론과 소론이 공동정권을 구성하여 통치하는 방식으로 숙종의 환국정치와는 차이가 있다. 환국정치는 노론과 소론에게 교대로 정권을 맡기는 형태였으나, 탕평책은 노론과 소론이 연합정권을 형성하는 것이다. 탕평책을 통하여 과열된 붕당 간의 경쟁이 완화되면서 왕권이 안정되어 민생을 위한 정치가 시작되었다. 하지만 1755년(영조 31년) 무신란 이후 노론에 원한을 품었던 소론 내 과격파 잔여세력이 반란을 일으켰다가 실패하여 완전히 몰락하는 을해옥사가 벌어졌다. 영조의 탕평책이 여의찮았음을 반영한 사건이다. 탕평책에도 불구하고 정권은 대부분 노론계에서 차지했다.

1762년(영조 38년)에는 영조가 자신의 외아들인 사도세자를 뒤주(쌀을 담아놓는 나무로 만든 궤짝)에 가두어 죽게 만든 임오화변(壬午禍變)이 일어난다. 조선 역사를 조금 아는 사람이라면 영화나 드라마의 단골 소재인 사도세자의 비극을 알고 있을 것이다. 이 끔찍한 죽음을 두고 원인을 여러 갈래로 이야기하지만 정설은 없는 것 같다. 다만 눈에 띄는 원인 중 하나는 중앙 정계에서 상대적으로 열세에 있던 세력들이 대리청정을 시작한 세자에게 줄을 서자 노론에서 아버지 영조와 아들 세자 간에 불화를 조장했다는 것이다. 다른 원인으로 영조의 과격한 성격과 사도세자의 비정상적인 행동을 이유로 삼기도 하고, 노론 강경 노선인 경주 김씨 가문에서 새로 맞아들인 계비 정순왕후 김씨의 이간질을 이유로 들기도 한다. 사도세자의 죽음을 당쟁의 희생물로 보는 시각도 있다. 그동안 계속되었던 남인과 노론의 싸움은 임오화변이 터지면서 사도세자를 배척한 노론 강경 노선인 벽파(僻派)와 사도세자를 동정한 남인 등의 시파(時派)로 갈라져 정조와 순조 때까지 당쟁이 되풀이되었다.

한 나라의 세자인 아들을 한여름 뒤주 속에 가두어 8일 만에 굶어죽게 만든 참혹한 비극을 초래한 아버지 영조는 뒤늦게 이를 후회하고 그에게 사도(思悼)라는 시호를 내렸다. 죽기 몇 달 전 벽파의 방해공작에도 불구하고 사도세자의 장자(후에 정조)를 일찍 죽은 장자 효장세자(추존왕 진종)의 양자로 입적하면서 대리청정을 성사시켜 세손의 즉위를 순조롭게 한 것이 아들을 죽인 아버지가 마지막으로 선택한 용단이었다. 사도세자는 그의 아들 정조가 즉위하면서 장헌세자로, 1899년(광무 3년)에는 장조로 추존되었다.

영조는 치세기간에 이인좌의 난과 임오화변이라는 큰 사건을 겪었으나 탕평책으로 정국을 안정시켰으며 여러 가지 개혁 조치를 행했다. 백성들의 부담을 덜어줄 목적으로 2필씩 징수하던 군포(軍布, 조선 시대 병역의무자인 16세 이상 60세 이하 남자들이 현역 복무에 나가지 않는 대신 부담했던 세금)를 1필로 경감하는 균역법을 실시했으며,《경국대전》이후 변화한 사회에 맞게 법률을 재정비하여《속대전》을 편찬했다. 또한 청계천 준설사업과 주거환경 개선사업을 실시했다. 영조는 조선 왕조에서 경연(임금이 신하들과 유교의 경서와 역사를 공부하는 자리)을 가장 많이 한 왕으로 알려졌다. 스스로 사치를 경계하여 검소했고, 그 이전 그 어느 왕보다 민생을 위한 정치를 펴나간 부지런한 임금으로 평가받기도 한다. 영조와 그의 손자 정조(뒤에 설명) 두 임금의 시대를 보통 조선 후기 중흥기라 부른다. 조선 역사를 살펴보면 역대 왕 중에서 성군의 반열에 오를 수 있는 임금을 꼽자면 전기에는 세종과 성종, 후기에는 영조와 정조가 아닌가 생각한다. 영조 시대에 활약한 인물로는 암행어사 박문수와 화가 김홍도가 있다.

원릉은 영조와 계비 정순왕후 김씨의 쌍릉이다. 정순왕후 김씨는 오흥부원군 김한구의 딸로 원비 정성왕후 서씨가 죽자 1759년(영조 35년) 15세에 66세였던 영조의 계비로 책정되었다. 영조보다 51세 연하였다. 영조는 1776년 83세로 생을 마감하는데, 조선 역사상 가장 장수한 왕인 데다 재위기간도 가장 긴 52년이었다. 계비 정순왕후 김씨는 정조가 죽은 후 순조가 즉위하자 수렴청정을 하면서 강력한 권한을 행사하는 대왕대비로 부상한다.

영조와 계비 정순왕후 김씨의 원릉(쌍릉) 전경

제21대 영조(英祖)

원릉은 동구릉에서 일곱 번째로 조성되었는데, 이때는 동칠릉이라 불렀다. 그 후 경릉(뒤에 설명), 수릉(뒤에 설명)이 추가로 조성되면서 현재처럼 동구릉이 된 것이다. 능호는 원릉, 묘호는 영조와 계비 정순왕후 김씨다. 원릉이 있는 자리에는 원래 효종의 영릉(寧陵)이 있었는데, 석물에 틈이 생겨 능침 안으로 빗물이 들어갈 염려가 있다고 하여 1673년(현종 14년) 세종의 여주 영릉(英陵) 옆으로 천릉했다. 그런데 막상 능침을 열어보니 깨끗해서 천릉을 주장했던 영릉도감의 책임자가 파직되기도 했다. 계비 정순왕후 김씨는 원릉을 조성하고 29년 후인 1805년(순조 5년) 소생 없이 61세로 죽어 영조 옆에 안장된다.

원릉은 태조의 건원릉 서쪽 두 번째 산줄기에 있다. 동구릉에서 휘릉을 보고 난 후 원릉으로 향했다. 동구릉 전체 왕릉에 다 해당되지만 원릉 역시 별도의 재실은 없다. 금천교를 건너면 원릉 안내판과 상설해설도가 보인다. 원릉은 숙종의 교령을 근거로 영조가 편찬한《국조상례보편》과《국조속오례의》의 정비된 제도에 따라 조성된 표본 능이라고 한다. 석물이 정교하고 사실적으로 묘사되었으며 중계와 하계의 높이가 같아지면서 경계석이 없어져 능제의 변화를 볼 수 있다. 종래의 3단에서 2단인 상계와 하계로 간소화된 것이다.

잠깐 걸어가면 곧 홍살문을 만나게 된다. 홍살문 옆에는 배위가 보이고 앞으로 참도(신도, 어도)가 뻗었다. 참도 옆에는 길이 2개 더 있다. 인조의 장릉과 숙종의 명릉에서도 본 적이 있다. 우측으로 수복방 터가 보이고, 좌측에 있어야 할 수라간은 보이지 않는다. 정자각에 올라가 보았다. 여느 왕릉과 다름이 없다. 산신석과 예감이 보인다. 정자각 좌측에 세워진 비각을 살펴보았다. 다른 왕릉의 비각보다 크다. 비각 안에 표석 3기가 나란히 세워졌다. 첫 번째 표석은 1776년(정조 즉위년) 건립된 것으로 '조선국 영종대왕 원릉(朝鮮國 英宗大王 元陵)'이라 음각되었으며 정조가 직접 썼다고 한다. 두 번째 표석은 1805년(순조 5년)

원릉 정자각

에 건립된 것으로 '조선국 정순왕후 부좌(朝鮮國 貞純王后 祔左)'라고 음각되었다. 처음에 2칸으로 만들어 1칸을 비워두었으나 비워둔 자리에 정순왕후비를 세움으로써 비로소 쌍릉이 완성되었다. 세 번째 표석은 1890년(고종 27년) 영종의 묘호를 영조로 바꾸고 '조선국 영조대왕 원릉(朝鮮國 英祖大王 元陵)'으로 음각한 표석을 가운데 자리에 놓은 것이다. 이때 비각을 3칸으로 고쳐 세웠다. 순서로 보면 두 번째가 되고, 두 번째였던 정순왕후비가 세 번째가 된다. 종묘의 신주는 공이 있는 임금을 '조'라 칭하고, 덕이 있는 임금을 '종'이라 칭하는데, 영조는 공덕을 두루 갖추었기 때문에 '조'라 칭해야 한다는 신하들의 의견을 받아 결정한 것이라고 한다.

능침 공간은 목책이 쳐져 올라가 볼 수 없었다. 공개된 사진에 의거하면 쌍릉인 능침이 한 곡장 안에 안장되었다. 병풍석은 없고 난간석으로 이어져 있다. 난

제21대 영조(英祖)

간석 밖으로는 석호 2쌍, 석양 2쌍을 교대로 배치했다. 능침 앞에는 혼유석 2좌가 있고, 고석은 1좌당 4개다. 능침 앞 좌우로 망주석 1쌍이 세워졌다. 여기까지가 상계다. 중계와 하계의 경계석이 없어지고 하계로 통합되면서 모든 석물이 같은 높이로 배치되었다. 4각 장명등 1좌, 문인석 1쌍과 석마 1쌍, 무인석 1쌍과 석마 1쌍이 있다.

홍릉(弘陵)-
고양 서오릉(西五陵)
다섯 번째 이야기

영조의 원비 정성왕후 서씨의 능이다. 서오릉에서 제일 마지막인 다섯 번째로
조성되었다. 정성왕후 서씨는 세상을 떠날 때까지 43년간 영조의 곁에서 내조
를 잘했던 여인으로 알려졌다. 영조는 정성왕후 서씨가 게으른 빛이 없었으며,
윗전을 극진히 모시고 영조의 생모 숙빈 최씨의 신위를 모시는 데 정성을 기울
였다고 왕후의 행장기에 고마움을 표현했다. 슬하에 자식은 없었지만 영빈 이
씨 소생인 사도세자를 예뻐했다고 한다. 영조는 원비 정성왕후 서씨의 능을 조
성하면서 장차 함께 묻히고자 왕후릉의 오른쪽 자리를 비워두고, 석물도 쌍릉
을 예상하여 배치했다. 그러나 손자인 정조가 홍릉 자리 대신 동구릉 내 원릉
으로 능지를 정하는 바람에 오른쪽 공간은 빈터로 남게 되었다. 결국 단릉이
된 것이다. 필시 살아 있는 권력인 계비 정순왕후 김씨의 눈치를 보았으리라.

　홍릉은 기본적으로 숙종의 명릉 형식을 따라 간소하게 조성되었으며《국조
속오례의》와《국조상례보편》의 제도가 잘 반영되었다. 능호는 홍릉, 묘호는 원
비 정성왕후 서씨다. 서오릉 내 단풍길을 따라 순창원, 경릉, 대빈묘, 홍릉 순
서로 답사하면 된다. 홍릉도 다른 서오릉의 능과 마찬가지로 재실과 금천교는
입구에 들어올 때 보았던 것이 전체의 진입 공간인 듯하다. 제향 공간으로 들어
서면 홍살문과 배위가 보인다. 참도(신도, 어도)는 정자각까지 이어졌다. 수복방

　　　　　　　　　　　　　　　제21대 영조(英祖)

영조의 원비 정성왕후 서씨의 홍릉(단릉) 홍살문

과 수라간은 보이지 않는다. 정자각 내부를 살펴보았다. 다른 왕릉과 차이가 없다. 예감은 찾아볼 수 없고, 오른쪽으로 비각이 보인다. 비각 안을 살펴보았다. 표석에 '조선국 정성왕후 홍릉(朝鮮國 貞聖王后 弘陵)'이라고 음각되었다. 이는 손자 정조가 썼다고 한다.

능침 공간은 목책으로 둘러져서 올라가 볼 수 없었다. 소나무가 능침 주변을 둘러싸고 있다. 공개된 사진에는 곡장, 난간석이 보이고 병풍석은 없다. 상계

에는 석호 2쌍, 석양 2쌍, 혼유석 1좌, 고석 4개, 망주석 1쌍, 중계에는 4각 장
명등 1좌, 문인석 1쌍, 석마 1쌍, 하계에는 무인석 1쌍, 석마 1쌍이 있다. 여느
왕릉의 석물 개수와 동일함을 알 수 있다.

파주 수길원(綏吉園)

영조의 후궁 정빈 이씨(1693~1720년)의 묘다. 소령원과 약 50미터 거리라서 소령원을 답사하는 날 같이 둘러볼 계획이었다. 그러나 수길원도 소령원과 마찬가지로 공개제한지역이었다. 수길원은 철책으로 둘러졌고, 역시 문도 굳게 닫혔다. 철책 너머로 사적 제359호 표지석만 보일 뿐이다.

정빈 이씨는 이준철의 딸로 영조가 즉위하기 전에 후궁인 소원으로 있으면서 1719년(숙종 45년) 경의군(효장세자, 추존왕 진종)을 낳았으나 10세에 죽고 정빈 이씨도 28세에 죽는다. 1725년(영조 1년) 정빈으로 봉해졌고, 1778년(정조 2년) 묘에서 수길원으로 승격되고 위패는 칠궁(연호궁)에 모셔졌다. 영조는 정조를 효장세자의 양자로 입적시켜 왕위계승을 순조롭게 했다. 효장세자는 숙종의 장손이며 영조의 장자로 태어났지만 요절하는 바람에 후손도 없었고, 나중에 사도세자가 비명으로 죽으면서 정조의 양부가 되어 진종으로 추존되었다.

공개된 사진에는 진입 공간인 재실과 금천교가 터만 남아 있다. 제향 공간을 보면 홍살문만 보이고 참도(신도, 어도), 정자각, 수복방, 수라간, 비각은 터만 남은 것으로 확인된다. 예감은 새로 만든 듯하다. 능침은 일반 민묘처럼 조성되었다. 곡장이 둘러졌고 능침 앞에 묘비가 서 있다. 상계에 혼유석 1좌, 고석 2개, 망주석 1쌍이 보인다. 원에는 으레 있는 석호 1쌍, 석양 1쌍이 아예 없다. 처음에는 설치되었다가 없어진 것이 아닌가 추측된다. 중계에는 4각 장명등 1좌, 문인석 1쌍, 석마 1쌍이 있다.

수경원(綏慶園) –
고양 서오릉 경내

영조의 후궁 영빈 이씨(1696~1764년)의 묘다. 영빈 이씨는 영조가 가장 총애한 후
궁으로 1735년(영조 11년) 사도세자(추존왕 장조)를 낳았으며 1764년(영조 40년)에
69세로 세상을 떠났다. 영조에게 자기 아들인 사도세자를 죽이라는 말을 한 비
정한 여인이다. 그래서인지 아들보다는 남편을 위해 살았다고 평가받는다. 영조
는 영빈 이씨를 의열(義烈)이라고 불렀다. 그리고 그녀가 죽자 후궁 가운데 가장
성대하게 장례를 치르도록 명했다고 한다.

영조의 후궁 영빈 이씨의 표석

원래 옛 연희궁(현재 연세대학교 자리)에 조성되었
는데, 1920년에 연세대학교가 개교하면서 수경원
묘역이 포함되어 1968년 현재의 서오릉 경내로 천
장했다. 수경원 천장 당시 정자각과 비각을 함께
옮겨가지 못해서 캠퍼스 안에 그대로 있다. 연세대
학교는 1974년 수경원 능침 자리에 대학교회 '루스
채플'을 세웠는데, 아직도 사초지가 남아 있다.

수경원은 서오릉 경내 명릉과 익릉 사이에 자리
한다. 수경원도 서오릉 전체의 진입 공간으로 대신
하는 것 같다. 방향 표시판을 보고 잠시 걷다 보면

영조의 후궁 영빈 이씨의 수경원 전경

안내판이 나타난다. 조금 지나니 '대한소유영빈수경원(大韓昭裕暎嬪綏慶園)'이라고 음각한 표석이 보인다. 비각은 캠퍼스 안에 남겨두고 표석만 옮긴 것 같다. 영조 때 의열이라는 시호를 받았는데, 고종 때 정자각과 비각을 새로 신축하고 표석을 새로 세우면서 소유라는 시호를 추가로 받은 것으로 알려졌다. 제향 공간은 찾아볼 수 없다. 따라서 홍살문과 배위, 참도(신도, 어도), 예감이 없다. 수복방, 수라간도 없다.

능침 공간은 목책으로 둘러져서 멀리서밖에 볼 수 없었다. 능침 공간의 모습을 카메라에 담았다. 곡장, 석호 1쌍, 석양 1쌍, 향로석 1기, 혼유석 1좌, 망주석 1쌍, 4각 장명등 1좌, 문인석 1쌍, 석마 1쌍을 확인할 수 있었다. 능침은 수길원과 마찬가지로 일반 민묘처럼 조성되었다. 묘비에 '영빈전의이씨지묘(暎嬪

全義李氏之墓'라고 음각되었다. 영조 때 의열묘, 의열궁에서 고종 때 수경원, 선희궁으로 승격되었다. 위패는 칠궁(선희궁)에 모셔졌다. 수길원과 수경원의 건축물과 조형물을 확인해보면서 많은 문화재가 유실되고 훼손된 것을 알 수 있었다. 수길원에는 석호 1쌍, 석양 1쌍이 아예 없어졌다. 수경원도 정자각과 비각은 따로 떨어져 있다. 몰랐던 사실을 알게 되면서 문화재에 대한 관심과 보호가 절실하다는 생각이 든다. 정확한 고증을 통해 하루 빨리 복원되어 원래의 모습을 되찾아야 할 것 같다.

제21대 영조의 가계도

부인 6명, 자녀 2남 12녀

숙종 　숙빈 최씨

2남 영조 제21대	정성왕후 서씨	정순왕후 김씨	정빈 이씨	영빈 이씨	귀인 조씨
			장자 효장세자 추존 진종	장자 사도세자 추존 장조	장녀 미상
			장녀 미상	장녀 화평옹주	2녀 화유옹주
			2녀 화순옹주	2녀 미상	
				3녀 미상	
				4녀 미상	
				5녀 화협옹주	
				6녀 화완옹주	

숙의 문씨 폐출

장녀 화령옹주

2녀 화길옹주

3

추존 3

진　종

（眞宗）

영릉(永陵)-
파주 삼릉(三陵)
세 번째 이야기

진종(1719~1728년)은 영조가 왕으로 즉위하기 전에 정빈 이씨와의 사이에서 태어
난 장자로, 숙종의 첫 손자이자 그의 생전에 태어난 유일한 손자다. 1724년 영
조가 즉위하자 경의군(휘, 이행)으로 봉해지고, 1725년 7세 때 세자에 책봉되었
다. 그러나 1728년 10세에 죽어 효장이라는 시호를 받고, 이후 효장세자로 불렸
다. 정비인 효순왕후 조씨(1715년~1751년)는 좌의정을 지낸 풍릉부원군 조문명
의 딸이다. 1727년 세자빈이 되고 1735년 현빈에 봉해졌다. 1751년 37세로 죽어
효장세자의 묘 왼편에 안장된다. 효순이라는 시호를 받아 효순현빈으로 불렸다.

영조는 효장세자가 죽자 영빈 이씨와의 사이에서 태어난 둘째 아들 사도세
자를 세자로 책봉했다. 효장세자와 사도세자는 이복형제간이다. 사도세자마저
즉위하지 못하고 폐위된 후, 영조는 세손인 정조(사도세자의 장자)를 효장세자(추
존왕 진종)의 양자로 입적했다. 1776년 정조가 즉위한 후 효장세자와 효순현빈
이 진종과 효순왕후 조씨로 추존되면서 묘에서 능으로 승격되었다. 능침의 조
성 형태는 쌍릉이다. 능호는 영릉, 묘호는 진종과 효순왕후 조씨다. 1908년(융희
2년)에는 대한제국 황제인 순종에 의해 진종소황제와 효순소황후 조씨로 다시
추존되었다.

영릉은 파주 삼릉 안에 있는데 공릉, 순릉을 포함해 능의 주인공들이 모두

진종과 효순왕후 조씨의 영릉(쌍릉) 전경

조선 왕릉, 그 뒤안길을 걷는다

요절했다. 공릉의 장순왕후 한씨는 17세에, 순릉의 공혜왕후 한씨는 19세에, 영릉의 진종은 10세에 세상을 떠났다. 단지 진종의 정비 효순왕후 조씨만이 37세까지 살았다. 장순왕후 한씨는 인성대군을 낳았으나 3세에 죽고 나머지는 모두 소생이 없다. 불우한 일생을 살고 간 왕과 왕후들이다. 삼릉은 공릉, 순릉, 영릉 순으로 관람했다. 삼릉 안의 샛길은 산책길로도 손색이 없다. 영릉으로 올라가는 길도 한적하고 걷기가 좋다. 재실은 별도로 없고 다른 능과 마찬가지로 입구에 들어올 때 보았던 재실이 삼릉 전체를 통할하는 것 같다. 걷다 보면 영릉으로 들어가는 금천교가 나타난다. 금천교 밑으로는 묘내수가 흐른다. 금천교를 건너 제향 공간으로 들어서면 곧바로 홍살문이 보이고, 그 옆에는 배위가 있다. 영릉 안내판에는 비각 안에 표석 3기가 있다고 나온다. 참도(신도, 어도)를 따라 걷기 시작했다. 영릉은 신도와 어도가 구분되어 있지 않다. 오른쪽으로 비각 2동이 보인다. 수복방과 수라간은 보이지 않는다. 정자각 내부를 살펴보았다. 여느 왕릉과 차이가 없으나 제상(祭床)들의 색깔이 황제를 나타내는 황금색이다. 그동안 보았던 정자각의 제상들은 붉은색이었다.

　비각 안을 살펴보았다. 첫 번째 비각의 표석에는 '조선국 효장세자묘 효순현빈 부좌(朝鮮國 孝章世子墓 孝純賢嬪 祔左)'라고 음각되었다. 세자와 세자빈 신분일 때 만든 표석이다. 두 번째 비각 안에는 표석 2기가 있다. 앞쪽 표석은 '조선국 진종대왕 영릉 효순왕후 부좌(朝鮮國 眞宗大王 永陵 孝純王后 祔左)'라고 음각되었는데, 진종과 효순왕후로 추존되었을 때 정조가 썼다고 전해진다. 그다음 표석은 '대한 진종소황제 영릉 효순소황후 부좌(大韓 眞宗昭皇帝 永陵 孝純昭皇后 祔左)'라고 음각되었다. 진종소황제와 효순소황후로 추존되었을 때 세운 표석이다. 그동안의 비각을 살펴보면 표석 전면에는 왕과 왕후의 묘호와 능호를 음각했고, 후면에는 왕과 왕후의 약력, 생몰연대를 음각했다. 조선 초기 건원릉, 후

두 번째 비각 안의 앞쪽 표석

릉, 헌릉, 영릉(英陵)까지는 신도비가 존속하다가 세조 때 영의정 정인지의 건의에 따라 없어졌는데, 그 이유는 왕의 업적이 실록에 기록되기 때문이다. 그 후 신도비가 표석으로 대체되면서 왕릉에는 반드시 비각과 표석을 놓았다.

1897년 제26대 고종이 독립된 국가로 대한제국을 선포할 때 왕의 호칭을 중국과 대등하게 황제로 칭했다. 고종은 황제로 즉위하면서 선대왕의 추존을 어느 대까지 할 것이냐를 두고 4대까지 추존하는 유교 예법을 따르도록 했다. 제1대 태조는 건국의 시조이므로 포함하고, 고종은 추존왕 문조(뒤에 설명)의 양자로 입적되어 왕통을 이어받았으므로 문조가 1대 아버지, 제23대 순조(뒤에 설명)는 2대 조부, 제22대 정조(뒤에 설명)는 3대 증조부, 추존왕 장조(뒤에 설명)는 4대 고조부가 되는 것이다. 고종은 처음에 왕 6명과 왕후 7명을 황제와 황후로 추존했다. 제27대 순종이 고종의 뒤를 이어 황제로 즉위하면서 1908년(융희 2년) 4대까지의 선대왕 중에서 추존왕 진종, 헌종(뒤에 설명), 철종(뒤에 설명)을 추가로 추존한다. 그 이유는 헌종의 계비 효정성황후 홍씨가 1904년까지 생존하여 황후가 되었는데, 남편은 왕이고 부인은 황후일 수 없기 때문이다. 또 철종은 왕으로서 황제인 고종에게 제사를 받을 수 없기에 황제로 추존했다. 이때 추존왕 진종도

황제를 나타내는 황금색 제상들

정조의 양부로 정조가 왕통을 이어받았으므로 정조의 생부인 추존왕 장조와 같이 황제로 추존한 것이다. 따라서 조선 왕 32명(왕 27명, 추존왕 5명) 중 10명을 황제로 추존하고, 그 부인 13명을 황후로 추존했다.

비각과 표석을 보고 난 후 능침 공간을 올라가 보려고 했으나 출입이 통제되어 있었다. 예감과 산신석만 확인했다. 공개된 사진으로는 상계에 곡장이 있고, 난간석은 보이지 않는다. 석호 1쌍, 석양 1쌍, 혼유석 2좌, 고석은 1좌당 4개씩, 망주석 1쌍이 있다. 중계에는 4각 장명등 1좌, 문인석 1쌍, 석마 1쌍이 있다. 상계와 중계 사이, 중계와 하계 사이에 장대석이 보인다. 그러나 하계에 무인석과 석마가 없다. 추존왕 덕종의 경릉을 보면 세자묘 상태로 유지되어 난간석이 없고, 부인 소혜왕후 한씨의 능만 왕릉으로 조성되어 난간석이 있었다. 또 추존왕

추존 3 진종(眞宗)

원종의 장릉(章陵)을 보더라도 대군묘 상태로 유지되어 난간석이 없고 호석만 둘러졌다. 둘 다 무인석과 석마는 없었다. 영릉은 추존된 왕릉과 왕후릉의 선례를 따랐음을 알 수 있다. 영릉을 끝으로 파주 삼릉 답사를 모두 마쳤다.

진종의 가계도

부인 1명, 자녀 없음

영조 정빈
이씨

장자
효장세자
(진종소황제)
추존 진종

효순왕후 조씨
(효순소황후 조씨)

4

추존 4
장 조
(莊祖)

융릉(隆陵)─
화성 융릉(隆陵)과 건릉(健陵)
첫 번째 이야기

장조(1735~1762년)는 영조와 영빈 이씨 사이에서 태어난 영조의 둘째 아들로 휘는 이선이다. 영조의 장자인 이복형 효장세자가 죽은 지 7년 만에 얻은 귀한 자식이었다. 영조의 나이는 42세였다. 후사가 없어 애태우다 늦은 나이에 얻은 자식이니 그 기쁨이야 이루 말할 수 없었을 것이다. 태어난 이듬해 세자(후에 사도세자로 불림)로 책봉하고, 신하들에게 온 정성을 다하여 교육해줄 것을 당부한다. 장조는 어려서부터 매우 영특해 3세 때 영조 앞에서 《효경》을 외우고, 7세 때 《동몽선습》을 떼었다고 한다. 10세 때 영의정 영풍부원군 홍봉한의 딸 혜경궁 홍씨(1735~1815년)와 가례를 치르고 15세 때는 대리청정을 맡았다.

하지만 순탄한 길을 걸었던 세자에게 이때부터 불운이 닥쳐온다. 세자는 소론계열의 학자에게서 학문을 배웠는데, 신임사화에 대하여 노론이 잘못 처벌했다고 비판한 적이 있었던 모양이다. 노론은 세자가 영조의 뒤를 이어 왕위에 오를 경우 자신들의 입지가 곤란해질 것을 우려한다. 특히 주도세력인 노론에 밀려 중앙 정계에서 상대적으로 열세에 있던 남인과 소론, 소북 등이 대리청정을 시작한 세자에게 줄을 서자 노론 측이 아버지 영조와 아들 세자 사이를 이간질한다. 노론들은 영조의 계비 정순왕후 김씨와 후궁 숙의 문씨와 합세하여 사도세자의 대리청정에 사사건건 비협조적이었고, 이로 말미암아 사도세자의 대리청정이 영조의 마음에 들지 않아 미움을 받기 시작했다는 것이다.

세자는 영조의 과격한 성격에 시달리면서 울화증이 생겼고, 결국 기이한 행동을 한다. 함부로 궁녀를 죽이고 여승을 입궁시키며 20여 일 동안 몰래 궁궐을 빠져나가 평양을 내왕하는 등 석연치 못한 행동을 일삼았다. 이즈음 노론의 사주를 받은 나경언이라는 사람이 세자의 비행 10조목을 영조에게 고변한 사건이 발생한다. 기대가 큰 만큼 실망도 컸던가! 영조는 종묘사직의 보존을 바랐을 것이다. 사도세자는 왕위계승자가 될 수 없다고 판단한 것일까? 영조는 세자를 불러 조목조목 다그치고 자결할 것을 명한다. 세자가 살려달라고 애원하자 서인으로 폐하고 뒤주 속에 가두어 8일 만에 굶어죽게 만든다. 이것이 바로 1762년에 일어난 임오화변이다. 대리청정을 시작한 지 13년, 사도세자는 28세였다. 부인 혜경궁 홍씨는 궁중문학의 효시라 일컫는 《한중록(閑中錄)》에서 사도세자가 의대증(衣帶症, 옷을 잘 입지 못하는 병)과 정신질환을 앓았다고 썼고, 생모인 영빈 이씨조차 영조에게 자기 아들을 죽이라고 했으니 사도세자를 구명한 사람은 없었던 것 같다. 11세였던 아들 정조만이 할아버지에게 아버지를 살려달라고 했으나 소용없었다. 영조는 나중에 '세자를 생각하며 추도한다'는 뜻으로 사도라는 시호를 내렸다. 그리고 손자 정조를 양부인 진종의 양자로 입적시켜 왕통을 계승했다.

정조는 즉위하자마자 '나는 사도세자의 아들'이라고 선언하며 아버지의 지위를 폐서인에서 세자로 복위시켰다. 사도세자의 초장지는 지금의 서울시 동대문구 휘경동 지역에 묘로 조성되어 수은묘라고 불렀다. 1776년 정조가 즉위하면서 아버지 사도세자를 장헌세자(莊獻世子)로 높이고, 수은묘에서 영우원(永祐園)으로 승격했다. 1789년에는 경기도 화성시로 천릉하면서 현륭원(顯隆園)으로 명칭을 바꾸었다. 현륭이란 낳아주고 길러주신 현부(顯父)에게 융숭하게 보답한다는 뜻이다. 《경국대전》에 왕릉은 한양 4대문에서 80리 안에 두어야 한다는 규정이 있는데 풍수지리상 길지인 현륭원으로 천릉할 때 정조는 88리가 떨어진 수원(현재 화성)까지의 거리를 80리로 규정한다. 재위기간에 아버지 사도세자를 왕으로 추존하려고 했으나 노론의 반대로 실현하지 못했다.

정조의 효심을 전하는 재미있는 일화 두 가지가 전해온다. 정조는 재위 24년간 총 66회, 1년 평균 3회 정도 현륭원을 찾았다. 능행을 마치고 서울로 돌아올 때마다 지금의 경기도 의왕시와 수원시 경계에 있는 고갯마루를 지나면서, 아버지의 묘를 더 보고 싶은 마음에 "천천히 가자, 천천히 가자" 하며 되돌아보았다고 한다. 그래서 이곳을 '더디게, 더디게 넘어가는 고개'라는 뜻으로 '더딜 지(遲)' 자를 두 번 써서 지지대고개라고 부르게 되었다. 또 하나는 정조가 미복한 채 현륭원이 있는 곳으로 잠행을 나갔을 때, 밭에서 일하던 농부에게 현륭원이 어떤 곳인가를 물었다고 한다. 농부는 정치적 희생양으로 뒤주 속에서 억울하게 죽임을 당하지만 않았어도 왕이 됐을 뒤주대왕의 능인데, 왕이 못 되셨으니 애기능이라고 대답했다는 것이다. 정조는 내심으로 크게 기뻐하며, 농부에게 글을 얼마나 읽었는지 물었다. 농부는 과거에 번번이 낙방한 불운한 선비였다. 다시 한 번 과거를 보라는 정조의 말에 또 떨어질 것이 뻔하다며 거절했지만 결국에는 과거시험을 보러 갔다. 그런데 과거시제를 받고 보니 현륭원(후에 융릉) 근처에서 있었던 어느 농부와 선비의 대화를 적으라는 것이었다. 자신이 붙을 수밖에 없는 시제였다. 과거에 급제한 농부가 왕을 배알하니 현륭원 근처에서 만났던 선비가 바로 임금님이었다.

정조는 능행을 하려면 한강을 건너야 했는데 임금은 배를 타고 물을 건널 수 없었다. 다산 정약용은 그때마다 주변의 작은 배들을 모아놓고 그 위에 널판을 건너질러 배다리를 만들었다. 배다리가 놓인 곳은 용산과 노량진 사이로

추존 4 장조(莊祖)

현재 한강철교와 한강대교가 놓인 노들강변이다. 양수리에 위치한 세미원에 가 보면 복원한 배다리를 볼 수 있다.

정조가 살아 있을 때는 아버지를 왕으로 추존하지 못했지만, 고종이 대한제 국을 선언하고 2년이 지난 1899년(광무 3년)에 장헌세자를 장조로 추존하고 현륭 원을 융릉으로 승격했다. 수은묘, 영우원, 현륭원을 거쳐 현재에 이르렀는데, 조 선 왕릉 가운데 유일하게 묘, 원, 능의 명칭을 모두 거쳤다. 1900년(광무 4년)에 황제로 추존하여 장조의황제가 되었다. 혜경궁 홍씨는 1744년(영조 20년) 세자빈 에 책봉되고, 1762년 사도세자가 죽은 뒤 궁호가 혜빈으로, 아들 정조가 즉위 하고 혜경궁으로 올랐다. 장헌세자가 장조로 추존되면서 혜경궁 홍씨는 헌경 왕후 홍씨로, 역시 장조가 황제로 추존되면서 헌경의황후 홍씨로 추존되었다. 1815년(순조 15년) 81세로 세상을 떠났다. 융릉은 장조와 부인 헌경왕후 홍씨를 합장한 합장릉이다. 능호는 융릉, 묘호는 장조와 헌경왕후 홍씨다.

융건릉은 경기도 화성시 효행로 481번길 21에 위치하며, 원찰인 용주사가 근방에 있다. 융건릉을 1주 간격으로 두 번에 걸쳐 답사했는데, 두 번째 갔을 때는 융릉, 건릉, 용주사를 모두 답사했다. 특이하게도 용주사에는 홍살문이 있다. 정조가 아버지 사도세자의 명복을 빌기 위해 용주사를 창건하고 호성전 을 건립하여 사도세자의 위패를 모셨기 때문이라고 한다. 정조는 용(龍)이 여의 주(珠)를 물고 승천하는 꿈을 꾼 후 절 이름을 용주사라 짓고 대웅보전 현판도 직접 썼다. 호성전 앞에 우뚝 선 부모은중경 탑비에는 정조가 일찍이 《부모은중 경(父母恩重經, 부모의 은혜에 보답할 것을 가르치는 불교 경전 중 하나)》을 읽고 '백세 어버이가 팔십 먹은 자식을 걱정하신다'는 구절에서 느낀 바가 있었다는 내용 이 새겨졌다.

용주사에는 국보 제120호인 범종과 단원 김홍도의 〈삼세여래후불탱화〉도 볼

용주사 홍살문

추존 4 장조(莊祖)

수 있다. 사도세자뿐 아니라 혜경궁 홍씨, 정조와 효의왕후 김씨의 위패를 모시고 1년에 여섯 번 제를 지냈는데, 일제강점기에 중단되었다가 2008년 6월 24일 100년 만에 다시 제를 지내게 되었다고 한다. 아버지에 대한 효심으로 창건한 용주사를 효찰대본산(孝刹大本山)이라 일컫는다. 용주사는 현륭원의 조성과 때를 같이하여 건립된 것으로 전해진다. 사찰 경내를 한 바퀴 둘러보고 그 옆에 있는 융릉으로 향했다.

조선 왕릉 세계유산비가 보인다. 사적 제206호 화성 융릉과 건릉 종합안내도 앞에 잠시 발걸음을 멈추고 내용을 읽어보았다. 융건릉 역사문화관 내부를 죽 둘러보았다. 효손 정조에 대한 설명이 눈길을 끈다. 1776년 영조는 손자인

용주사 천보루 오층석탑

정조가 아버지의 묘를 찾아 눈물을 흘렸다는 이야기를 듣고 효성 깊은 손자라는 뜻으로 효손(孝孫)이라는 글자를 새긴 은인(銀印)을 내려준다. 영조는 은인과 함께 손자에게 이르는 글을 남기고 한 달 뒤에 세상을 떠났다.

> 해동 300년의 우리 조선은 83세의 임금이 25세의 손자에게 의지한다. 듣건대 어제 손자가 사도세자의 묘에서 했던 행동은 사람들의 옷깃을 눈물로 적실만 하였다. 내 손자야, 할아버지의 뜻을 체득하여 밤낮으로 두려워하고 삼가서 우리 300년의 종묘사직을 보존할지어다.

역사문화관을 보고 난 후 조금 걸어가면 왼쪽은 건릉, 오른쪽은 융릉이다. 산책로 안내판에는 '가'길 2.48킬로미터(약 43분), '나'길 1.71킬로미터(약 26분), '다'길 3.04킬로미터(약 50분)라고 나온다. 모두 돌아보려면 7.23킬로미터, 약 2시간이 소요된다. 산책길을 걷다 보면 원형 연못인 곤신지가 나타나는데, 그 위치를 나중에서야 확인하여 2002년에서 2003년에 걸쳐 복원하였다. 용이 여의주를 품은 지형으로, 풍수지리에 따른 것이라고 한다. 연못 속에 금붕어가 헤엄치고 있다.

조금 걸어가다 보면 융릉 안내판이 나타난다. 12지신상 자리에 모란과 연꽃 무늬를 새긴 병풍석이 둘러졌고, 능침과 지면이 맞닿은 부분에는 와첨석(瓦檐石, 마치 치마를 덮어놓은 것 같은 장식)을 깔았다고 한다. 융릉은 억울하게 죽어간 아버지의 넋을 위로하고자 했던 정조의 효성이 빚어낸 작품으로 정성을 다하여 아름답게 조성한 것 같다. 재실은 역사문화관 옆에 있어서 나갈 때 자세히 보기로 했다. 곤신지를 지나 융릉 쪽으로 한참 걸어 올라갔다. 금천교를 건너니 홍살문이 보이고 그 옆에는 배위가 있다. 참도(신도, 어도)를 따라 걷기 시작했다. 참도 좌우로 넓게 박석을 깔아놓았다. 신하들이 걸어갔던 변로로 인조의 장릉, 숙종의 명릉, 영조의 원릉에서도 보았다. 정면으로 정자각이 보이고 우측에 비각, 좌측에 수라간이 보인다. 수복방은 찾아볼 수 없다. 멀리 예감과 산신석이 보인다. 정자각 내부를 살펴보았다. 이곳도 제상이 황제를 나타내는 황금색 비단보로 덮여 있다. 비각 안을 살펴보았다. 표석 2기가 보인다. 1789년(정조 13년)에 세운 표석에는 '조선국 사도장헌세자 현륭원(朝鮮國 思悼莊獻世子 顯隆園)'이라고 음각되었다. 정조가 직접 쓴 것이다. 또 하나는 '대한 장조의황제 융릉 헌경의황후 부좌(大韓 莊祖懿皇帝 隆陵 獻敬懿皇后 祔左)'라고 음각되었다. 1900년(광무 4년)에 고종이 황제와 황후로 추존하면서 세운 표석이다. 고종이 직접 썼다.

능침 공간은 목책을 쳐놓아 올라갈 수 없으나, 비교적 가까이에서 볼 수 있었다. 확실히 알기 위해 공개된 사진을 살펴보았다. 능침에 병풍석이 둘러졌고 난간석은 없다. 상계에 곡장, 석호 1쌍, 석양 1쌍, 혼유석 1좌, 고석 4개, 망주석 1쌍이 보인다. 합장릉인데 혼유석이 1좌만 있다. 새로 정비된《국조상례보편》의 제도를 따른 것이라 한다. 능침의 인석 위에는 연꽃 봉오리가 활짝 피지 않은 모습으로 조각되었다. 한껏 피지 못하고 세상을 떠난 사도세자의 일생을 표현한 것일까? 병풍석은 인조의 장릉 이후 사라졌다가 융릉에서 새로 등장한 것인데, 12지신상 자리에 모란과 연꽃 무늬가 새겨졌다. 이는 인조의 장릉에서 처음 나타난 형식이다. 능침과 지면이 맞닿은 부분에 와첨석이 보인다. 상계와 하계 사이에는 장대석이 깔렸다. 하계에는 8각 장명등 1좌, 무인석 1쌍, 석마 1쌍이 있다. 그리고 문인석 1쌍이 있으나 석마는 없다. 융릉은 추존된 왕릉과 왕후릉에 설치하지 않았던 무인석과 석마가 있고, 문인석에는 석마가 없는 것이 특이하다. 석마의 다리 사이가 막혔고 그 부분에 풀꽃무늬가 새겨졌다.

장조와 헌경왕후 홍씨의 융릉(합장릉) 전경

　　정조는 현릉원을 왕릉으로는 조성할 수 없었지만 온갖 정성을 기울여 왕릉
못지않게 아름다운 능으로 꾸몄다. 융릉을 답사하고 건릉(뒤에 설명) 쪽으로 향
했다. 가는 길 주변에는 참나무숲이 울창하다. 걸어서 10분 정도 걸린다. 건릉
까지 답사하고 난 후 입구로 되돌아 나왔다. 들어올 때 보지 못했던 재실 안을
둘러보았다. 융건릉 전체를 통할하는 재실로 여느 왕릉보다 규모가 크다. 재실

에는 140년가량 된 향나무와 천연기념물 제504호 개비자나무가 있다. 융릉과 건릉 주변으로 잔디가 넓게 깔렸다. 공기도 맑고 소나무들이 하늘을 찌를 듯이 높게 뻗었다. 이날도 가족, 연인, 학생 등 많은 사람이 산책을 즐기고 있었다. 죽 둘러보면서 안내문을 읽으면 저절로 역사 공부가 된다. 용주사와 융건릉을 둘러보면서 '효'에 대해 많은 생각을 했다. 도덕 윤리가 빛을 잃은 요즘이야말로 꼭 필요한 덕목인 듯싶다.

의령원(懿寧園)-
고양 서삼릉 경내

영조의 손자인 의소세손(1750~1752년)의 묘다. 의소세손(의소세자라고도 함)은 사도세자(추존왕 장조)와 혜경궁 홍씨(후에 헌경왕후 홍씨)의 장자다. 태어나던 해 세손으로 책봉되었으나 3세에 일찍 세상을 떠났다. 정조의 친형이다. 묘는 서삼릉 경내에 있다. 서삼릉 입구에서 왼쪽 길로 올라가면 나타나는 철종의 예릉(뒤에 설명) 아래쪽에 효창원(뒤에 설명)과 앞뒤로 나란히 위치한다. 한양 도성 서쪽 안현(鞍峴)의 남쪽 기슭, 지금의 서대문구 북아현동 소재 추계예술대학, 중앙여고 자리에 의소묘로 조성되었다가 1871년(고종 8년)에 의령원으로 승격된 후 1949년 서삼릉 경내 효창원 바로 뒤로 천장된 것이다. 효창원은 일제강점기인 1944년에 현재의 자리로 천장했다. 입구에서 보면 앞쪽이 효창원이고 뒤쪽이 의령원이다.

사적 제200호 의령원은 진입 공간과 제향 공간이 따로 없다. 멀리서나마 능침 공간을 볼 수 있다. 곡장은 없고 능침은 민묘 수준이다. 능침 주변에 석호 1쌍, 석양 1쌍이 있고, 오른쪽에는 묘비가 보인다. 묘비에는 '조선의소세손지묘(朝鮮懿昭世孫之墓)'라고 음각되었다. 영조의 친필이라 한다. 혼유석 1좌, 고석 4개, 망주석 1쌍, 4각 장명등 1좌, 문인석 1쌍, 석마 1쌍이 있다. 석마의 다리 사이는 막혔고 그 부분에 풀꽃무늬가 새겨졌다. 무인석과 석마는 없다. 그동안 세자묘

추존 4 장조(莊祖)

의소세손의 묘

에 없었던 망주석이 있는 것이 특이하다.

영조는 세손의 죽음을 크게 슬퍼하여 장례절차며 치장에 신경을 썼다고 한다. 규모나 장식이 모두 간소해서 '애기능'이라고 불렀는데 아현동의 지명이 '애기능'에서 유래되었다. 처음 '애기능'이 위치한 고개를 애오개라 불렀고, 이를 한자로 표기하여 아현(阿峴)이 되었다고 한다.

장조의 가계도

부인 3명, 자녀 5남 3녀

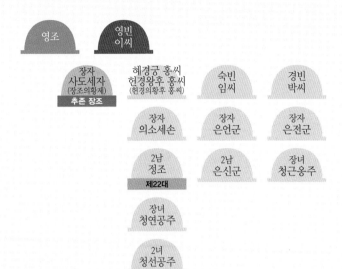

영조　　영빈 이씨

장자 사도세자 (장조의황제) **추존 장조**

해경궁 홍씨 헌경왕후 홍씨 (헌경의황후 홍씨)

숙빈 임씨

경빈 박씨

장자 의소세손

장자 은언군

장자 은전군

2남 정조 **제22대**

2남 은신군

장녀 청근옹주

장녀 청연공주

2녀 청선공주

22

건릉(健陵)－
화성 융릉(隆陵)과 건릉(健陵)
두 번째 이야기

정조(1752~1800년, 재위 1776~1800년)는 휘가 이산으로, 추존왕 장조(사도세자)와 헌
경왕후 홍씨 사이에서 둘째 아들로 태어났다. 1759년(영조 35년) 8세 때 세손에
책봉되었고, 1762년(영조 38년) 11세 때 좌참찬 청원부원군 김시묵의 딸 효의왕
후 김씨(1753~1821년)와 가례를 치렀다. 이 해에 아버지 사도세자가 뒤주에 갇혀
죽는 것을 목격한다. 1775년(영조 51년) 할아버지 영조를 대신하여 대리청정을
시작하는데, 다음 해 영조가 죽으면서 25세에 왕위에 오르고, 효의왕후 김씨는
왕후로 책봉된다. 영조는 죽기 몇 달 전 노론의 방해공작에도 불구하고 대리청
정을 성사시켜 세손의 즉위를 순조롭게 했다. 그러나 그 과정은 참으로 지난했
다. 왕위에 오른 정조는 할아버지 영조의 치적을 이어받아, 조선 후기의 개혁과
대통합을 실현한 왕으로 평가받는다. 1776년 왕실 도서를 수집, 보관, 연구하
는 기관으로 규장각을 설립하는데, 후에는 정치권력기구로서 정조의 왕권을 뒷
받침하는 역할을 담당한다. 1782년(정조 6년) 인천 강화도에 규장각의 부속도서
관으로 외규장각을 설립한다. 원래의 규장각을 내규장각이라 하고, 안전한 관
리를 위해 두 규장각에 왕실 도서를 나누어 보관했다.

　　정조를 선비군주, 철인군주(哲人君主), 호학군주(好學君主)라고 부른다. 모든
신하의 스승이라 불릴 정도로 학식과 덕망을 갖춘 왕이었다. 《홍제전서(184권,

100책)》라는 어느 사대부 못지않은 방대한 문집을 남겼다. 이순신의 문집을 정리하여 《충무공전서》를 발간하고 '난중일기'라는 이름을 붙였다. 규장각에서는 이러한 서적을 출판하고, 초계문신(抄啓文臣)이란 제도를 두었다. 초계문신은 37세 이하의 연소한 문신들을 의정부에서 뽑아 규장각에서 위탁 교육하는 재교육제도다. 정조는 송시열만큼이나 주자 신봉자로서 문풍을 바로잡아 유생들을 양성하고, 그들과 함께 이상적인 유교 국가를 건설하고자 했다. 서인의 성리학자이자 예학자인 송시열을 존경하여 그를 송자(宋子), 송부자(宋夫子)로 성인의 반열에 올리고 국가의 스승으로 선포하기도 했다. 그러나 《열하일기》를 쓴 연암 박지원의 문체에는 반대하여 문체반정을 일으켰다. 문체반정이란 잘못된 글을 올바르게 되돌린다는 뜻인데, 중종반정이나 인조반정에서처럼 잘못된 왕을 폐위시키고 새로운 왕을 내세우는 의미의 반정을 문체에 두고 하는 말이다. 정조는 《열하일기》가 종전의 정통고문(正統古文)과 달리 소설류의 새로운 문체라서, 이를 잡문체로 규정하고 정통고문으로 되돌리자는 주장을 한다. 관권의 개입은 모처럼 싹트려 한 조선 후기 문학의 발전을 막았다고 평한다.

정조는 실학을 중요시했으며, 그에 따라 정약용 등의 실학자들이 대거 등장한다. 서학은 두루 받아들였지만 천주학은 사학(邪學)으로 보아 배척했다. 유학자들이 실학으로서 서학을 연구하던 중 천주학에 관심을 갖게 되었는데, 주로 남인들이었다. 공식적으로 천주교가 들어온 건 1784년(정조 8년) 사신으로 북경에 갔던 이승훈이 북경 천주교 남당에서 '베드로'라는 이름으로 세례를 받은 이후다. 그러다가 1791년(정조 15년)에 최초의 천주교 박해 사건인 신해박해가 발생한다. 전라도 진산군의 선비 윤지충이 모친상을 당했는데 신주를 불사르는 등 천주교식으로 제례를 지낸 것이 발단이 됐다. 유교를 국시로 하는 조선에서는 받아들일 수 없는 사건이었다. 정조는 당연히 천주교를 사학으로 보았고, 윤지충은 사형을 당했다. 2014년 8월 16일 프란치스코 교황이 서울 광화문광장에서 한국의 최초 순교자인 윤지충과 동료 순교자 123위를 복자(福者, 천주교 최고 존칭인 성인의 바로 아래 단계)로 선포한다. 20세기에 들어서면서 교황청에서는 그동안 금지하던 조상제사를 허용하기 시작했다.

1785년에는 《경국대전》과 《속대전》 및 여러 법령을 통합하여 《대전통편》을 편찬하면서 중앙집권체제를 한층 강화했다. 또한 왕의 친위부대인 장용위(壯勇衛)를 설치하고, 후에 장용영(壯勇營)으로 명칭을 바꾼다. 정조는 문치뿐 아니라 무예와 군사 훈련도 매우 중요하게 여겼으며 태조 이성계의 현신이라 할 만큼 명궁이었다. 1790년에는 실무에 필요한 전투기술을 다룬 훈련서인 《무예도보통지(武藝圖譜通志)》를 발간했다. 또한 조림(造林)에도 신경을 써서 밤나무와 뽕나무 등 민생에 도움이 되는 나무를 1,200만 그루나 심었다. 1796년 정조는 정약용의 기중기를 이용하여 수원 화성을 완성한다. 새로운 국가를 건설하기 위해 이곳으로 수도를 옮기려는 계획을 세우기도 했다. 유네스코 세계유산으로 등재된 수원 화성 내부에는 왕이 행차할 때 머물 수 있는 행궁이 있고, 외부에는 방어시설을 갖추었다. 용주사 건립에 대해서는 이미 설명한 바 있다.

정조는 영조의 탕평책을 계승하여 붕당정치의 폐해를 막기 위해 힘썼다. 영조가 노론과 소론에서 비교적 온건한 사람을 등용하여 타협책을 이끄는 완론(緩論) 탕평책이었다면, 정조는 노론과 소론의 말을 들어보고 올바르다고 판단되는 쪽의 손을 들어주는 준론(峻論) 탕평책을 펼쳤다. 이러한 기준으로 노론, 소론, 남인, 서얼(첩의 자식) 등에서 인재를 중용했다. 정조의 탕평책은 강화된 왕권으로 세력 간 균형을 이루고자 한 것이었으나 기존 정치세력의 참여기반은 좁아지고, 새롭게 성장하는 세력을 포섭하지도 못했다. 결국 왕권을 중심으로 하는 정치는 실현되지 못하고 각 정치세력들은 왕실을 중심으로 가문을 팽창시키는 데 몰두했다. 결국 정조가 죽고 난 후 특정 가문이 권력을 독점하는 세도정치가 나타나는데, 순조 때 안동 김씨의 세도정치가 그 시작이다.

1792년(정조 16년)은 조선이 건국된 지 400년이 되는 해다. 세계를 돌아보면 1789년에 프랑스혁명이 일어나고, 1796년 제너종두법이 발표되는 등 근대 국가로 진입하는 시기였다.

정조는 부인으로 정비 효의왕후 김씨와 후궁 4명을 두었다. 효의왕후 김씨는 1800년 순조가 즉위하자 왕대비가 되었고, 1821년(순조 21년) 69세로 소생 없이 세상을 떠난다. 후궁 원빈 홍씨는 홍국영의 누이로 15세에 간택후궁이 되는데 궁에 들어온 지 1년도 안 돼 1779년 소생 없이 죽는다. 정조의 측근 가신인 홍국영은 정조 즉위 초에 도승지로 임명되어 권력의 실세였는데, 죽은 누이 원빈 홍씨의 양자로 정조의 이복동생인 은언군의 아들 상계군 이담을 세우려다가 실패한다. 그 후 벽파 김귀주의 탄핵을 받고 은언군과 함께 역모로 몰려 실각한다. 상계군 이담은 홍국영이 실각하자 자결한다. 정조는 하나밖에 남지 않은 이복동생 은언군을 죽이라는 상소가 빗발쳤지만 강화도로 유배 보내는 것으로 매듭짓는다. 은언군은 강화도에서 빈농으로 불우한 일생을 마쳤다. 훗날 '강화도령'으로 널리 알려진 손자 이원범이 제23대 순조의 뒤를 이어 제25대 철종(뒤에 설명)으로 즉위한다. 후궁 화빈 윤씨도 간택후궁으로 딸 1명을 낳았으나 곧 죽는다. 후궁 의빈 성씨는 화빈 윤씨의 처소에 궁녀로 있다가 정조의 눈에 띄어 은혜를 입은 후궁으로, 정조가 가장 사랑한 여인으로 알려졌다. 문효세자와 딸 1명을 낳았으나 모두 일찍 죽고, 의빈 성씨도 곧이어 죽는다. 후궁 수빈 박씨는 제일 나중에 들어온 간택후궁으로 순조와 숙선옹주를 낳았다.

영조의 계비 정순왕후 김씨는 영조가 죽자 왕대비가 되면서 왕실의 가장 높은 어른이 된다. 정조가 즉위할 때 나이가 25세였는데 정순왕후 김씨도 31세에 불과했다. 아버지 사도세자의 죽음에 관련되었던 정순왕후 김씨는 아들 정조와도 대척점에 있었다. 그녀의 오빠 김귀주가 정조에게 상소를 올렸다가 흑산도에 유배되어 죽었기 때문이다. 영조 말에 김귀주는 남당을 결성하여, 사도세자의 부인 혜경궁 홍씨의 아버지 홍봉한의 북당과 대립관계에 있었다. 정순왕후 김씨와 벽파인 김귀주는 세손 정조가 즉위하면 집안이 몰락할 것을 염려하여 양자를 들여서 방해하려 했고, 홍봉한을 정계에서 실각시키려고 획책했다.

정조는 재위 18년째인 1794년에 발병한 부스럼이 피부를 파고드는 병에 걸려 고생했는데, 격무와 과로로 건강이 악화된 상태였다. 1800년(정조 24년) 정조는 경주 김씨인 정순왕후 김씨의 세력을 견제하기 위해 안동 김씨인 김조순의 딸을 세자빈으로 간택했다. 조선 왕조의 가례는 세 번 간택하여 왕후를 정한다. 초간택, 재간택까지 순조로이 진행되어 세자빈은 김조순의 딸로 굳혀지는 듯했다. 그런데 공교롭게도 마지막 삼간택을 앞두고 정조가 49세에 갑자기 세상을 떠난다. 정순왕후 김씨는 간택을 바꾸려 시도했으나 정조의 유지라는 명분에 밀려 따를 수밖에 없었다. 정조가 죽자 조선 제23대 왕으로 순조가 11세에 즉위한다. 정순왕후 김씨는 대왕대비가 되면서 4년간 수렴청정하여 벽파가 득세했지만, 순조가 친정하면서 시파인 안동 김씨의 지원을 받아 벽파를 견제한다. 1805년 정순왕후 김씨가 죽자 벽파는 시파의 반격으로 사멸되고 안동 김씨가 권력을 독점한다. 이때부터 안동 김씨의 세도정치가 시작되는데, 정조가 정순왕후 김씨를 견제하려고 한 것이 결국 세도정치의 씨를 뿌린 결과가 되었다.

정조는 24년간 재위하면서 많은 업적을 남겼지만 미완성된 것이 많았다. 조선을 중흥시키려고 부단히 노력한 군주였으나 그의 꿈을 이루기에는 생애가 너무 짧았다. 정조의 치세를 보면 일몰의 순간 마지막 찬란한 빛을 발하면서 수평선 아래로 사라져가는 석양과 같다는 생각이 든다. 석양 뒤에는 어둠이 서서

제22대 정조(正祖)

정조와 효의왕후 김씨의 건릉(합장릉) 전경

히 오지 않는가! 정조 이후의 조선은 몰락의 길로 들어선다. 그래서 좌절된 개혁군주라고 하는지도 모르겠다. 정조는 생전에 아버지가 묻힌 현륭원 옆에 묻히고 싶어 했다. 유언에 따라 현륭원(현재 융릉)의 동쪽 두 번째 언덕에 안장하고 건릉이라 불렀다. 효의왕후 김씨가 죽자 김조순이 건릉 자리는 흉지이므로 능을 천릉해 합장해야 한다고 순조에게 건의했고, 순조는 의견을 받아들여 건릉을 현륭원 서쪽 산줄기인 현재의 자리로 천릉해 효의왕후 김씨와 합장했다.

능호는 건릉, 묘호는 정조와 효의왕후 김씨다. 건릉은 융릉과 함께 사적 제206호로 지정되었다.

　융릉에서 건릉 쪽으로 걸어가다 보면 참나무숲이 울창하게 우거졌다. 입구에서 보았던 재실이 융건릉을 통할하는 것 같다. 건릉 안내판을 읽어보고 금천교를 건넜다. 제향 공간에 들어서면 홍살문이 나타나고 옆에는 배위가 보인다. 정자각까지 참도(신도, 어도)가 뻗었고, 융릉과 마찬가지로 좌우로 박석이 넓게 깔렸다. 왼쪽에 수라간, 오른쪽에 비각이 보인다. 수복방은 찾아볼 수 없다. 예감과 산신석은 보인다. 정자각 내부를 살펴보았다. 융릉과 같다. 비각 안 표석에 '대한 정조선황제 건릉 효의선황후 부좌(大韓 正祖宣皇帝 健陵 孝懿宣皇后 祔左)'라고 음각되었다. 건립연대가 1900년(광무 4년)이다. 대한제국으로 바뀐 후 정조선황제, 효의선황후 김씨로 추존된 것을 알 수 있다. 능침 공간은 목책을 쳐 놓아 올라갈 수 없었다. 공개된 사진을 보니 상계와 하계로 나뉜다. 상계에 곡장, 석호 2쌍, 석양 2쌍, 혼유석 1좌, 고석 4개, 망주석 1쌍이 있다. 능침은 병풍석 없이 난간석으로 둘러졌다. 융릉은 반대로 병풍석은 있고 난간석이 없었다. 혼유석은 융릉과 동일하게 1좌만 있다. 하계에는 8각 장명등 1좌, 문인석 1쌍과 석마 1쌍, 무인석 1쌍과 석마 1쌍이 있다.

제22대 정조(正祖)

효창원(孝昌園) −
고양 서삼릉 경내

정조의 장자 문효세자(1782~1786년)의 묘다. 문효세자는 정조와 후궁 의빈 성씨 사이에서 태어나 3세 때 세자로 책봉되었으나 5세에 세상을 떠났다. 지금의 용산구 청파동에 효창묘로 조성되었다가 효창원으로 승격되었으며, 효창원으로 말미암아 그 일대가 효창공원이 되었다. 일제감정기인 1944년에 현재의 자리(서삼릉 경내)로 천장한 것이다.

사적 제330호 효창원은 의령원 앞쪽에 위치한다. 입구에 효창원 안내판이 있다. 여기도 진입 공간과 제향 공간이 별도로 없다. 서삼릉 들어올 때 안내책자에서 보았던 건물이 재실 역할을 하는 것 같다. 오른쪽엔 신도비가 보인다. 비교적 가까이에서 능침 공간을 살펴볼 수 있다. 곡장은 보이지 않고 능침 주변으로 석호 1쌍, 석양 1쌍, 혼유석 1좌, 고석 4개, 망주석 1쌍, 4각 장명등 1좌, 문인석 1쌍과 석마 1쌍이 있고, 무인석과 석마는 없다. 의령원과 마찬가지로 여기에도 망주석이 있다. 능침 오른쪽 묘비

에는 '조선국 문효세자 효창원(朝鮮國 文孝世子 孝昌園)'이라고 음각되었다. 여기도 의령원과 같이 능침은 민묘 수준이다. 석마의 다리 사이는 막혔고 그 부분에 풀꽃무늬가 새겨졌다. 효창원의 규모나 석물의 개수는 의령원과 같다.

의령원의 의소세손과 효령원의 문효세자는 모두 어린 나이에 세상을 떠났다. 오래 살았으면 왕위에 올랐을 텐데 참으로 안타깝다. 의손세손과 문효세자는 삼촌과 조카 사이로, 가까운 위치에 영면하여 외롭지는 않을 것 같다. 조선 역사를 살펴보면 가뜩이나 왕손이 귀한 터에 서서히 나라의 국운이 저물고 더불어 자손도 절손된다. 철종 대에서 손이 끊어지면서 인조의 셋째 아들 인평대군 후손이 왕통을 이어받고, 고종과 순종을 끝으로 조선은 멸망한다.

제22대 정조(正祖)

남양주 휘경원(徽慶園)

정조의 후궁 수빈 박씨(1770~1822년)의 묘다. 돈령부판사 박준원의 셋째 딸로 1787년(정조 11년) 삼간택을 거쳐 빈이 되었고, 순조와 숙선옹주를 낳았다. 53세에 세상을 떠났는데, 수빈 박씨의 묘는 세 번에 걸쳐 천장되었다. 처음에는 지금의 서울시 동대문구 휘경동 지역에 안장되었다가, 1855년(철종 6년)에 순강원(선조의 후궁 인빈 김씨의 묘) 옆으로 천장했다. 마지막으로 1863년(철종 14년)에 현재 위치(경기도 남양주시 진접읍 부평리 267)로 옮겼다. 동대문구 휘경동의 명칭은 수빈 박씨가 첫 번째로 안장되었던 휘경원에서 유래한다. 수빈 박씨는 후궁이지만 임금을 낳은 생모 중 한 사람으로 위패는 칠궁(경우궁)에 모셔졌다.

한날에 휘경원, 순강원, 봉영사, 명빈묘, 영빈묘까지 모두 둘러볼 계획이었으나 명빈묘(태종의 후궁 명빈 김씨의 묘)를 설명할 때 언급했듯이 순강원, 휘경원, 영빈묘는 비공개라서 답사하지 못했다. 휘경원은 입구에 있는 안내판과 사적 제360호 표지석만 볼 수 있었다. 진입 공간에 있는 금천교는 철책 밖에 놓였지만, 휘경원 전체는 철책으로 둘러졌고 철문은 굳게 닫혀 있었다. 철책 사이로 멀리서나마 카메라에 전경을 담았다. 공개된 사진을 살펴보니 재실은 없고, 제향 공간에 홍살문, 배위, 참도(신도, 어도)가 보인다. 참도는 신도 좌측에 길이 하나 더 있다. 신하들이 걸어갔던 변로가 아닐까 생각한다. 정자각이 있고, 오른쪽에 수복방 터, 왼쪽에 수라간 터가 보인다. 오른쪽에 비각이 있고 예감, 산신석도 있다.

　능침 공간의 상계에는 곡장이 보이고 병풍석과 난간석은 없다. 다만 능침에는 호석이 둘러졌고, 호석 밑에는 병석을 깔아놓았다. 석호 1쌍, 석양 1쌍, 혼유석 1좌, 고석 4개, 망주석 1쌍이 있다. 하계에는 4각 장명등 1좌, 문인석 1쌍과 석마 1쌍이 있다. 석마의 다리 사이는 막혔고 그 부분에 풀꽃무늬가 새겨졌다. 무인석과 석마는 없다. 비각 안의 표석에는 '유명 조선국 현목수빈 휘경원(有明 朝鮮國 顯穆綏嬪 徽慶園)'이라고 음각되었다.

　1993년 9월 한불정상회담에서 프랑스 미테랑 대통령이 경부고속철도부설권을 따내기 위한 의도로 《휘경원원소도감의궤》 1권을 반환하면서 외규장각 도

정조의 후궁 수빈 박씨의 휘경원 전경

제22대 정조(正祖)

서를 반환할 의지가 있음을 밝혀 화제가 됐었다. 이미 설명한 대로 정조는 인천 강화도에 외규장각을 설치하고 왕실 도서를 보관해왔는데, 1866년(고종 3년) 병인양요 때 강화도에 상륙한 프랑스 극동함대 사령관 로즈 제독이 외규장각 전각을 불태워버렸다. 이때 1,000여 종의 도서가 6,000권가량 소실되었고, 왕실의 주요 행사를 기록한 의궤 191종(유일본 30종 포함)의 도서 297권이 약탈되었다. 휘경원을 세 번째 천장할 때의 과정을 기록한 《휘경원원소도감의궤》는 그중 하나였던 것이다. 이후 프랑스 정부는 당초 약속과 달리 반환하지 않다가, 18년이 지난 2011년에 먼저 반환한 《휘경원원소도감의궤》를 제외한 296권의 외규장각 의궤와 도서를 5년마다 갱신하는 임대계약 형식으로 대여했다. 약탈된 지 145년 만에 한국으로 돌아온 것이다.

제22대 정조의 가계도

부인 5명, 자녀 2남 3녀

2남 정조 (정조선황제) **제22대**	효의왕후 김씨 (효의선황후 김씨)	의빈 성씨	수빈 박씨	원빈 홍씨	화빈 윤씨
		장자 문효세자	장자 순조 **제23대**		장녀 미상
		장녀 미상	장녀 숙선옹주		

23

제23대
순 조
（純祖）

인릉(仁陵)-
서울 헌릉(獻陵)과 인릉(仁陵)
두 번째 이야기

순조(1790~1834년, 재위 1800~1834년)는 정조와 후궁 수빈 박씨 사이에서 태어났으며 휘는 이공이다. 아버지 정조는 39세였고, 이복형인 장자 문효세자는 5세의 어린 나이로 세상을 뜬 상태였다. 왕통을 이을 세자가 없어 전전긍긍하던 때 순조가 태어남으로써 이 모든 것이 해결되었다. 이는 온 나라의 경사이기도 했다. 정조는 사도세자의 현륭원 천릉이 《경국대전》에 위배된다는 신하들의 반대에 시달렸는데, 풍수지리상 길지인 수원 화성으로 천릉했기 때문에 순조가 태어난 것으로 여겨져 자연스럽게 무마되었다. 순조는 정조를 닮아 행동이 반듯했다고 한다. 1800년(정조 24년)에 세자에 책봉되었으나, 이 해에 정조가 죽자 11세에 왕으로 등극한다. 즉위와 함께 영조의 계비 대왕대비 정순왕후 김씨의 수렴청정이 시작된다.

1802년(순조 2년) 영안부원군 김조순의 딸 순원왕후 김씨(1789~1857년)를 정비로 맞았다. 이미 설명한 대로 삼간택을 앞두고 정조가 사망하여 정순왕후 김씨가 변경하려고 했으나, 결국 정조의 유지대로 순조와 순원왕후 김씨의 가례가 이루어졌다. 증조할머니 격

제23대 순조(純祖)

인 영조의 계비 정순왕후 김씨를 비롯하여 할머니인 사도세자의 부인 혜경궁 홍씨, 친어머니 수빈 박씨, 어머니 격인 정조의 정비 효의왕후 김씨, 부인인 순원왕후 김씨까지 4대에 걸친 다섯 여인이 순조를 에워싸고 있었다. 실로 여인천하였다. 정순왕후 김씨의 수렴청정은 4년 동안 지속된다. 이때 벽파가 정치를 주도한다.

1801년(순조 1년) 천주교 탄압 사건으로 신유박해가 일어난다. 신해박해가 일어난 지 10년이 지나서였다. 정순왕후 김씨는 정적인 시파를 제거하기 위해 천주교 탄압을 이용하는데, 천주교 신자를 색출하려고 다섯 집을 묶어 서로 감시하고 고발하는 오가작통법(五家作統法)이라는 제도를 고안했다. 다산 정약용 형제들과 이가환, 이승훈 등이 화를 입었고 수많은 사람이 목숨을 잃었다.

1803년(순조 3년) 말에 순조는 친정을 시작하면서 암행어사 파견,《만기요람》 편찬, 국왕 친위부대 강화, 하급 친위관료 육성 등으로 국정을 주도하며 왕권을 강화하기 위해 노력했다. 1805년(순조 5년) 벽파의 기둥이었던 정순왕후 김씨가 죽자 벽파는 몰락하고 시파가 득세한다. 순원왕후 김씨를 축으로 김조순의 일문 안동 김씨의 세도정치가 시작된 것이다. 이들이 조정의 요직을 모두 차지해버린다. 안동 김씨의 세도정권은 민생과 사회 문제는 도외시하고 일문의 영달과 영예에만 관심을 쏟았다. 전횡과 뇌물을 받는 행위를 일삼다 보니 과거제도가 문란해지고 매관매직이 성행하는 등 정치기강이 무너졌다. 백성은 도탄에 빠졌으나 순조는 적극적으로 권한을 행사할 수 없었다. 재위기간에 가뭄과 홍수가 끊이지 않았고, 홍경래의 난을 비롯하여 여러 곳에서 민란이 일어났다. 전염병이 돌아 10만여 명이 목숨을 잃는 참사도 발생했다.

이 시기에 천주교 탄압 사건으로 1815년(순조 15년) 을해박해와 1827년(순조 27년) 정해박해도 일어난다. 재위 34년 중 19년간은 천재지변의 연속이었다.

운이 따라주지 않은 왕이었던가! 불운의 연속으로 건강을 잃게 된다. 순조는 1827년(순조 27년) 효명세자(추존왕 문조, 익종)에게 대리청정을 시킨다.

효명세자는 1812년(순조 12년) 4세 때 세자에 책봉되었으며, 1819년(순조 19년) 11세 때 풍은부원군 조만영의 딸(후에 신정왕후 조씨)과 가례를 올렸다. 순조가 안동 김씨 세력을 누르기 위해 간택한 것이 오히려 풍양 조씨의 외척들이 등장하는 계기가 되고 만다. 효명세자는 안동 김씨 김조순 일파를 견제하면서 의욕적으로 정치개편을 추진했지만, 대리청정을 시작한 지 4년 만인 1830년(순조 30년)에 22세의 젊은 나이로 급사한다. 할 수 없이 순조가 다시 정사를 보게 되는데, 순조도 별 치적 없이 4년 후 45세에 세상을 떠난다. 효명세자가 일찍 죽는 바람에 순조의 손자(효명세자의 아들) 헌종(뒤에 설명)이 왕통을 이어받는다. 순조 재위기간 34년은 안동 김씨가, 헌종 재위기간 15년은 안동 김씨와 풍양 조씨가 번갈아서, 철종 재위기간 14년은 또 안동 김씨가 세도정치를 함으로써 총 63년간 외척들의 시대가 계속된다.

학문을 좋아했던 순조는 수많은 서적을 간행했으며 개인 문집인 20권 20책에 달하는 《순재고》를 남겼다. 영조와 정조 때의 치세에 비하면 너무나 열악한 상황에서 왕 노릇을 제대로 못하고 일찍 세상을 떠난 그의 치세를 보면 내리막길로 들어선 조선의 역사가 보이는 것 같다. 순조는 1835년(헌종 1년) 인조의 장릉(長陵) 왼쪽 산줄기에 안장되었다. 21년이 지난 1856년(철종 7년) 초장지가 풍수지리상 불길하다고 하여 태종의 헌릉 오른쪽 언덕으로 천릉했다. 현재의 헌인릉 자리다. 이듬해 순원왕후 김씨가 69세로 죽는데, 순조보다 24년을 더 살았다. 순조와 합장하면서 합장릉이 된다. 능호는 인릉, 묘호는 순조와 순원왕후 김씨다.

헌릉은 인릉을 경유하여 들어가는데 진입 공간에 으레 보이는 재실이 보이

순조와 순원왕후 김씨의 인릉(합장릉) 능침 공간과 올라가는 나무계단

지 않는다. 안내책자를 보니 매표소 밖에 있었다. 당초에는 능역에 있었으나 그 중간 부분이 6·25전쟁 이후 농지로 개간되어 지금과 같은 모습이 되었다고 한다. 금천교는 보이지 않는다. 제향 공간에 들어서자 홍살문이 나타난다. 그 옆에는 인릉 상설도와 배위가 있다. 참도(신도, 어도)를 따라 걸었다. 정자각과 비각이 보이고, 능 좌우로 소나무가 울창하다. 수복방과 수라간은 찾아볼 수 없다. 정자각 안을 살펴보았다. 제상은 황금색이다. 정자각 뒤편으로 예감이 보인다. 비각 안에는 표석 2기가 있다. 왼쪽 표석은 초장지인 파주에서 천릉한 다음인 1857년(철종 8년)에 세운 것이다. '조선국 순조대왕 인릉 순원왕후 부좌(朝鮮國 純祖大王 仁陵 純元王后 祔左)'라고 음각되었다. 오른쪽 표석은 1900년에 고종이 순조를 순조숙황제로 추존한 후 세운 것이다. '대한 순조숙황제 인릉 순원숙황후 부좌(大韓 純祖肅皇帝 仁陵 純元肅皇后 祔左)'라고 음각되었다.

능침 공간은 나무계단으로 올라가 비교적 가까이에서 볼 수 있다. 상계에는 곡장이 둘러졌으며 병풍석은 없고 난간석은 있다. 석호 2쌍, 석양 2쌍이 능침

능침 공간에서 아래쪽을 바라본 모습

제23대 순조(純祖)

주위에 서 있고, 혼유석 1좌, 고석 4개, 망주석 1쌍이 보인다. 합장릉인데도《국
조상례보편》을 따라 혼유석이 1좌만 설치되었다. 하계에는 8각 장명등 1좌, 문
인석 1쌍과 석마 1쌍, 무인석 1쌍과 석마 1쌍이 있다. 상계와 하계로 나뉘었다.
영조 이후 간소화된 모습이다.

제23대 순조의 가계도

부인 2명, 자녀 2남 4녀

정조
(정조선황제)

수빈
박씨

장자
순조
(순조숙황제)
제23대

순원왕후 김씨
(순원숙황후 김씨)

숙의
박씨

장자
효명세자
추존 문조

장녀
영온옹주

2남
미상

장녀
명온공주

2녀
복온공주

3녀
덕온공주

5

추존 5
문조
(文祖)

수릉(綏陵)-
구리 동구릉(東九陵)
여덟 번째 이야기

문조(1809~1830년, 재위 1827~1830년)는 순조와 순원왕후 김씨 사이에서 장자로 태어났다. 휘는 이영이며 1812년(순조 12년) 4세 때 세자로 책봉되어 효명세자라 불렸다. 1819년(순조 19년) 11세 때 풍은부원군 조만영의 딸과 가례를 올리고 1827년(순조 27년) 세자빈 조씨(후에 신정왕후 조씨)와의 사이에서 제24대 왕 헌종(뒤에 설명)을 낳는다. 이 해에 순조가 건강을 이유로 효명세자에게 대리청정을 시켰다. 후일을 위해 미리 정사를 맡긴 것이다. 효명세자는 대리청정하는 동안 자신의 처가인 풍양 조씨 인사를 대거 등용하긴 했지만, 정치적으로 소외되었던 남인과 소론, 소북 인사들까지도 골고루 등용했다. 안동 김씨 세력을 견제하고 왕권을 강화하여 민생을 위한 정치를 하려고 노력했으나 22세에 돌연히 죽는다. 어쩔 수 없이 순조가 다시 정사를 보게 되는데 4년 후 순조 역시 세상을 떠나 세손인 헌종이 8세의 나이로 즉위한다. 대왕대비 순원왕후 김씨는 헌종이 15세가 될 때까지 7년간 수렴청정을 한다. 효명세자는 익종으로 추존되고, 정비 신정왕후 조씨(1808~1890년)는 왕대비가 된다.

안동 김씨인 순원왕후 김씨와 풍양 조씨인 신정왕후 조씨는 시어머니와 며느리 사이다. 이 두 여인을 중심으로 한, 두 가문의 정치적 대립으로 조선 후기의 정치, 사회, 경제는 전반적으로 혼란스러웠다. 순원왕후 김씨의 수렴청정이

추존 5 문조(文祖)

끝나고 헌종이 친정을 하자 풍양 조씨 세력이 권력을 행사한다. 1846년 신정왕후 조씨의 아버지 조만영이 죽으면서 다시 안동 김씨 세력이 권력을 쥔다. 헌종이 1849년 23세의 젊은 나이로 세상을 떠나자 안동 김씨 세력은 '강화도령' 이원범을 왕으로 내세운다. 바로 제25대 철종(뒤에 설명)이다. 순원왕후 김씨는 이때도 3년간 수렴청정을 한다. 1857년 순원왕후 김씨가 69세로 죽고, 6년 후인 1863년 철종도 후사 없이 죽는다. 신정왕후 조씨는 대왕대비가 되어 왕실의 권력을 한 손에 쥐고 족보상 육촌이 되는 흥선대원군 이하응의 둘째 아들 이명복을 익종의 양자로 들여 왕통을 잇는다. 바로 제26대 고종(뒤에 설명)이다. 신정왕후 조씨는 3년간 수렴청정을 한다. 철종은 안동 김씨가 내세운 왕이고, 고종은 풍양 조씨가 내세운 왕이다. 대한제국이 출범하면서 1899년 고종은 익종을 문조익황제로, 신정왕후 조씨는 신정익황후 조씨로 추존한다. 신정왕후 조씨는 83세까지 장수하다가 1890년(고종 27년)에 세상을 떠난다. 문조보다 한 살이 많았지만 60년을 더 살았다. 민비(고종의 정비)가 세력을 잡기 전까지 흥선대원군과 정국을 주도했다.

수릉은 문조와 신정왕후 조씨의 합장릉이다. 문조의 초장지는 의릉(경종) 왼쪽 언덕이었다. 세자 신분으로 죽었기 때문에 묘호가 연경묘였다. 익종으로 추존되면서 1846년(헌종 12년) 양주에 있는 용마산 자락으로 천릉하고 수릉으로 승격한다. 초장지가 풍수지리상 흉지라 후손이 없는 것이라 하여 천릉하게 된 것이다. 1855년(철종 6년)에는 동구릉 건원릉 왼쪽 언덕으로 천릉한다. 원래는 동칠릉이었으나 수릉이 여덟 번째인 경릉(뒤에 설명)에 이어 마지막 아홉 번째로 옮겨지면서 동구릉이 되었다. 수릉은 외부에서는 단릉으로 보이지만 오른쪽에 신정왕후 조씨, 왼쪽에 문조가 안장되어 있다. 우왕좌비(右王左妃) 원칙에 맞지 않는다. 그 이유는 신정왕후 조씨는 대왕대비 신분으로, 문조는 세자 신분으로 죽었기 때문이다. 이처럼 우왕좌비 원칙에 어긋난 왕릉으로는 덕종과 소혜왕후 한씨의 경릉이 있는데, 이유는 같으나 동원이강릉이라서 외부에서 볼 때 확실히 구별되는 점이 다르다. 우상좌하 원칙보다 왕실의 서열을 더 따른 것이다. 능호는 수릉, 묘호는 익종과 신정왕후 조씨다.

수릉은 동구릉에서 제일 먼저 나타난다. 진입 공간에 해당하는 재실은 동구릉 전체에 해당하는 듯하다. 재실을 지나 오른쪽으로 얼마 안 가면 수릉이

익종과 신정왕후 조씨의 수릉 참도(신도, 어도)

추존 5 문조(文祖)

나타나고 수릉 안내판과 상설해설도를 만난다. 금천교가 보이고 그 아래로 묘내수가 흐른다. 제향 공간에 들어서면 홍살문이 보이고, 그 옆에는 배위가 있다. 참도(신도, 어도)를 따라 정자각까지 걸어가면 좌측에는 수라간 터, 우측에는 수복방 터와 비각이 있다. 정자각 내부를 살펴보았다. 여느 왕릉과 다름이 없다. 제상은 황금색이다. 정자각 뒤편으로 예감과 산신석이 보인다. 능침 공간에는 목책을 둘러놓아 올라가 볼 수 없다. 비각에는 표석 2기가 보인다. 위쪽 표석에는 '조선국 익종대왕 수릉 신정왕후 부좌(朝鮮國 翼宗大王 綏陵 神貞王后 祔左)'라고 음각되었다. 아래쪽은 황제 추존 후에 세운 표석으로 '대한 문조익황제 수릉 신정익황후 부좌(大韓 文祖翼皇帝 綏陵 神貞翼皇后 祔左)'라고 음각되었다. 공개된 사진에서 능침 공간을 확인해보면 《국조상례보편》에 따라 2단으로 구성되었다. 상계에는 곡장이 둘러졌으며 병풍석은 없고 난간석이 있다. 석호 2쌍, 석양 2쌍, 혼유석 1좌, 고석 4개, 망주석 1쌍이 보인다. 하계에는 4각 장명등 1좌, 문인석 1쌍과 석마 1쌍, 무인석 1쌍과 석마 1쌍이 있다.

문조의 가계도

부인 1명, 자녀 1남

순조
(순조숙황제)

순원왕후 김씨
(순원숙황후 김씨)

장자
효명세자
(문조익황제)
추존 문조

신정왕후 조씨
(신정익황후 조씨)

장자
헌종
(헌종성황제)
제24대

24

제24대
헌 종
(憲宗)

경릉(景陵)－
구리 동구릉(東九陵)

아홉 번째 이야기

헌종(1827~1849년, 재위 1834~1849년)은 추존된 문조와 신정왕후 조씨 사이에서 태어난 외아들로 휘는 이환이다. 1830년(순조 30년) 4세 때 세손에 책봉되었으며, 아버지 효명세자가 4년간 대리청정하다가 죽고 할아버지 순조가 다시 정사를 보다가 세상을 떠나 조선 왕 중 제일 어린 나이로 즉위한다. 이때 헌종의 나이가 8세였다. 원비 효현왕후 김씨(1828~1843년)는 안동 김씨 가문인 영흥부원군 김조근의 딸이고, 계비 효정왕후 홍씨(1831~1903년)는 남양 홍씨 가문인 익풍부원군 홍재룡의 딸이다. 효현왕후 김씨는 1837년 10세에 왕후에 책봉되었으나, 6년 후 후사 없이 죽는다. 효정왕후 홍씨는 효현왕후 김씨의 뒤를 이어 1844년 14세 때 왕후로 책봉된다.

어린 나이에 즉위한 헌종을 대신하여 대왕대비 순원왕후 김씨가 7년간 수렴청정하면서 안동 김씨의 세도정치가 본격적으로 시작된다. 당시 '조선은 안동 김씨의 나라'라는 말이 나올 정도였다. 1839년(헌종 5년) 천주교 신자를 학살하는 기해박해가 일어난다. 정해박해(1827년)가 일어난 지 12년이 지난 때였다. 프랑스 신부는 물론 많은 천주교 신자가 죽는다. 절두산 순교기념관은 기해박해 때 목숨을 잃은 천주교 신자들의 신앙과 얼을 널리 알리기 위해 세운 것이다. 헌종은 1841년 15세 때 친정을 시작하는데, 어머니 신정왕후 조씨에게 국정을 맡기다시피 하여 풍양 조씨 세력이 권력을 휘두른다.

천주교 탄압정책은 계속되었고 1846년에는 최초의 조선인 신부 김대건이 처형된다. 재위한 15년 동안 9년에 걸친 수해가 발생하고, 혹독한 천주교 탄압정책으로 국정이 혼란스러워 민생고가 가중되었다. 또한 과거제도 및 국가 재정의 기본이 되는 삼정(三政)이 문란해져 기강이 무너졌다. 전정(田政, 조세행정), 군정(軍政, 병무행정), 환정(還政, 곡식대여제도)을 뜻하는 삼정은 국가의 기간(基幹)으로 민생에 직결되는 제도였다. 숙종 때 완성된 대동법은 전정의 대표적인 제도고, 영조 때 개선된 균역법은 군정의 대표적인 제도다. 환정은 고려 때부터 있었던 일종의 서민금융제도다. 조선의 역대 왕들은 국가의 가장 주요한 수입원이면서도 민생에 직결되는 이 삼정을 국가의 중요한 정책으로 삼았다. 그러나 안동 김씨가 정권을 잡으면서 삼정을 자기들의 치부(致富)에만 이용하여 부정을 저지르니 백성은 도탄에 빠질 수밖에 없었다. 엄격하고 공정하게 관리되어야 할 삼정이 무너진 것이다. 또한 모반 사건도 일어났고, 1848년부터 이양선(異樣船, 외국 선박)이 해안에 자주 나타나 민심이 흉흉했다.

세계를 돌아보면 스페인, 포르투갈, 프랑스, 오스트리아 등 서구 열강은 혁명을 통해 근대 국가로 가고 있었으며, 자본주의가 탄생하면서 노동자들의 권익이 보장되고, 마르크스와 엥겔스에 의한 공산주의 이론이 태동했다. 미국에서는 유선통신이 만들어졌으며, 청나라는 영국과의 아편전쟁으로 혼란을 겪으며 서구 열강과 통상조약을 맺었다. 그리고 일본은 서양 문물의 도입에 대비하여 열강과의 교류를 준비하는 등 국제정치에 관심을 갖고 있었다.

집권세력이었던 안동 김씨는 급변하는 세계정세를 볼 수 있는 혜안이 없었다. 오로지 풍양 조씨 가문과의 권력 다툼으로 허송세월을 보냈다. 헌종은 외척인 안동 김씨와 풍양 조씨의 틈바구니에서 허수아비나 마찬가지였다. 궁녀들이 유혹할 정도로 엄청난 미남이었으며, 일찍부터 시작한 잦은 성관계로 건강이 악화되었다는 설이 전해온다. 안동 김씨나 풍양 조씨 가문은 남양 홍씨 가문이 권력을 잡게 될 것을 염려하여 계비 효정왕후 홍씨를 멀리하고 후궁들을 가까이하도록 유도하여 여색에 빠지게 했다는 것이다. 헌종은 계비 효정왕후 홍씨와 가례를 올린 지 3년이 지나도 후사가 없었다. 이를 이유로 간택후궁을 맞아들이기로 한다. 3년 전 간택후궁으로 계비 효정왕후 홍씨와 후궁 경빈 김씨(1832~1907년)가 최종 후보로 올라왔을 때 헌종은 김재청의 딸 경빈 김씨에게 마음이 있었으나, 할머니 순원왕후 김씨와 어머니 신정왕후 조씨가 효정왕후 홍씨를 간택했었다. 그러나 후사가 급했기에 헌종이 첫눈에 반했던 경빈 김씨를 후궁으로 맞이하는 데 아무런 이견이 없었다. 왕후의 친정인 남양 홍씨 가문을 견제하려는 목적이 같았기 때문이다. 헌종은 경빈 김씨에게 종2품 숙의로 책봉하는 관례를 무시하고 바로 정1품에 책봉한다. 그리고 창덕궁 서쪽에 별궁 낙선재(樂善齋)를 짓는다. 이름에는 항상 즐거운 곳이 되길 바란다는 헌종의 뜻이 담겨 있다. 경빈 김씨에 대한 깊은 총애와 왕후로 만들어주지 못한 미안한 마음을 담아 석복현이란 처소도 지었다. 할머니 순원왕후 김씨를 위한 누각인 수강재를 포함한 세 건물을 총칭 낙선재라 한다. 석복현은 대한제국의 마지막 황태자비 이방자 여사와 황녀 덕혜옹주가 쓸쓸히 생을 마감한 곳이기도 하다. 낙선재는 지었을 때의 뜻과는 달리 가슴 아픈 사연을 가진 곳이 되었다.

헌종은 낙선재에서 경빈 김씨와 함께 책을 읽거나 뒷마당에서 산책을 하곤 했다. 혼자일 때는 석복현에 있는 경빈 김씨가 들으라고 큰 소리로 책을 읽었다. 헌종은 학문을 좋아하고 글씨를 잘 썼다고 한다. 정조가 후궁 수빈 박씨와의 사이에서 어렵게 순조를 낳았듯이, 헌종도 경빈 김씨를 통해서 후사를 볼 생각을 했을 것이다. 이때부터 정사를 제대로 돌보려고 노력했으나, 피가래

제24대 헌종(憲宗)

를 토할 정도로 건강이 악화되어 23세에 독자적인 뚜렷한 치적을 남기지 못하고 죽는다. 둘 사이에 바라던 자식도 없었다. 헌종과 후궁 경빈 김씨의 사랑은 헌종의 죽음으로 2년 만에 끝난다. 경빈 김씨는 헌종이 죽은 후 더 이상 낙선재에 머물 수 없어 19세에 사가로 거취를 옮겨 일생을 보내고 77세로 세상을 떠난다. 서삼릉 경내 후궁 묘역에 안장되었다. 계비 효정왕후 홍씨도 헌종과의 사이에 후사가 없었고, 헌종보다 55년을 더 살다가 73세에 세상을 떠난다. 이로써 헌종 대에서 직계자손이 끊긴다. 국운이 기우는 것과 마찬가지로 자손의 번창도 끝이 난다. 안동 김씨 가문은 정조의 이복동생 은언군의 손자 이원범(강화도령)을 조선의 제25대 왕 철종(뒤에 설명)으로 내세운다.

경릉은 헌종과 원비 효현왕후 김씨, 계비 효정왕후 홍씨의 삼연릉(三連陵)이다. 조선 왕릉 중 유일하게 능침 3기가 한 공간에 있다. 1843년(헌종 9년) 효현왕후 김씨가 죽자, 현재의 자리에 안장되면서 능호를 경릉이라 했다. 이 자리는 선조의 목릉 초장지였는데, 터가 좋지 않고 물이 찬다 하여 1630년(인조 8년)에 현재의 목릉 자리로 천릉한다. 하지만 능침을 열어보니 아무 문제가 없어 효현왕후 김씨를 안장하게 된 것이다. 6년 후 1849년 헌종이 죽자 원비 효현왕후 김씨의 우측에 안장한다. 누워 있는 시신을 기준으로 우측이고, 정자각에서 바라보는 사람 기준으로 보면 좌측이다. 그런데 문제는 능호를 그대로 쓴 것이다. 이는 왕릉의 장법(葬法)에 어긋난 것으로, 원래 왕후의 능에 왕을 합장할 경우엔 새로운 능호를 써야 한다. 이미 살펴본 대로 중종이 희릉(제1계비 장경왕후 윤씨의 단릉) 옆에 묻혔을 때 능호가 희릉에서 정릉으로 바뀌었지만, 제2계비 문정왕후가 중종을 서울시 강남구 현재 정릉(靖陵) 자리로 옮기면서 다시 희릉이 되었다. 경릉의 경우는 왕을 원비 효현왕후 김씨 옆에 묻고 능호를 그대로 사용했으니, 안동 김씨 가문이 왕실을 얼마나 업신여겼는지를 알 수 있다. 여기에

헌종과 원비 효현왕후 김씨, 계비 효정왕후 홍씨의 경릉(삼연릉) 전경

1903년 계비 효정왕후 홍씨가 73세로 죽자 원비 효현왕후 김씨의 우측에 안장하여 전무후무한 왕릉 형태인 삼연릉이 되었다. 풍수지리상으로도 정혈은 가운데인 원비 효현왕후 김씨 자리라고 하니, 안동 김씨 가문이 왕릉의 장법을 무시한 횡포를 저지른 것이다.

경릉은 동구릉에서 여덟 번째로 조성되었다. 능호는 경릉, 묘호는 헌종과 원비 효현왕후 김씨, 계비 효정왕후 홍씨다. 진입 공간에 해당하는 재실은 동구릉 전체를 통할하는 듯하다. 경릉에 가까이 다가가자 경릉 안내판이 나타난다. 금천교를 건너면 제향 공간으로 진입한다. 홍살문과 배위가 나타나고 참도(신도, 어도)가 정자각까지 이어졌다. 참도 양옆에 박석이 깔렸다. 신하들이 걸어갔던 변로다. 답사하는 동안 인조의 장릉, 숙종의 명릉, 영조의 원릉, 장조의 융릉, 정조의 건릉에 변로가 좌우로 설치되었고, 정조의 후궁 수빈 박씨의 휘경원에는 좌측에만 설치되었다. 정자각에 올라 내부를 살펴보았다. 여느 왕릉과 다름없고 제상은 황금색이다. 헌종과 원비 효현왕후 김씨는 1908년(융희 2년) 황제와 황후로 추존되었다. 계비 효정왕후 홍씨는 1897년 고종이 대한제국을 선포할 때 살아 있었기에 황후 호칭을 받았다. 산신석과 예감이 보인다. 정자각 오른쪽으로 수복방 터가 보이지만, 왼쪽에 있을 수라간은 보이지 않는다. 없어진 것 같다. 비각 안에는 표석 1기가 있다. '대한 헌종성황제 경릉 효현성황후 부좌 효정성황후 부좌(大韓 憲宗成皇帝 景陵 孝顯成皇后 祔左 孝定成皇后 祔左)'라고 음각되었다.

목책이 둘러져서 능침 공간은 올라가 볼 수 없었다. 공개된 사진에 의거해 확인해보았다. 경릉도 《국조상례보편》에 따라 2단으로 구성되었다. 상계를 보면 곡장이 있고 병풍석은 없다. 능 3기가 난간석으로 연결되었다. 석호 2쌍, 석양 2쌍, 혼유석 3좌, 고석은 1좌당 4개씩이고, 망주석 1쌍이 있다. 하계에는 4각

경릉 홍살문과 표석

제24대 헌종(憲宗)

장명등 1좌, 문인석 1쌍과 석마 1쌍, 무인석 1쌍과 석마 1쌍이 있다. 각 능침마다 혼유석이 놓였는데 단릉의 형태를 따른 것 같다.

제24대 헌종의 가계도

부인 4명, 자녀 1녀

문조
(문조익황제)

신정왕후 조씨
(신정익황후 조씨)

장자
헌종
(헌종성황제)

제24대

효현왕후 김씨
(효현성황후 김씨)

효정왕후 홍씨
(효정성황후 홍씨)

경빈
김씨

숙의
김씨

장녀
미상

2

대원군 2
전계대원군
(全溪大院君)

전계대원군묘(全溪大院君墓)

전계대원군 이광(1785~1841년)은 제25대 철종의 생부다. 철종이 왕이 되면서 전계군의 군호가 내려졌고 다시 전계대원군으로 추존된다. 1849년 헌종이 후사 없이 세상을 떠나면서 절손되었다. 육촌 안에 왕족이 아무도 없었다. 《경국대전》의 규정으로는 왕실의 성씨는 4대(육촌 이내)를 지속할 수 없고, 방계혈통이라 해도 선대왕과 칠촌 이내의 친척 중에서 왕을 고른다고 했다. 가까운 혈손으로 은언군의 후손이 남아 있었던 것이다.

이미 설명했듯이 은언군은 사도세자(추존왕 장조)와 후궁 숙빈 임씨 사이에서 태어난 서장자로 정조의 이복동생이다. 전계대원군은 은언군의 후처인 전산군부인 이씨에게서 태어난 서장자로 부인이 3명이었는데, 정실 완양부대부인 최씨는 장자 회평군 이원경을 낳은 후 일찍 죽었고, 계실 용성부대부인 염씨는 이원범(후에 철종)을, 후처 이씨는 영평군 이경응을 낳는다. 출생 순서로 따지면 첫째 아들이 회평군 이원경, 둘째 아들이 영평군 이경응, 셋째 아들이 이원범이다.

다시 정리하자면 전계대원군의 아버지 은언군은 사도세자의 서장자고, 정조의 이복동생이다. 전계대원군은 은언군의 서장자고, 이원범은 전계대원군의 서차자다. 즉 이원범은 서출로 내려온 영조의 피를 받은 현손(玄孫, 증손자의 아들)

이다. 은언군의 후손은 거의 역모로 사사되거나 후사가 없어, 오로지 전계대원군의 둘째 영평군 이경응과 셋째 이원범만 남은 것이다. 헌종의 숙부 항렬로, 정확히 말하면 칠촌 당숙뻘이다. 그러나 이원범과 그 가족은 역모에 연좌되어 강화도에 유배된 죄인의 신분이었다. 군호도 받지 못한 전주 이씨 후손일 뿐, 왕위계승과는 전혀 관련이 없었다. 그런 '강화도령' 이원범이 왕이 될 수 있었던 이유는 순전히 안동 김씨 가문의 이익을 위해서였다. 왕을 허수아비로 세워놓고 자기들 마음대로 권력을 행사하고자 이원범을 철종으로 즉위시킨 것이다.

그동안 살펴보았듯이 왕족은 처음에는 당쟁의 희생물로, 그 후에는 역모로 몰려 거의 죽고 없는 상태였다. 전계대원군의 둘째 아들 영평군 이경응은 제주

전계대원군묘의 곡장, 묘비, 망주석, 무인석. 문인석 대신 무인석이 있는 것이 덕흥대원군묘와 같다.

(祭主)로서 전계대원군의 제사를 지내야 했기 때문에 대왕대비 순원왕후 김씨는 셋째 아들 이원범을 순조의 양자로 입적시켜 1849년(헌종 15년)에 왕통을 이어받게 했다. 풍양 조씨 세력이 발붙일 가능성을 막은 것이다. 철종의 즉위로 안동 김씨의 세상이 되었다. 전계대원군이 죽은 지 8년 후에 일어난 일이다.

전계대원군묘는 경기도 포천시 선단동 산 11에 위치한다. 인평대군묘와 마찬가지로 포천 쪽으로 가는 43번 국도를 따라가면 나타난다. 전계대원군묘 방향 표시판을 따라 입구 쪽으로 걸어갔다. 재실과 사당이 나타나고 옆에는 비각이 보인다. 재실은 담장으로, 사당은 철책으로 둘러져서 들어가 볼 수 없었다. 포천시 향토유적 제1호 전계대원군묘 및 신도비 안내판에는 경기도 양주군 신혈면에 안장했다가 현 위치로 천장했다는 설명이 있다.

산자락에 합장묘가 보인다. 곡장이 있고, 봉분은 나지막한 호석으로 둘러졌다. 봉분 앞쪽 중간에 혼유석 1좌와 혼유석 밑에 고석 2개가 보인다. 혼유석 앞쪽으로 4각 장명등이 세워졌다. 봉분 오른쪽에 묘비가 서 있다. 망주석 1쌍과 무인석 1쌍이 있는데 문인석 대신 무인석이 있는 것이 덕흥대원군묘와 같다. 합장묘 우측 아래편에 계실이자 철종의 생모인 용성부대부인 염씨의 묘, 회평군묘, 영평군묘가 있다. 비각문이 닫혀서 표석을 볼 수 없었다. 봉분 옆에 있는 비석만 제대로 볼 수 있었다. 전면에는 '유명 조선국 전계대원군지묘 완양부대부인전주최씨 부우(有明 朝鮮國 全溪大院君之墓 完陽府大夫人全州崔氏 祔右)'라고 음각되었다. 정실인 완양부대부인 전주 최씨가 우측에 안장되었다는 표시인데, 우상좌하 원칙에 맞지 않는다. 묘비 측면을 보면 비문은 김좌근(김조순의 아들, 순조의 장인)이 짓고 김문근(철종의 장인)이 썼다고 음각되었다. 이들은 당시 안동 김씨 가문의 핵심인물들이다.

전계대원군은 아들이 왕이 되리라고는 꿈에도 생각하지 못했을 것이다. 사

전계대원군과 완양부대부인 최씨의 합장묘

후에 왕의 아버지가 되면서 대원군묘로 조성되고, 안동 김씨 가문에서 대우를
받았다.

전계대원군의 가계도

부인 3명, 자녀 3남

은언군

전산군부인
이씨

장자
전계대원군
추존

완양부대부인
최씨

용성부대부인
염씨

이씨

장자-이원경
회평군

장자-이원범
덕완군
제25대 철종

장자-이경응
영평군

25

제25대
철 종
(哲宗)

예릉(睿陵)－
고양 서삼릉(西三陵)

세 번째 이야기

철종(1831~1863년, 재위 1849~1863년)은 전계대원군과 용성부대부인 염씨의 서장자로 태어났다. 아명(兒名)은 이원범이고, 휘는 이변이다. 1849년 헌종이 후사 없이 갑자기 죽자 순조의 정비였던 대왕대비 순원왕후 김씨의 명으로 궁에 들어와 덕완군에 책봉된다. 그리고 다음 날 바로 왕으로 즉위한다. 강화도에서 농사를 짓던 이원범은 전혀 준비가 안 된 상태에서 안동 김씨 가문의 정략적 목적으로 하루아침에 왕이 된 것이다. 이때 나이가 19세였다. 즉위 후 대왕대비 순원왕후 김씨가 3년간 수렴청정을 한다. 순원왕후 김씨로서는 헌종에 이어 두 번째 수렴청정이었다. 철종은 1851년 순원왕후 김씨의 근친인 영은부원군 김문근의 딸과 가례를 치른다. 철인왕후 김씨(1837~1878년)다.

김문근은 임금의 장인으로서 안동 김씨 가문의 실세가 되면서 세도정치가 절정에 달했다. 철종은 1852년부터 친정을 시작하나 정치에 어두웠고, 안동 김씨 일파의 전횡으로 삼정의 문란이 극도에 달하여 민생고를 유발했다. 경상도 진주, 함경도 함흥, 전라도 전주 등지에서 대규모 민란이 일어났다. 이러한 사회 정세에서 최제우가 주창한 동학사상은 학정에 허덕이는 민중에게 빠른 속도로 파급되어 새로운 세력이 되었으며, 만민평등을 주장하는 천주교 사상도 권력에서 소외된 양반층에 침투되어 확고한 기반을 구축하기 시작했다.

철종과 철인왕후 김씨의 예릉 수복방 터와 비각

    철종은 자신이 어려서부터 모진 생활을 했기 때문에 기근과 한재 및 화재로 어려움에 처한 백성들을 돕기 위한 구황과 구제에 열성을 보였지만 오래된 세도 정치의 굴레를 벗어나지 못했다. 세도정권은 사회변화에 대한 근본적 개혁 능력과 의지가 없었고, 새로운 세력의 참여와 비판을 봉쇄함으로써 근대화를 지향해야 할 중요한 시기에 역사 발전을 가로막은 큰 걸림돌이 되었다. 조선 왕조가 멸망의 길로 가고 있었던 것이다. 동학의 창시자인 최제우는 '세상을 어지럽게 하고 백성을 속인다'는 죄목으로 처형된다. 철종은 재위 14년간 백성을 사랑했지만 힘없는 왕으로 결국 여색에 빠져 1863년 33세로 파란만장한 삶을 마감한다. 철종이라는 공식적인 호칭보다 '강화도령'으로 더 잘 알려진 그의 생애는 드라마로도 종종 만들어졌다.

1858년(철종 9년) 철인왕후 김씨와의 사이에서 원자를 낳았으나 6개월 만에 죽었다. 원자가 죽은 후 둘 사이에 자식은 없었다. 안동 김씨 가문인 철인왕후 김씨는 철종의 사랑을 받지 못한 것으로 전해진다. 철종 사망 15년 후인 1878년 42세에 세상을 떠난다. 철종은 숙의 범씨와의 사이에서 영혜옹주를 낳았는데 태극기를 제작한 개화파 금릉위 박영효에게 출가했지만 몇 달 살지 못하고 후사 없이 죽는다. 철종 대에서 또 절손되자 이번에는 풍양 조씨 가문인 대왕대비 신정왕후 조씨가 흥선대원군과 손을 잡고 고종(뒤에 설명)을 내세운다.

　　예릉은 철종과 정비 철인왕후 김씨의 쌍릉이다. 능호는 예릉, 묘호는 철종, 철인왕후 김씨다. 서삼릉의 희릉에서 왼쪽으로 가다 보면 나타난다. 예릉 아래쪽으로 의령원(이미 설명)과 효창원(이미 설명)이 있다. 예릉에 속하는 재실은 보이지 않는다. 금천교를 건너면 상설도가 보인다. 진입 공간에 들어서니 홍살문이 보이고, 그 옆에는 배위가 있다. 안내판도 보인다. 참도(신도, 어도)가 정자각까지 연결되었다. 참도는 1908년(융희 2년) 순조가 철종과 정비 철인왕후 김씨를 황제와 황후로 추존하면서 삼도로 다시 조성했다. 정자각 내부를 살펴보았다. 여느 왕릉과 차이가 없으나 제상이 황금색이다. 정자각 오른쪽으로 수복방 터와 비각이 보인다. 왼쪽에 있을 수라간은 찾을 수 없다. 목책이 둘러졌고, 산신석과 예감이 있다. 능침 공간은 가까이에서 볼 수 있었다. 곡장이 둘러졌으며, 병풍석은 없고 난간석은 있다. 혼유석 2좌, 혼유석 1좌당 고석 4개씩, 망주석 1쌍, 석호 2쌍, 석양 2쌍, 문인석 1쌍과 석마 1쌍, 무인석 1쌍과 석마 1쌍이 있다. 8각 장명등은 혼유석 앞에 있기 마련인데, 예릉은 특이하게 하계 가장 끝에 서 있다. 이는 조선 왕릉에서 유일한 배치법이라 한다. 8각 장명등 윗부분이 소실된 것이 눈에 띈다. 비각 안을 살펴보았다. 표석이 보인다. '대한 철종장황제 예릉 철인장황후 부좌(大韓 哲宗章皇帝 睿陵 哲仁章皇后 祔左)'라고 음각되었다. 예릉은

　　　　　　　　　　　　　　　　제25대 철종(哲宗)

예릉의 문인석과 석마, 무인석과 석마

《국조오례의》,《국조속오례의》,《국조상례보편》의 조선 왕릉 상설제도에 따라 조성된 마지막 능이다. 능침 공간은 《국조상례보편》에 따라 2단으로 줄여서 문인석과 무인석이 하단에 있다.

조대비가 예릉을 조성할 때 제11대 중종의 정릉 초장지에 매몰되었다가 땅 밖으로 나온 석물을 재사용했다고 한다. 따라서 철종의 예릉 석물은 거창하고 웅장한 조선 중기의 특징을 나타낸다. 예릉은 능침을 에워싼 소나무숲이 울창해서 멀리서 보면 사초지가 가려져 조그마하게 보이는데, 가까이에서 보면 넓고 웅장하다. 고종은 왕실의 세도정치를 타파하고 왕권을 강화하려는 의도로 예릉의 석물과 부속 건축물을 웅장하게 조성했다.

제25대 철종의 가계도

부인 8명, 자녀 5남 6녀

 전계대원군 용성부대부인 염씨

 장자 철종 (철종장황제) 제25대

철인왕후 김씨 (철인장황후 김씨)	귀인 박씨	귀인 조씨	숙의 방씨	숙의 범씨
장자 미상	장자 미상	장자 미상	장녀 미상	장녀 영혜옹주
		2남 미상	2녀 미상	

궁인 이씨	숙의 김씨	궁인 박씨
장자 미상	장녀 미상	장녀 미상
장녀 미상		

3

대 원 군 3
흥선대원군
(興宣大院君)

흥선대원군묘(興宣大院君墓)

흥선대원군 이하응(1820~1898년)은 제26대 고종의 생부다. 조선 왕조에서 대원군으로 추존된 왕의 아버지 3명 중 덕흥대원군, 전계대원군은 죽은 후 아들이 왕이 되었지만, 흥선대원군은 살아 있을 때 아들을 왕으로 만들었다. 이하응은 후사가 없었던 은언군의 동생 은신군의 양자로 간 남연군 이구의 넷째 아들이다. 남연군 이구의 생부는 이병원으로 제16대 인조의 셋째 아들 인평대군의 6대손이다. 이미 평민 신분으로 왕위계승과는 거리가 먼 전주 이씨 후손이었다. 그런데 남연군 이구가 은신군의 양자로 들어가면서 흥선대원군은 왕위계승 서열에 가까워졌다. 좀 더 살펴보면 은신군은 선조의 9남 경창군의 6대손 낙천군 이온의 양자인데, 낙천군 이온은 영조의 이복동생 연령군의 양자로 들어갔다. 연령

군의 양자가 낙천군 이온이고, 낙천군 이온의 양자는 은신군, 은신군의 양자가 남연군 이구인 셈이다. 한마디로 양자로 이어진 가계다. 그래서 족보상으로는 흥선대원군 이하응은 영조의 현손뻘이다.

1863년(철종 14년) 철종이 후사 없이 죽자, 흥선대원군 이하응과 대왕대비 신정왕후 조씨(조대

비)는 서로 합작하여 이하응의 둘째 아들 이재황(아명 이명복, 후에 고종)을 익성군으로 봉하고 추존 문조(익종, 정비는 신정왕후 조씨)의 후사로 왕위를 잇게 한다. 이를 두고 역사학자들은 조선 왕조의 정통성은 혈통에서 나오는데 양자를 들였으므로 의미가 없다고 한다. 즉 왕가의 정통성은 철종에서 끝났다는 것이다. 조대비가 왕권을 대행했기에 가능한 일이었다. 당시 흥선대원군 이하응은 44세, 고종은 12세였다. 고종의 나이가 어려 조대비가 2년간 수렴청정을 했지만, 조대비는 처음부터 흥선대원군에게 모든 권한을 넘겼다. 흥선대원군 이하응의 10년 섭정시대(1863~1873년)가 열린 것이다.

흥선대원군 이하응은 어떤 인물인가? 1820년(순조 20년)에 태어나 헌종이 즉위할 때 15세, 철종이 즉위할 때 30세로 안동 김씨 세도정권 아래 젊은 시절을 보냈다. 1843년(헌종 9년) 흥선군에 봉해졌으나 눈에 띄는 벼슬은 하지 못했다. 왕족에 대한 안동 김씨 세력의 견제에 일부러 불량배와 어울리며 파락호(破落戶, 난봉꾼을 뜻함)처럼 행동했기 때문에 궁도령(종친으로서 군에 봉해진 젊은 사람을 일컬음)이라는 야유까지 받았으나 비밀리에 조대비에게 접근하여 권력의 꿈을 키웠다. 경기도 연천에 있던 아버지 남연군 이구의 묘를 충청남도 예산군 덕산면 상가리 산 5-28로 옮기면서까지 야욕을 불태웠는데, 거기에는 다음과 같은 이야기가 전해온다. 현재 남연군묘의 자리에는 원래 가야사라는 절이 있었다. 흥선대원군 이하응은 어느 지관에게서 이 절터가 2대에 걸쳐 천자가 나올 자리라는 이야기를 듣고, 1844년(헌종 10년) 무덤이 들어갈 자리에 있는 탑을 부수고 절을 불태워버렸다. 그리고 아버지의 묘를 이곳으로 천장했다. 천장한 지 7년이 지난 1852년에 둘째 아들 이명복이 태어나고, 12년이 지난 1863년에는 드디어 아들이 왕이 된다.

남연군묘가 어떻게 생겼기에 천하의 명당으로 소문이 났을까? 호기심이 생겨 실제로 답사해보니 과연 명당자리구나 하는 생각이 들었다. 묘 앞으로 시원스럽게 펼쳐진 덕산이나 뒤편의 가야산 능선을 바라보고 있으면 감탄사가 절로 나온다. 남연군묘는 풍수지리상 명당의 조건을 다 갖추었다고 한다. 남연군의 선조인 인평대군묘를 답사할 때도 묘 앞으로 펼쳐진 시원스러운 풍광이 무척 인상적이었다.

천장 후 지관의 말대로 조선의 마지막 왕 순종까지 딱 2명이 배출되었다. 남연군 이구는 은신군의 양자가 되면서 화가이자 학자인 추사 김정희와 이종사촌 간이 된다. 이 인연으로 아들 이하응을 김정희 문하에 보내 글과 서화를 배우게 했다. 흥선대원군의 난초 그림 실력은 이때 길러진 것 같다.

흥선대원군은 집권 후 63년 세도정치의 외척 안동 김씨 세력을 누르고 왕권을 강화했다. 사치금지령을 내리고 《대전회통》과 《육전조례》 같은 법전을 정비하는 등 만연한 부정과 부패를 제거하는 데 주력하여, 고르게 인재를 등용하고 문란한 삼정을 개혁했다. 정치사회 전반에 걸쳐 내정개혁을 과감히 실천함으로써 민생 안정에 기여했다. 특히 서원철폐령은 지금까지도 칭송받는 흥선대원군의 치적이다. 그러나 경복궁 중건, 천주교 탄압, 쇄국정책 등 실책도 저질렀다. 오랜 세도정치로 말미암아 약화된 왕실의 권위를 회복하기 위해 임진왜란 때 불탄 경복궁을 중건하기로 했으나, 이는 조선 재정의 15배가 넘는 무리한 공사였다. 공사를 강행하기 위해 원납전, 당백전 등 화폐를 남발하여 물가가 치솟고 경제는 혼란스러워졌다. 결국 처음 목적과는 달리 양반은 물론 일반 백성들까지 등을 돌리고 말았다. 1868년 경복궁 중건이 완료되자 한양의 면모가 일신되어 왕실의 권위와 위엄은 어느 정도 회복되었지만, 이항로의 제자였던 최익현은 흥선대원군의 국내 정책을 비판했다.

흥선대원군의 천주교 탄압과 쇄국은 서로 맞물려 일어난 정책이다. 1864년

대원군 3 흥선대원군(興宣大院君)

(고종 1년) 러시아가 통상을 요구해오자, 흥선대원군은 프랑스를 끌어들였다. 프랑스는 포교의 자유를 얻을 목적으로 협조하기로 했으나 일을 제때 처리하지 못했다. 러시아의 남하정책은 프랑스가 힘쓰지 않고도 없던 일이 되어버렸다. 프랑스는 흥선대원군의 신뢰를 잃고 포교의 자유마저 얻지 못했다. 그런데 흥선대원군이 프랑스와 접촉한 일이 마치 천주교 신자를 만난 것으로 오인되어 조대비에게 알려진다. 실은 흥선대원군의 부인이 천주교 신자였다. 흥선대원군의 반대 세력들은 이를 빌미로 정치적 공세를 취했다. 그리하여 집권 초기에는 천주교에 유화적이었지만 정치적 생명에 위협을 느끼고 천주교 탄압정책과 쇄국정책을 편다.

1866년(고종 3년)에는 병인박해가 터져 프랑스 신부 9명과 천주교 신자 약 8,000명이 죽었다. 역대 가장 많은 순교자를 낸 것이다. 병인박해는 국시에 반하는 종교의 박멸이라는 측면뿐 아니라, 급격하게 밀어닥치는 서구 열강에 대한 대항이라는 특징을 갖고 있다. 조선을 둘러싼 국제 정세는 문호개방의 필요성과 서구 열강으로부터의 국권수호가 상호 모순되는 상황이었다. 흥선대원군은 쇄국정책으로 나라를 지키는 쪽을 택했으나, 일본은 1854년 미국의 포함외교(砲艦外交, 포함을 앞세운 무력시위로 상대국을 압박하여 목적을 달성하는 강제적 외교 수단)에 굴복해 문호를 개방한다. 이후 1868년 메이지유신(明治維新)으로 근대화의 길에 들어선다. 문호를 개방한 지 22년 후에는 강력해진 국력으로 조선을 침범한다. 조선보다 한발 앞서 문호를 개방하고 힘을 기른 것이다.

병인박해가 일어난 해에 프랑스의 극동함대가 프랑스 선교사의 학살에 책임을 물으며 강화도를 침범하여 병인양요가 벌어졌다. 사령관 '로즈' 제독은 강화도 외규장각 전각을 불태우고 많은 서적을 약탈해갔다. 이 해에 미국의 상선 제너럴셔먼호가 평양 시민의 공격으로 침몰한 사건이 있었다. 2년 후인 1868년

(고종 5년) 독일 상인이었던 오페르트(Ernst Oppert)가 두 차례에 걸친 통상교섭에 실패하자 앙심을 품고 남연군묘를 도굴하는 사건이 일어났다. 1871년(고종 8년) 미국 아시아함대 사령관 '로저스' 제독이 제너럴셔먼호 침몰을 트집 잡고 강화 도에 침입해 통상을 요구하는 신미양요가 벌어지나 오히려 타격을 받고 물러간 다. 일련의 사건은 흥선대원군의 통상수교 거부정책과 천주교 탄압정책을 더욱 강화하는 원인이 되었다. 흥선대원군은 1871년 4월 전국 각지에 척화비를 세운 다. 지금도 몇 곳에 척화비가 남아 있다. 함양상림(천연기념물 제154호)에 갔을 때 함양 척화비(경상남도 문화재자료 제264호)를 보았는데, 그 내용을 보면 당시 상황 을 짐작할 수 있다.

양이침범 비전즉화 주화매국(洋夷侵犯 非戰則和 主和賣國)
계오만년자손 병인작 신미립(戒吾萬年子孫 丙寅作 辛未立)

'서양 오랑캐가 침범하는데 싸우지 않으면 곧 화친하게 되니 화친을 주장함 은 나라를 파는 일이다. 만년에 걸친 자손들에게 경계하노니 병인년에 짓고 신 미년에 세운다'라는 뜻이다. 돌이켜보면 참으로 암담한 시절의 뼈아픈 이야기 다. 흥선대원군의 섭정이 이어지는 10년 동안 서서히 반대하는 세력이 나타났 고, 며느리인 명성왕후 민씨(민비)가 고종의 친정을 획책한다. 1873년에는 최익 현이 흥선대원군의 실정을 상소하면서 거처를 운현궁으로 옮기고 정계에서 물 러난다. 그러나 고종, 명성왕후 민씨와의 정치적 세력 다툼은 흥선대원군이 죽을 때까지 계속된다(제26대 고종에서 설명). 흥선대원군은 여흥부대부인 민씨 (1818~1898년)와의 사이에 2남 2녀를 두었고, 후처 계성월과의 사이에는 1남 1녀 를 두었다. 여흥부대부인 민씨는 1897년 12월에 81세로, 흥선대원군은 다음 해

대원군 3 흥선대원군(興宣大院君)

1월에 79세로 부부가 한 달 간격으로 세상을 떠났다.

　홍선대원군묘 가는 길을 내비게이션에서 검색해보니 서울·춘천 고속도로를 타고 가다가 화도 IC로 나가서 마석역 방향으로 가라고 안내해준다. 입구에 도착하자 경기도 기념물 제48호 홍선대원군묘 표지석이 보인다. 입구에 철문이 설치되었는데도 묘소는 자유로이 출입할 수 있었다. 철문을 지나 흙길을 따라 걸었다. 주변이 정리되지 않아 지저분한 느낌이었다. 잡풀이 무성한 경사진 산길을 따라 500미터쯤 오르니 왼편에 신도비가, 뒤편에는 묘소가 보인다. 신도비 반대쪽에는 국태공원소(國太公園所) 표지석과 홍선대원군묘 안내판이 있다.

　홍선대원군묘는 여흥부대부인 민씨와의 합장묘다. 처음에는 경기도 고양군 용강면 공덕리(지금의 마포구 공덕동)에 있었으나, 1908년 경기도 파주군 운천면 대덕리(지금의 문산읍 운천리)로 천장하면서 홍원(興園)으로 승격되었고, 1966년 현재의 위치(경기도 남양주시 화도읍 창현리 산 22-2)로 천장되었다.

　계단을 따라 봉분 쪽으로 올라갔다. 봉분은 양지바른 산 중턱에 있는데, 창현리가 한눈에 보인다. 묘소는 2단으로 나뉜다. 상계에 곡장이 둘러졌고 봉분은 나지막한 호석으로 둘러졌다. 봉분 좌우로 덕흥대원군묘나 전계대원군묘에는 없었던 석양 1쌍이 있으며, 봉분 앞에 혼유석 1좌를 고석 4개가 받치고 있다. 하계에는 4각 장명등 1좌가 있고, 좌우로 망주석 1쌍이 있다. 그리고 문인석 1쌍과 석마 1쌍이 좌우로 배치되었다. 덕흥대원군묘, 전계대원군묘에는 무인석 1쌍만 있는데, 홍선대원군묘에는 문인석만 있다. 그런데 덕흥대원군묘와 전계대원군묘에 있었던 묘비와 향로석이 안 보인다. 아마 홍선대원군(추존 홍선헌의대원왕)이 추존왕으로 승격되면서 묘도 원으로 승격되어 원의 제도를 따른 것 같다. 살아 있을 때의 위세에 비해서는 초라하다는 느낌을 받았다.

　홍선대원군묘 바로 옆에는 납골묘 형태의 홍선대원군 가족묘가 조성되었다.

흥선대원군과 여흥부대부인 민씨의 합장묘와 납골묘 형태의 흥선대원군 가족묘

곡장으로 둘러졌고 상계에는 혼유석 1좌, 고석 4개, 하계에는 망주석 1쌍, 4각 장명등 1좌, 석호 1쌍, 석양 1쌍, 문인석 1쌍, 석마 1쌍이 있다. 여기까지는 원의 제도를 따른 것 같다. 그러나 봉분 대신 납골묘 8기가 있다. 낙천군, 은신군의 묘비 2기와 흥선대원군의 후손들 묘비 6기가 연대별로 서 있다. 묘비에는 묘비 명이 새겨졌다.

흥선대원군의 가계도

부인 2명, 자녀 3남 3녀

남연군

군부인
민씨

4남
흥선대원군
(흥선헌의대원왕)

추존

여흥부대부인
민씨
(순목대원비)

계성월

장자-이재면
완흥군

장자-이재선
완은군

2남-이재황
익성군

제26대 고종

장녀
미상

장녀
미상

2녀
미상

26

제26대
고 종
(高宗)

홍릉(洪陵)－
남양주 홍릉(洪陵)과 유릉(裕陵)
첫 번째 이야기

고종(1852~1919년, 재위 1863~1907년)은 흥선대원군 이하응과 여흥부대부인 민씨 사이에서 둘째 아들로 태어났다. 휘는 이희(초휘 이재황, 아명 이명복)로, 익성군에 봉해지면서 익종(추존 문조)의 뒤를 이어 왕위를 계승한다. 정비는 여성부원군 민치록의 딸인 명성왕후 민씨(1851~1895년)다. 1866년 고종이 15세, 명성왕후가 16세 때 가례를 올렸다.

고종은 정비 명성왕후 민씨 말고도 후궁 10명을 두었는데, 슬하에 9남 7녀가 있었으나 대부분 요절했다. 남자로는 명성왕후 민씨에게서 태어난 제27대 순종, 귀인 엄씨에게서 태어난 영친왕 이은, 귀인 장씨에게서 태어난 의친왕 이강, 여자로는 귀인 양씨에게서 태어난 덕혜옹주가 있다. 재위 기간에 아버지 흥선대원군과 정비 명성왕후 민씨의 권력 다툼, 일본을 비롯한 열강의 내정간섭으로 나라를 제대로 이끌지 못했다. 그 결과 돌이킬 수 없는 망국의 길로 치달았다.

흥선대원군과 명성왕후의 악연은 시아버지와 며느리 사이가 되면서 시작된다. 명성왕후 민씨는 어떤 여인인가? 명성왕후 민씨의 아버지 민치록은 숙종의 제1계비였던 인현왕후 민씨의 아버지 여양부원군 민유중의 5대손으로 서인 가문 출신이다. 훗날 명성왕후가 되는 딸 하나만 남긴 채 죽는데, 가문을 이을 아들이 없었던 집안에 12촌인 민승호가 양자로 들어온다. 이 사람이 바로 흥선대원군의 아내 여흥부대부인 민씨의 남동생이다. 명성왕후 민씨의 양오빠가 되는 셈이다. 흥선대원군은 일찍 아버지를 여의고 남자 형제가 없는 민씨 집안의 외로운 처녀를 며느리로 점찍었다. 몰락한 민씨의 친정이 정치에 개입할 여지가 없다고 판단했던 것 같다. 왕후를 내세운 세도정치를 무척이나 경계했다. 마침 여흥부대부인 민씨의 마음에도 들어 간택 과정을 거쳐 고종과 가례를 치른다. 그러나 고종은 이미 상궁 출신 궁인 이씨(영보당)를 사랑하고 있었다. 그 당시 명성왕후는 고종의 사랑을 받지 못했다.

궁인 이씨가 아들 완화군(완왕으로 추존)을 낳자, 흥선대원군은 명성왕후 민씨가 아직 젊은 나이임에도 불구하고 완화군을 세자로 책봉하려고 했다. 요행인지 완화군은 13세에 요절한다. 이후 명성왕후 민씨는 고종의 사랑을 얻어 아들을 낳았으나 흥선대원군의 무리한 한약 처방으로 죽는 사고가 일어난다. 흥선대원군과 명성왕후 민씨는 이런저런 이유로 감정이 좋을 수 없었다. 흥선대원군이 섭정을 끝내고 54세에 물러났지만 명성왕후 민씨가 죽을 때까지 이들의 세력 다툼은 계속된다. 명성왕후 민씨가 45세로 죽은 후에는 흥선대원군이 죽을 때까지 고종과 흥선대원군의 대립이 계속된다.

문득 대윤과 소윤의 싸움이 떠오른다. 중종의 제1계비 장경왕후 윤씨의 오빠 윤임(대윤)은 누이가 죽자 중종의 어머니 정현왕후 윤씨의 명으로 왕후감을 구한다. 이때 윤임은 어린 세자를 잘 보살필 수 있는 빈한한 양반가의 딸을 인

홍릉 침전에서 홍살문 쪽을 바라본 모습

척 중에서 찾아 왕후로 추천하는데, 여기서 간택된 여인이 문정왕후 윤씨다. 그리고 그녀의 남동생이 윤원형(소윤)이다. 그래서 어찌 되었나? 장경왕후 윤씨가 살아 있을 때는 대윤의 세상이었으나 인종이 죽고 명종이 즉위하면서 문정왕후 윤씨가 섭정하여 대윤을 몰아내는 을사사화가 터진다. 윤임은 자기가 선택한 문정왕후 윤씨에게 무참히 화를 당한다.

흥선대원군의 섭정이 끝나던 해인 1873년(고종 10년) 드디어 고종이 친정을 시작하자 명성왕후 민씨의 양오빠인 민승호를 비롯해 민겸호, 민태호 등 민씨

일파가 새로운 세도정치를 시작한다.

1875년(고종 12년) 일본 군함 운요호가 강화도 앞바다에 불법 침입하여 인적, 물적 피해를 입히고 퇴각한 운요호 사건(운양호 사건)이 발생한다. 이때만 해도 고종은 흥선대원군의 쇄국정책을 따랐다. 그러나 운요호 사건으로 일본과 강제로 수교하면서 통상수교 거부에서 개방으로 정책을 바꾼다. 메이지유신으로 근대화된 일본을 막을 수 없었던 것이다. 일본은 22년 전 미국의 포함외교로 통상수교를 개방했는데, 그동안 국력을 길러 똑같은 방법으로 조선을 침략하기 시작했다. 운요호를 공격한 것이 조선으로서는 정당한 방어였는데도 불구하고 일본은 그 책임을 조선에 지워 1876년(고종 13년) 양국 간 병자수호조약(강화도조약, 한일수호조약)을 맺는다. 조약의 내용 중 주요 조문을 보면 제1조에 '조선국은 자주국으로 일본국과 평등한 권리를 보유한다'고 나온다. 이는 청나라를 배제시키고 조선과 대등한 관계에서 침략하려는 흉계나 마찬가지였다. 병자호란 이후 청나라와 조선은 군신관계였기 때문이다. 제10조를 보면 개항장에서 일어난 양국인 사이의 범죄 사건은 속인주의(屬人主義)에 입각하여 자국의 법으로 처리한다고 나온다. 이는 일본의 치외법권을 인정한 것이다. 또한 부산, 인천, 원산을 개항하게 된다.

이 무렵 개화당이 대두하고, 일본과의 교류가 시작된다. 일본의 새로운 문물을 시찰하고 군사제도를 개혁하면서 신식 훈련을 받은 별기군(別技軍)이 창설된다. 하지만 갑작스럽게 이루어진 개방으로 여러 문제가 발생한다. 1882년(고종 19년) 구식 군인들이 밀린 급료와, 별기군과의 차별대우에 불만을 품고 임오군란(壬午軍亂)을 일으킨 것이다. 배후에는 흥선대원군이 있었는데, 목적은 명성왕후 민씨와 일본을 견제하기 위함이었다. 명성왕후 민씨는 충주로 피신하여 겨우 목숨을 건졌다. 흥선대원군이 일시적으로 정권을 되찾으면서 명성왕후 민씨는 죽었다고 선포하고 국장까지 치른다. 명성왕후 민씨는 고종에게 자신이 건재함을 알리고 청나라에 지원을 요청하게 한다. 그리하여 청나라가 개입해 난을 진압하고, 흥선대원군은 청나라 위안스카이(袁世凱)에 의해 톈진(天津)에 연행되어 4년간 유폐된다.

임오군란으로 피해를 본 일본은 조선에 피해보상을 요구하면서 제물포조약을 체결한다. 그리고 조선에서 상업활동을 보장받기 위해 별도로 수호조규속약(修好條規續約)을 맺는다. 이 해에 한미수호통상조약도 체결되고, 다음 해에는 한영수호통상조약, 한독수호통상조약이 연이어 체결된다. 미국과의 조약은 불평등이 배제된 주권독립국가 간의 최초의 쌍무적 협약이었으나, 영국과 독일은 불평등 요소가 개재(介在)된 조약이었다.

임오군란이 일어난 지 2년 후인 1884년(고종 21년) 갑신정변(甲申政變)이 일어난다. 청나라 개입으로 더뎌진 개화에 불만을 품은 급진개혁파 김옥균, 박영효, 서광범, 서재필 등이 조선의 자주독립과 근대화를 목표로 일으킨 정변이다. 박영효는 철종의 사위인 금릉위다. 이들은 청나라와의 사대관계를 청산하고 민씨 정권을 타도하자고 주장했다. 김홍집을 비롯한 온건개혁파는 민씨 정권과 타협, 청나라에 대한 사대외교를 종전대로 유지하면서 점진적으로 수행하자는 입장이었다. 급진개혁파는 일본이 협조해준다는 약속만 믿고 정변을 일으켰으나 일본은 협조하지 않았고, 결국 3일 만에 실패로 끝났다. 그래서 3일 천하라고 부른다. 명성왕후 민씨는 청나라 위안스카이에게 원병을 요청해 정변을 진압했다. 김옥균, 박영효는 일본으로 망명한다.

갑신정변으로 왕권이 위협받자 명성왕후 민씨는 더욱 청나라를 가까이 하게 되었고, 청나라는 적극적으로 정치에 관여하기 시작했다. 이 사건 이후 개화파는 곧 반역자인 것으로 인식되었다. 갑신정변은 원래의 취지와는 달리 국

제26대 고종(高宗)

익에 도움이 되지 못하고, 오히려 청나라의 내정간섭을 부추기는 결과를 불러왔다. 일본과는 파괴된 공사관 신축비와 배상금 지급을 내용으로 하는 한성조약을 체결했고, 일본과 청나라는 양국이 조선에 파병할 때 상대국에 알린다는 내용의 천진조약을 체결했다. 이를 통해 일본은 청나라와 동등하게 조선에 군대를 파견할 권리를 얻었다. 1885년(고종 22년) 흥선대원군은 4년 동안의 청나라 유폐생활을 끝내고 귀국한다. 운현궁에 칩거한 지 2년 뒤인 1887년(고종 24년) 청나라의 위안스카이와 결탁하여 고종을 폐위시키고 장손 이준용을 옹립하여 재집권하려 하지만 실패로 돌아간다.

1892년(고종 29년)은 조선이 창립된 지 500년이 되는 해다. 1792년(정조 16년) 400년이 되던 해부터 100년 동안 조선은 무엇을 했는가? 조선을 중흥시키려고 애썼던 정조는 1792년(정조 16년)부터 8년간 질병에 시달렸다. 정조가 죽고 순조와 헌종을 거쳐 철종이 죽을 때까지 63년 동안은 안동 김씨 세도정치 시대였다. 그 후 흥선대원군의 섭정 10년, 고종의 친정 19년을 더하면 100년이 된다. 조선은 100년 동안 힘없는 국가로 전락하여 일본을 비롯한 열강의 먹이사슬 각축장이 되어버렸다. 서로 똘똘 뭉쳐 외세에 대항하여 구국의 결단을 해도 헤쳐 나가기 힘든 상황에 서로 분열하여 세력 다툼만 벌였으니, 조선이 풍전등화(風前燈火)의 신세였다는 건 자명하다. 세계를 돌아보면 1893년 뉴질랜드에서는 벌써 여성 참정권이 성립되었는데, 조선은 일본제국주의의 치밀한 계획에 따라 국권피탈의 길을 걷는다.

1894년(고종 31년) 전라도 고부군의 동학 접주 전봉준 등이 지도자로 나서 동학도와 농민들을 합세하여 동학농민운동을 일으킨다. 두 차례에 걸쳐 일어났는데 반봉건과 외세배척이 목표였다. 그 당시 상황에서는 당연히 요구할 수 있는 백성들의 소리였다. 고종은 동학농민운동을 진압하기 위해 청나라에 구원을 요청한다. 조정 신하들이 천진조약 때문에 청나라 군사가 들어오면 일본도 개입할 수 있다고 반대했지만 받아들여지지 않았다. 일본은 기다렸다는 듯이 출병하고 동학농민운동은 진압된다. 하지만 농민군이 제시한 폐정개혁안(弊政改革案)에 조정이 동의하면서 양국 군사들이 조선에 주둔할 필요가 없게 됐음에도 일본은 조선의 내정개혁을 이유로 철병을 거절한다. 청나라가 이에 반기를 들면서 합의가 결렬되어 결국 청일전쟁(1894~1895년)으로 이어지고, 이 전쟁에서 일본이 승리를 거머쥔다. 일본으로서는 조선을 식민지화할 수 있는 절호의 기회였다. 일본군은 경복궁을 포위하고 흥선대원군을 앞세워 민씨 정권을 몰아낸다. 그리고 김홍집을 중심으로 친일내각을 수립하고 갑오개혁(1894~1896년)을 시작한다. 이는 일본에 의한 타율적 개혁으로, 조선의 청나라 종주권을 부인하고 단독으로 조선의 내정개혁을 요구한 것이다. 이때부터 본격적으로 일본의 내정간섭이 시작된다. 흥선대원군은 일본의 앞잡이 노릇을 하면서 재집권의 꿈을 가졌으나 어렵게 되자 청나라와 통모하다가 쫓겨난다.

명성왕후 민씨는 일본이 3국(독일, 프랑스, 러시아)의 간섭으로 랴오둥(遼東) 영유를 포기하여 국제적 위신이 떨어지자, 친러로 기울어 '친일내각'을 무너뜨리고 이범진, 이완용 등을 등용하여 '친러내각'을 수립한다. 이에 반발한 일본은 1895년(고종 32년) 을미사변을 일으킨다. 일본 공사 미우라 고로(三浦梧樓)가 흥선대원군을 앞세워 일본인 자객들을 경복궁 곤녕전에 침투시켜 명성왕후 민씨를 시해한 것이다. 1895년 10월 8일, 명성왕후 민씨는 45세로 일본인 자객의 손에 무참히 죽는다.

시해 직후 흥선대원군은 명성왕후 민씨를 서인으로 폐위시킨다. 흥선대원군과 명성왕후 민씨의 권력 다툼이 명성왕후 민씨의 죽음을 불러온 것이다. 일본은 고종에게 강압하여 '친러내각'을 물러나게 하고, 김홍집 등을 중심으로 다시

'친일내각'을 수립한다. 그리고 태양력 사용, 종두법 실시, 우체국과 소학교 설치, 단발령 등을 시행한다. 흥선대원군은 이 틈에 잠시 정권을 되찾는 듯했지만, 고종은 을미사변으로 아버지 흥선대원군을 믿을 수 없었다. 1896년(고종 33년) 2월 11일 고종과 왕세자는 러시아 공사 웨베르(Waeber)에게 안전을 의탁하여 약 1년간 조선의 왕궁을 떠나 러시아 공사관(현재 중구 정동에 위치)에 거처한다. 이를 아관파천(俄館播遷)이라고 한다. 고종이 아관파천하자 흥선대원군은 곧 실각하고 은퇴한다. 명성왕후 민씨 시해 사건과 단발령 강제 시행으로 전국적인 반일, 반개화운동이 일어난다. '친일내각'은 붕괴되고 김홍집, 정병화, 어윤중 등 개혁파 인사들이 분노한 백성들에게 피살된다. 이로써 갑오개혁은 끝을 맺는다. 일

고종과 명성왕후 민씨의 홍릉(합장릉) 전경이 침전 뒤편으로 보인다.

본 공사 미우라 고로는 조선에서 처벌받지 않고 일본으로 소환된다. 병자수호조약 제10조 때문이다. 일본에서 가벼운 처벌을 받은 것으로 알려졌다.

을미사변으로 나라의 체면은 말이 아니었고, 망국으로 한 발 더 내딛게 되었다. 왕과 왕세자는 자국의 왕궁에 있지 못하고, 타국의 공관에 피신하여 타국 군대의 보호를 받는 처지가 되어버렸다. 이것뿐만이 아니다. 이때 많은 경제적 이권이 러시아로 넘어간다. 압록강 연안과 울릉도의 산림 채벌권, 함경북도 경원군과 종성군의 광산 채굴권, 경원 전신선을 시베리아 전선에 연결하는 권리, 인천 월미도 저탄소 설치권 등이다. 구미 열강도 동등한 권리를 요구하여 경인선, 경의선의 철도 부설권 등 중요 이권이 값싼 조건으로 넘어간다. 1897년(고종 34년) 2월 25일, 고종은 러시아의 영향에서 벗어나라는 내외의 압력에 따라 러시아 공사관을 떠나 경복궁이 아닌 경운궁(지금의 덕수궁)으로 환궁한다. 10월 12일에는 국호를 대한제국, 연호를 광무로 고치고 황제 즉위식을 거행한 후 독립제국임을 선포한다. 왕은 황제, 왕후는 황후로 칭하게 되었다. 이 해에 명성왕후의 복위가 이루어져 명성이라는 시호가 내려지고 명성황후로 추존된다. 을미사변으로 시해되고 서인으로 폐위된 지 2년 만이다. 1898년(고종 35년) 흥선대원군은 79세로 세상을 떠난다.

1904년(고종 41년, 광무 8년) 만주와 조선의 지배권을 두고 러일전쟁(1904~1905년)이 발발한다. 일본이 승리하여 조선의 지배권을 확립하고, 만주로 진출할 수 있게 되었다. 일본은 조선에 고문정치를 요구하는 제1차 한일협약을 체결한다. 1905년(고종 42년, 광무 9년)에는 미국 루스벨트 대통령의 주선으로 미국 뉴햄프셔 주 포츠머스에서 일본과 러시아가 강화조약을 체결한다. 이 포츠머스조약의 제1조가 '일본이 조선에서 정치, 군사, 경제상의 우월권을 갖는 것을 승인한다'로 되어 있다. 러시아가 일본을 인정함으로써 4대 강국(영국, 미국, 독일, 러시

아) 모두 일본이 조선을 지배하는 것을 승인한다. 미국은 독일과 미리 '포츠머스 강화조약'의 내용을 조율했고, 영국은 제2차 영일 동맹으로 이미 동의한 상태였다. 미국과 일본은 '가쓰라–태프트협정'에 따라 미국이 필리핀을 지배하는 대신에, 일본은 조선을 지배한다고 협약했다. 이 협정에서 태프트 장관은 조선이 일본의 보호국이 되는 것이 동아시아의 안정에 도움이 된다는 데 동의하고, 루스벨트 대통령도 같은 생각임을 확신한다고 밝혔다. 이 밀약의 제3조를 보면 '미국은 일본의 조선에 대한 지배적 지위를 인정한다'로 되어 있다. 4대 강국의 승인 아래 일본은 조선의 식민지화를 노골적으로 추진한다. 한성부(서울의 행정·사법을 맡아보던 관아)의 경찰 치안권을 일본 헌병대가 장악하고, 제2차 한일협약인 을사조약(을사늑약)이 체결되어 외교권마저 빼앗긴다. 우국지사 민영환, 조병세, 홍만식 등은 자결함으로써 항의했지만 이미 때는 늦었다.

1906년(고종 43년, 광무 10년) 일본은 조선통감부를 설치하여 본격적인 대행 정치체제로 들어간다. 초대 통감은 안중근 의사가 하얼빈역에서 저격 사살한 이토 히로부미(伊藤博文)다. 1907년(고종 44년, 광무 11년) 제2회 만국평화회의가 네덜란드 헤이그에서 열리자 고종은 밀사 3인(이준, 이상설, 이위종)을 파견하여 국권 회복을 기도했으나 실패한다. 이를 헤이그 밀사 사건(헤이그 특사 파견)이라 한다. 만국평화회의는 식민지 쟁탈전에 따른 분규를 해결하는 국제회의였는데, 밀사 3인은 본회의에 참석하지도 못한다. 4대 강국이 이미 일본의 조선 지배권을 인정한 후라 각국의 지지를 받을 수 없었다. 이준은 그곳에서 순국하고, 나머지 두 사람은 이완용 내각에 의해 사형, 종신형 선고를 받고 귀국하지 못한다. 고종은 한일협약을 위반한 책임을 지고 강제로 퇴위한다. 고종의 재위기간은 44년으로 조선 역대 왕 중 세 번째로 길다. 제1대 대한제국 황제(1897~1907년)로서 한일합병 이후에는 덕수궁 이태왕으로 강등되었다. 퇴위 후 12년을 더 살다가 1919년

1월 21일 덕수궁 함녕전에서 68세를 일기로 망국의 군주 고종은 생을 마감한다. 1919년 3월 1일 고종의 장례일에 맞춰 3·1 독립만세운동이 일어났다.

홍릉은 고종황제와 명성황후 민씨의 합장릉이다. 단종의 정비 정순왕후 송씨의 사릉을 본 뒤 홍릉과 유릉(순종황제와 원비 순명효황후, 계비 순정효황후의 능, 뒤에 설명)을 향하여 출발했다. 홍릉과 유릉(이하 홍유릉)은 경기도 남양주시 홍유릉로 352-1에 위치하는데 사릉과 가까운 거리에 있다. 조선 왕릉 표지탑을 지나 주차장에 차를 세워놓고 입구에 있는 홍유릉 안내판을 읽어보았다. 같은 구역 안에 유릉, 영원, 덕혜옹주묘가 있다는 설명이 보인다. 사적 제207호 홍유릉은 여느 왕릉과 달리 왕릉 바깥에 역사문화관이 있다. 그동안 보아왔던 역사문화관과 별 차이가 없는데, 1899년 고종황제가 명성황후 민씨의 청량리 홍릉을 자주 찾을 목적으로 경희궁(서울시 종로구 신문로2가) 홍화문(서울시 유형문화재 제19호) 앞에서 청량리까지 최초로 전차를 개통했다는 설명이 눈에 띈다. 매표소에서 안내책자를 받아들고 답사를 시작했다.

홍유릉은 같은 구역이라 우선 홍릉부터 답사하기로 했다. 외삼문(外三門) 옆을 지나면서 제일 먼저 나타나는 것이 연못이다. 원형의 연못 안에 둥그런 섬이 있는 것이 특이하다. 홍릉 안내판에는 고종황제와 명성황후 민씨의 일대기가 적혔다. 금천교를 건너 조금 걸어가니 홍살문이 나타난다. 홍살문 좌측으로는 수라간과 재실이, 우측으로는 수복방이 보인다. 참도(신도, 어도)가 상당히 폭이 넓고 삼도로 되어 있다. 가운데 신도가 약간 높고 좌우로 어도가 있다. 홍살문 왼쪽으로 배위와 예감이 보인다. 참도 끝에 'ㅜ'자 모양을 한 정자각과 다른 모습의 침전(寢殿)이 보인다. 홍살문에서 침전까지 양옆에 나란히 말 2쌍, 낙타 1쌍, 해태 1쌍, 사자 1쌍, 코끼리 1쌍, 기린 1쌍, 무인석 1쌍, 문인석 1쌍이 서 있다. 이제까지 살펴본 왕릉에서는 능침 주변으로 석수(石獸) 3종(석호, 석양, 석마)이 있었으나, 홍릉은 침전 앞으로 석수 6종이 배치되었다. 석수도 낙타, 해태, 사자, 코끼리, 기린 등 다양하며 조선에서는 볼 수 없는 동물들이다. 그래서인지 이국적인 분위기가 난다. 중국을 섬기는 제후(諸侯) 국가의 예에 따라 만들어진 조선의 역대 건물과 양식이나 규모가 다른 정면 5칸, 측면 4칸의 침전을 지었다고 한다. 고종황제가 대한제국을 선포하고 황제 자리에 올랐기 때문에 홍릉은 황제릉의 양식으로, 명나라 태조의 효릉을 본떠 조성했다는 것이다. 석물을 침전 앞으로 배치하고, 정자각 대신 일자형 건물의 침전을 세웠다. 지붕의 형식도 맞배지붕에서 팔작지붕으로 바뀌었다. 정자각 내부도 기존과는 모양이 다르다. 제상은 황금색이다. 침전 우측에 비각이 있다. 기존 조선 왕릉과 달리 침전과 수평을 이루고 있다. 비각 위쪽으로 어정(왕이 마시는 우물)이 보인다. 석수 옆으로 조그마한 연못이 보이는데 물이 없다.

전체적으로 왕릉의 구조는 조선 왕릉의 형태를 유지하여 진입 공간, 제향 공간, 능침 공간을 그대로 살렸다. 능침 공간은 목책으로 둘러져서 올라가 볼 수 없었다. 공개된 사진에 의거해 확인해보았다. 곡장이 있고, 능침에는 병풍석과 난간석이 둘러졌다. 삼계의 구분 없이 혼유석 1좌, 고석 4개, 망주석 1쌍, 4각 장명등 1좌가 있다. 능침 주변에 있었던 석호, 석양, 석마, 문인석, 무인석은 없어졌다.

명성황후 민씨의 초장지는 지금의 홍릉수목원 자리(서울시 동대문구 회기로 57)인데, 수목원의 명칭은 홍릉에서 따왔다고 한다. 국내 최초의 수목원이다. 초장지에는 표지석을 세워놓았다. 홍릉이라 불리며 22년간 관리되다가 풍수지리상 불길하다고 하여 1919년 3월 4일 현재의 자리로 천릉하여 고종과 같이 합장했다. 능호를 다시 만들려고 했으나 일본 궁내성과 조선총독부에서는 능이란 단어를 못 쓰게 했다. 고종황제는 한일합병 이후 더 이상 조선의 임금이 아니므로 왕이나 왕후에게만 붙일 수 있는 능을 쓸 수 없다는 것이었다. 조선 황실 (이때는 일제가 왕가로 격하시킴)에서는 명성황후 민씨의 홍릉을 천릉하면서 장법에는 어긋나지만 홍릉이란 단어를 그대로 쓰기로 했다. 헌종이 죽었을 때 죽은 왕후의 경릉에 합장한 후 왕후의 능호를 사용했던 전례가 있다고 주장한 것이다.

비각 안의 표석에는 앞면에 '대한(大韓)', 가운뎃줄 맨 아래에 '홍릉(洪陵)', 끝줄 머리에 '명성(明成)'을 새기고 한 자 띄어 '황후(皇后)'만 새겨져 있었다. 고종황제가 죽은 뒤 표석을 완성하여 세우려고 하자, 일제는 '대한(大韓)'이라는 글자 앞에 '전(前)'자를 넣어 '전대한(前大韓)'으로 하기를 원했다. 결국 이를 수용하지 않아 표석을 세우지 못했다. 어느 날 홍릉을 참배한 순종황제가 이를 보고 슬퍼하자, 홍릉 참봉 고영은이 일제의 눈치를 보지 않고 '대한 고종태황제 홍릉 명성태황후 부좌(大韓 高宗太皇帝 洪陵 明成太皇后 祔左)'라고 빠진 부분을 완성하여 음각하고 표석을 세웠다고 한다.

홍릉 경내 연못 안에 둥그런 섬이 있다.

제26대 고종(高宗)

영휘원(永徽園) -
서울 영휘원(永徽園)과 숭인원(崇仁園)
첫 번째 이야기

고종의 후궁이자 조선의 마지막 황태자 영친왕의 생모 귀인 엄씨(1854~1911년)의 묘다. 귀인 엄씨는 증찬정 엄진삼의 딸로 1859년 6세에 궁에 들어와 명성왕후의 상궁이 되었다가 32세에 고종의 은혜를 입었으나 명성왕후의 미움을 받고 궁에서 쫓겨났다. 1895년(고종 32년) 명성왕후가 을미사변으로 시해당하자 5일 만에 환궁하여, 이듬해 아관파천 때 고종과 왕세자를 러시아 공사관까지 모셨다. 1897년 44세에 영친왕을 낳고, 1903년에 순헌황귀비 엄씨로 책봉된다. 고종

영휘원 경내 숲길

고종의 후궁 귀인 엄씨의 영휘원 전경

의 총애를 받았다고 하며, 서구식 신교육에 관심을 두고 1905년(고종 42년, 광무 9년) 양정의숙, 1906년 진명여학교, 명신여학교(숙명여학교)의 설립에 참여했다. 1911년 58세로 세상을 떠났고, 위패는 칠궁(덕안궁)에 모셔졌다.

　늦가을, 한 묘역 안에 있는 사적 제361호 영휘원과 숭인원(뒤에 설명)을 같이 답사했다. 영휘원은 서울시 동대문구 청량리동 204-2에 위치한다. 도착하고 보니 홍릉수목원과 세종대왕기념관도 인근에 있었다. 주차장에 차를 세우고 영휘원부터 둘러보았다.

　영휘원 상설도와 안내판이 보인다. 재실과 금천교는 찾아볼 수 없다. 홍살문이 보이고, 옆에 있어야 할 배위가 보이지 않는다. 참도(신도, 어도)가 있고, 참도 끝에 정자각이 있다. 정자각은 여느 왕릉과 차이가 없다. 비각 안을 살펴보았다. 표석에 '순헌귀비 영휘원(純獻貴妃 永徽園)'이라고 음각되었다. 능침 공간은 목책으로 둘려져서 올라가 볼 수 없었다. 공개된 사진으로는 능침 주변에 곡장이 둘러졌고, 능침은 나지막한 호석으로 둘러졌음을 알 수 있다. 석호 1쌍, 석양 1쌍, 혼유석 1좌, 고석 4개, 4각 장명등 1좌, 망주석 1쌍, 문인석 1쌍, 석마 1쌍이 보인다. 산신석이 보이고 우물이 있다. 수복방과 수라간은 찾아볼 수 없다. 그동안 보아왔던 원의 형태와 별 차이가 없다. 영휘원 경내를 걷다 보면 수령 약 150년으로 추정되는 산사나무를 볼 수 있다. 천연기념물 제506호였으나 2012년 태풍 볼라벤의 강풍과 노쇠 등의 복합적인 원인으로 지정이 해제되었다.

숭인원(崇仁園) -
서울 영휘원(永徽園)과 숭인원(崇仁園)

두 번째 이야기

대한제국의 마지막 황태자인 영친왕과 부인 이방자(나시모토 마사코) 사이에서 태어난 장자 이진(1921~1922년)의 묘다. 1921년 8월 18일에 태어나 1922년 5월 11일 세상을 떠나기까지 9개월이라는 짧은 생을 살고 눈을 감았다. 조카의 죽음을 애석하게 여긴 순종황제가 영휘원 능역 안에 숭인원이라는 원호로 묘를 조성했다.

영휘원을 둘러보고 난 후 숭인원으로 향했다. 홍살문이 서 있다. 금천교는 보이지 않고, 재실도 찾아볼 수 없다. 배위가 보이고, 참도는 신도와 어도의 구별이 없다. 정자각에 올라가서 내부를 살펴보았다. 여느 정자각과 같다. 비각 안 표석에는 '대한 숭인원(大韓 崇仁園)'이라고 음각되었다. 여기도 영휘원과 마찬가지로 능침 공간은 목책으로 둘러져서 올라가 볼 수 없었다. 공개된 사진

숭인원 홍살문

으로는 곡장이 둘러졌고 능침은 민묘처럼 조성되었다. 석호 1쌍, 석양 1쌍, 혼유석 1좌, 고석 4개, 4각 장명등 1좌, 망주석 1쌍, 문인석 1쌍, 석마 1쌍이 보인다. 산신석은 있고 수복방, 수라간은 찾아볼 수 없다. 영휘원과 석물 개수는 동일하고 원의 형태를 갖추고 있다. 영휘원과 숭인원은 1시간 정도면 충분히 볼 수 있는 곳이다.

영친왕과 이방자의 장자 이진의 숭인원 전경

제26대 고종의 가계도

부인 11명, 자녀 9남 7녀

 흥선대원군

 여흥부대부인 민씨

 2남 고종 (고종태황제) 제26대

명성왕후 민씨 (명성태황후 민씨)	귀인 엄씨 (순헌황귀비)	귀인 이씨 영보당	귀인 이씨 광화당	귀인 장씨
장자 미상	장자-이은 영친왕	장자-이선 완왕	장자 이육	장자-이강 의친왕
장녀 미상		장녀 미상		
2남 순종 제27대				
3남 미상				
4남 미상				

소의 이씨	귀인 정씨 보현당	귀인 양씨 복녕당	귀인 이씨 내안당	김씨
장녀 미상	장자 이우	장녀 덕혜옹주	장녀 미상	장녀 미상
정씨				
장녀 미상				

27

제27대
순 종
(純宗)

유릉(裕陵)
남양주 홍릉(洪陵)과 유릉(裕陵)
두 번째 이야기

순종(1874~1926년, 재위 1907~1910년)은 고종과 명성왕후 민씨의 둘째 아들로 휘는 이척이다. 위로는 요절한 형이 있었다. 성격이 소심하고 어려서부터 병약했다고 한다. 1875년 세자로 책봉되었으며 1882년(고종 19년) 여은부원군 민태호의 딸 민씨(1872~1904년)와 가례를 올렸다. 순종이 9세, 민씨는 11세였다. 1897년(광무 원년) 대한제국이 선포됨에 따라 황태자와 황태자비가 되었다. 황태자비 민씨는 순종이 즉위하기 전인 1904년(고종 41년, 광무 8년) 후사 없이 33세에 세상을 떠난다. 순종은 해풍부원군 윤택영의 딸 윤씨(1894~1966년)를 새로이 맞이하고, 윤씨는 1906년(고종 43년, 광무 10년) 13세에 황태자비(동궁계비)로 책봉되었다. 1907년 (고종 44년, 광무 11년, 융희 원년) 고종은 일본의 강압에 못 이겨 순종에게 양위하고, 순종은 34세에 대한제국의 제2대 황제로 즉위한다. 연호를 융희로 고치고, 아우인 영친왕을 황태자로 책봉한다. 원비 민씨는 순명효황후 민씨로, 계비 윤씨는 순정효황후 윤씨로 책봉되고 고종은 태황제로, 흥선대원군은 흥선헌의대원왕으로 추존된다.

같은 해 일본은 군대 해산, 일본인 관리 임용, 일본인의 차관정치 등을 내용으로 하는 제3차 한일협약(정미7조약)을 강제로 체결한다. 그리고 의민황태자(영친왕)를 유학이라는 명목으로 일본에 인질로 잡아간다. 1908년에는 동양척식주

식회사의 설립을 허가하면서 경제침략의 발판을 만든다. 1909년(융희 3년)에는 조선의 사법권 및 감옥사무(監獄事務)의 처리권이 일본 통감부의 사법청으로 넘어간다. 이 모든 것이 대한제국의 총리대신 이완용과 일본의 제2대 통감 소네 아라스케(曾禰荒助) 사이에 이루어졌다. 조선의 모든 입법·사법·행정권이 일본에 넘어간 것이다. 이 해에 초대 통감 이토 히로부미가 만주를 방문하던 중 하얼빈역에서 안중근 의사에게 저격당해 사망한다.

1910년 8월 29일 마지막 절차인 한일합병을 포고함으로써 조선은 멸망한다. 경술국치다. 을사조약 후 5년, 고종황제가 양위한 지 3년 만에 나라를 빼앗긴 것이다. 일본은 순종에게 한일합병조약에 공식적으로 서명할 것을 요구하지만 순종은 끝까지 조약에 서명하지 않았다. 순정효황후 윤씨는 옥새를 치마 속에 감췄다. 그리하여 포고 1주일 전인 8월 22일 총리대신 이완용이 대신 서명했다고 한다. 조선인의 원에 의하여 조선을 일본과 합병한다는 미명을 붙이고 말이다. 이완용, 송병준, 이용구 등을 중심으로 한 일진회가 일본의 앞잡이가 되어 나라를 팔아먹은 것이다. 조선 왕조는 1392년 7월 17일 태조 이성계가 조선을 세운 때로부터 519년간 이어져 오다가 일본에 빼앗기게 된다. 순종은 재위하는 3년 동안 덕수궁을 찾아 고종에게 문안인사를 올리고, 일본 고위인사들과 친일대신들을 접견하고 훈장을 수여했다. 조선 통감부가 기획한 행사에 동원되어 한일합병의 들러리 신세가 된 것이다. 순조가 즉위한 후 한일합병이 될 때까지 조선 통감부의 초대 통감 이토 히로부미가 1906년 3월 2일부터 1909년 6월 14일까지, 제2대 통감 소네 아라스케가 1910년 5월 30일까지, 제3대 통감 데라우치 마사타케(寺內正毅)가 1910년 8월 29일까지 실제로 조선을 통치했다.

순종은 한일합병 후 황제에서 창덕궁 이왕으로 강등되었다. 퇴위 후 16년을 더 살다가 고종이 죽은 지 7년만인 1926년 창덕궁에서 53세로 세상을 떠난다.

순종과 원비 순명왕후 민씨, 계비 순정왕후 윤씨의 유릉 홍살문 쪽에서 침전을 바라본 모습

1926년 6월 10일 순종의 장례일에 맞추어 6·10독립만세운동이 일어났다. 3·1 독립만세운동처럼 확산되지는 못했지만, 이를 계기로 민족주의와 사회주의 계열이 합작한 신간회가 결성되었다. 홀로 남겨진 순정효황후 윤씨는 불교에 귀의하여 낙선재에서 일제강점기와 1945년 광복, 1950년 6·25전쟁 등을 겪고 1966년 후사 없이 73세로 세상을 떠난다. 순종은 두 부인에게서 모두 자식을 얻지 못했다. 조선의 멸망과 더불어 자손도 끊어진 것이다.

유릉은 순종황제와 원비 순명효황후 민씨, 계비 순정효황후 윤씨의 삼합장릉이다. 순명효황후 민씨의 초장지는 양주 용마산 아래 언덕(서울시 광진구 능동로 216, 지금의 서울 어린이대공원 자리)이었다. 죽을 때 황태자비 신분이었으므로 유강원(裕康園)이라 했지만, 황후로 추존되면서 유릉으로 바뀌었다. 순종황제는 처음부터 현재의 유릉 자리에 안장되었다. 순명효황후 민씨의 유릉을 천릉하여 순종황제와 합장하면서 홍릉과 마찬가지로 순명효왕후 민씨의 능호를 그대로 사용했다. 순명효황후 민씨의 유릉이 있던 자리는 일본인 전용 골프장이 되었다. 이 땅에 처음으로 만들어진 골프장이다. 광복 후 1954년 6·25전쟁의 폐허 속에서 미군 장교들을 위한 골프장으로 이용되었다가, 1973년 5월 5일 어린이날을 맞이하여 어린이대공원으로 탈바꿈했다. 일본인들이 골프장을 만들 때 여기저기 흩어져 방치되었던 유릉의 석물들을 모아 2001년 7월 16일 서울시 유형문화재 제134호 순명비 유강원 석물로 지정했다. 그 앞에는 안내판을 붙여놓았다. 순명효황후의 능이 있던 곳이라서 동명이 능동이 되었다고 한다.

조선의 마지막 왕릉인 유릉은 하나의 능침에 3명을 합장한 유일한 형태다. 홍릉을 보고 난 후 같은 능역 안에 있는 유릉을 답사했다. 좌측에 원래의 모습이 잘 보존된 어정이 보이고, 우측에 재실이 보인다. 내부를 죽 둘러보았다. 상당히 규모가 크다. 금천교를 건너 조금 걸어가다 보면 둘레석만 남은 어정이 있다. 홍살문이 나타나고, 옆에는 배위가 보인다. 참도는 삼도로 되어 있는데, 홍릉과 모양이 같다. 참도 끝에 침전이 있다. 참도 좌우로 석수와 문인석, 무인석이 홍릉과 같은 형태로 개수도 동일하게 서 있다. 침전 내부도 홍릉과 동일하다. 제상은 황금색이다. 참도 좌측으로 수복방과 비각이 보인다. 수라간은 찾아볼 수 없다. 홍릉에 비해 능역 규모가 약간 작은 편이다. 능침 공간은 홍릉과 같이 목책이 쳐져 올라가 볼 수 없었다. 공개된 사진으로는 능침이 서쪽으로 약간 들어가 있다. 홍릉과 같이 곡장이 둘러졌고, 능침에는 병풍석과 난간석이 둘러졌다. 삼계의 구분 없이 혼유석 1좌, 고석 4개, 망주석 1쌍, 4각 장명등 1좌가 있다. 능침 주변에 있었던 석호, 석양, 석마, 문인석, 무인석이 없어진 것도 홍릉과 같다.

전체적으로 왕릉의 구조는 기존 조선 왕릉의 형태를 유지하고 있다. 즉 진입 공간, 제향 공간, 능침 공간은 그대로 살렸다는 뜻이다. 비각 내 표석을 보면 '순종효황제 유릉(純宗孝皇帝 裕陵) 순명효황후 부좌(純明孝皇后 祔左) 순정효황후 부우(純貞孝皇后 祔右)'라고 음각되었다. 순종효황제를 중심으로 좌측에는 순명효황후 민씨, 우측에는 순정효황후 윤씨가 안장되었다.

영원(英園)—
남양주 홍유릉 경내

대한제국의 마지막 황태자인 영친왕(의민황태자 이은, 1897~1970년)과 의민황태자
비 이방자(1901~1989년)의 묘다. 슬하에 두 아들을 두었는데, 장자 이진(승인원에
서 설명)은 생후 9개월 만에 죽었고, 둘째 아들 이구는 대한제국의 마지막 황
세손으로서 미국인 줄리아 멀록(Julia Mullock)과 결혼했으나 이혼 후 후사 없
이 2005년 74세로 죽었다. 고종황제의 셋째 아들이자 순종황제의 이복동생인
영친왕은 11세 때 유학이라는 명분으로 일본에 끌려가 일본인 이방자와 결혼
했다. 1963년 부부가 한국으로 돌아와 영친왕은 1970년 74세로, 부인 이방자는
낙선재에서 거처하다가 1989년 89세로 세상을 떠났다.

홍유릉을 보고 난 후 다시 입구로 나와 주차장 반대편으로 걸어가면 영원
으로 가는 길이 나온다. 영원까지는 830미터인데 여가 선용과 건강 증진을 위
해 열어놓은 길이라고 한다. 걷는 길은 산책길로 손색이 없다. 흙길 오른쪽으로
논밭이 펼쳐졌고, 흰 두루미가 날아다닌다. 서울에서는 찾아보기 힘든 전원 풍
경이다.

드디어 영원이 나타났다. 그러나 공사 안내문이 걸렸다. 재실을 공사 중이라
출입을 통제한단다. 공개된 사진에 의거하여 확인해보기로 했다. 금천교는 찾
아볼 수 없고, 재실은 보인다. 일자형 팔작지붕 건물이다. 홍살문이 있고, 그 옆

에는 배위가 있다. 참도(신도, 어도)가 보인다. 수라간과 수복방은 찾아볼 수 없다. 정자각과 비각이 보인다. 능침 공간에는 곡장이, 능침에는 난간석이 둘러졌다. 석호 1쌍, 석양 1쌍, 혼유석 1좌, 고석 4개, 망주석 1쌍, 4각 장명등 1좌, 문인석 1쌍과 석마 1쌍, 무인석 1쌍과 석마 1쌍이 있다. 전체적으로 조선 왕릉의 형식을 갖췄다.

덕혜옹주묘(德惠翁主墓) ─
남양주 홍유릉 경내

덕혜옹주(1912~1989년)는 고종과 후궁 귀인 양씨(복녕당) 사이에서 태어났다. 회갑을 맞은 고종의 외동딸이었다. 1925년 14세 때 유학이라는 명분으로 일본으로 끌려갔다가, 대마도(쓰시마 섬) 도주의 후예인 소 다케유키(宗武志)와 강제 결혼했다. 1932년 8월 14일 딸 정혜(일본명, 마사에)를 낳는다. 결혼 전부터 조현병을 앓았는데, 결혼 후 병세가 더욱 악화되어 1955년 이혼했다. 외동딸이었던 정혜가 1956년 결혼했지만 이혼하고 3개월 뒤 유서를 남기고 일본 남알프스 산악지대(아카이시 산맥)에서 실종됐다. 딸의 실종에 고통을 겪다가 1962년 한국으로 돌아온다. 한국에서도 실어증과 지병으로 고생했다. 1982년 한국 호적이 만들어졌다. 낙선재에서 남은 생애를 보냈으며 78세에 세상을 떠났다.

영원을 지나면 얼마 안 가서 덕혜옹주묘를 만난다. 모르고 지나칠 수도 있다. 묘비가 보이지만 덕혜옹주묘인가 싶을 정도로 일반인 무덤과 별 차이가 없다. 철책을 쳐놓아 들어가진 못해도 가까이에서 볼 수 있다. 무덤은 최근에 조성한 것으로 보인다. 민묘 형태로 봉분 뒤에는 나지막하게 흙으로 담을 만들어 놓았다. 봉분 앞에는 장대석이 깔렸다. 혼유석 1좌, 고석 2개, 향로석 1좌, 망주석 1쌍, 4각 장명등 1좌가 있고, 우측에는 댓돌이 놓였다. 조그맣고 검은 오석의 묘비에 '대한 덕혜옹주지묘(大韓 德惠翁主之墓)'라고 음각되었다.

덕혜옹주의 삶은 영화로도 만들어져 큰 인기를 얻었다. 관람객이 500만을 넘었다고 한다. 영화가 역사를 왜곡했다는 이야기도 심심찮게 떠돈다. 하지만 사실만으로 영화를 만든다면 과연 재미가 있을까? 현실에서는 없었던 것을 영화로는 만들어낼 수 있다. 역사적 사실과 영화는 다를 수도 있다는 생각이 든다. 드라마나 영화에서는 그때 못다 한 염원을 표현할 수 있으니 말이다. 〈덕혜옹주〉 영화를 보면서 그 당시 나라 잃은 백성들의 마음을 읽을 수 있었다.

덕혜옹주묘를 마지막으로 이 책을 마무리한다. 답사 순서로 따지면 안빈묘가 마지막이지만, 연대별로 쓰다 보니 덕혜옹주묘가 마지막이 되었다. 조선 왕

덕혜옹주묘

제27대 순종(純宗)

릉 답사길에는 늘 집사람도 동행했는데, 그때마다 서로 "서울 근교에 이토록 훌륭한 산책 공간, 역사 공간, 휴식 공간이 있었구나" 하며 놀랐다. 앞으로도 시간이 날 때마다 자주 찾아보기로 했다. 부부가 함께 공감할 수 있었던 것이 큰 수확이었다. 또한 왕릉을 둘러보면서 조선 역사를 돌아보게 되었고, 역사를 통해 현실의 세계를 볼 수 있었다. 선조의 행적에서 많은 것을 배우며, 왕가의 생활도 보통 사람들의 모습과 다름이 없다는 것도 알았다. 과거를 알면 거기에서 교훈을 얻고 미래를 설계할 수 있다는 말이 깊이 와 닿았다.

제27대 순종의 가계도

부인 2명, 자녀 없음

고종
(고종태황제)

명성왕후 민씨
(명성황후 민씨)

2남
순종
(순종효황제)
제27대

순명왕후 민씨
(순명효황후 민씨)

순정왕후 윤씨
(순정효황후 윤씨)

조선 왕릉, 그 뒤안길을 걷는다

초판 1쇄 인쇄 2017년 5월 29일
초판 1쇄 발행 2017년 6월 05일

지은이 이재영

펴낸이 이재영
펴낸곳 (주)재승출판
등록 2007년 11월 06일 제2007-000179호
주소 우편번호 06614 서울특별시 서초구 강남대로 423 한승빌딩 1003호
전화 02-3482-2767
팩스 02-3481-2719
이메일 jsbookgold@naver.com
홈페이지 www.jsbookgold.co.kr
ISBN 978-89-94217-98-7 03910

(주)재승출판은 여러분의 참신한 원고를 기다립니다.
간단한 기획제안서를 이메일(jsbookgold@naver.com)로 보내주세요.
모두가 참여하는 출판문화를 열어가고 싶습니다.